荣格精选集
C. G. JUNG

心理学与炼金术

[瑞士] C. G. 荣格 著 杨韶刚 译

译林出版社

图书在版编目（CIP）数据

心理学与炼金术 /（瑞士）C.G.荣格著 ; 杨韶刚译. 南京 : 译林出版社, 2025. 1. --（荣格精选集 / 申荷永主编）. -- ISBN 978-7-5753-0367-5

Ⅰ. B84

中国国家版本馆CIP数据核字第2024YC5683号

著作权合同登记号　图字: 10-2012-30 号

心理学与炼金术　[瑞士] C.G.荣格 / 著　杨韶刚 / 译

责任编辑　张海波
装帧设计　胡　苨
校　　对　王　敏
责任印制　董　虎

出版发行　译林出版社
地　　址　南京市湖南路 1 号 A 楼
邮　　箱　yilin@yilin.com
网　　址　www.yilin.com
市场热线　025-86633278
排　　版　南京展望文化发展有限公司
印　　刷　江苏凤凰通达印刷有限公司
开　　本　890 毫米 ×1240 毫米　1/32
印　　张　12.625
插　　页　2
版　　次　2025 年 1 月第 1 版
印　　次　2025 年 1 月第 1 次印刷
书　　号　ISBN 978-7-5753-0367-5
定　　价　69.00 元

出版说明

“荣格精选集”简体中文版由瑞士苏黎世荣格作品基金会授权译林出版社出版。译本以20卷的瓦尔特出版社德文版和普林斯顿大学出版社英文版为底本，由申荷永教授精选其中关键篇目，并组织专业译者进行译介，意在向广大读者介绍荣格分析心理学的要旨。书中边码为原书段落码，方便读者检索。书中保留荣格原注、英译注、英编注，并增补了部分中译注；详细的参考文献可见http://www.yilin.com/Book/BookView?BookID=9372，希望有助于读者研读查考。《心理学与炼金术》节选自荣格全集第12卷（*Psychology and Alchemy*, Princeton University Press, 1967, pp.1–38, 215–463）。

译林出版社

导读

点金石与自性化

“炼金术”，充满魔幻的语汇，孕育了当代的化学，启发了牛顿的思想；其中包含无限丰富的想象力，并一度表现为人类心智所能达到的最完美境界，堪称传奇。

尽管在当代知识界，炼金术已近乎某种历史术语，隐退已久，但在荣格分析心理学体系中，炼金术始终闪烁着诱人的光辉，存有充满想象的魅力和启迪心灵的价值。《荣格全集》中的三部巨著：《心理学与炼金术》、《炼金术研究》，以及《神秘参与》（分别为《荣格全集》第12、13、14卷），都是以炼金术为主题，其《伊雍：自性现象学研究》（第9卷）和《心理治疗的实践》（第16卷）等，也都是对炼金术主题的拓展研究。

于是，炼金术不仅启发了荣格的思想，形成其分析心理学的方法论，而且更为重要的是，在炼金术的意象与象征中，呈现并加强了荣格体系中“自性”的意义，以及实现自性的“自性化”过程。若是说荣格在其早期的无意识探索中发现了自性，如其历时十六年的私人日记《红书》中的记载那样，那么，由《金花的秘密》所引发与开始的炼金术研究，则旨在寻找实现自性的方法和途径。

1935和1936年，荣格连续在爱诺思（Eranos）东西方文化圆桌会议上做有关“心理学与炼金术”的主题报告，后来分别以《自性化过程的梦象征》（*Traumsymbole des Individuationsprozesses*，1935）和《炼金术中的拯救观念》（*Erlösungsvorstellungen in der Alchemie*，1936）为题发表在《爱诺思年鉴》（*Eranos-Jahrbuch*）上。正是这两篇报告，成为《心理学与炼金术》的基础。荣格在爱诺思的首场演讲，也正是从“自性化”开始的（《自性化过程研究》，1933）；接着所转入的“炼金术”主题，可看作自性以及自性化过程的延续与深入。

《荣格全集》第12卷共分为三大部分：第一部分为“炼金术的宗教与心理学问题导论”，第二部分为“与炼金术有关的个体梦象征”，第三部分为“炼金术中的宗教理念”，均由杨韶刚教授翻译。本书所包含的第一和第三部分主要围绕“炼金术的宗教与心理学问题”，具体介绍了“炼金术的基本概念”，如“炼金过程及其诸阶段”，其“目标的概念与象征”，以及“炼金工作的精神本性”等。炼金术过程中的诸多意象和象征，以及有关的心理投射和精神品质，是荣格研究的重点。在书中讨论炼金术的象征作用时，荣格还特别分析了"中国的麒麟（独角兽）"，以及其与孔子的关系，其雌雄同体的性质，其中所具有的炼金术象征和寓意。

荣格在《心理学与炼金术》的导论中开宗明义地提出"炼金术和自性化过程"的主题。同时，荣格反思了在心理治疗过程中所遇到的诸多困难，并旨在通过本书寻找更为有效的治愈方法与途径。"所有的艺术都需要完整的人"（Ars totum requirit hominem），一位古老的炼金术士如此大声疾呼。在荣格看来，心理分析所寻求的也正是这种"完整的人"（homo totus）。医生的努力和病人的探索，所指向的都是那些隐藏的、迄今尚未表现出来的"完整的人"，如同道家的"真人"或佛家的"真如"。在荣格看来，尤其是从心理治疗的实际出发，"由阴影所引起的对立物问题在炼金术中起着巨大的，同时也是决定性的作用，因为在这项工作的最后阶段，对立的双方常常以神圣婚姻（hieros gamos）或'化学婚姻'（chymical marriage）的原型形式得到统一。在这里最主要的对立物，男性和女性（就像中国文化中的阴和阳一样），融合为一个消除了一切对立的统一体，因而成为万世不朽的。当然，它的先决条件是，这个炼金术士不应该把自己与炼金术工作中的人物相等同，而应该使他们处于客观的状态。只要炼金术士在他的实验室里工作，那么，从心理学上讲，他就是处在一个适当的位置上，这是因为所出现的原型都要直接被投射到化学物质中去,所以他就没有机会使自己与这些出现的原型相等同”。

荣格的《心理学与炼金术》曾以《人格整合》(*The Integration of Personality*)为书名出版,内容标题用的是“自性化过程的梦象征”和“炼金术中的拯救观念”,仍然是其在爱诺思东西方文化圆桌会议上所做的主题报告。以《人格整合》作为书名,突显其炼金术的心理学意义。炼金术作为分析心理学的方法论,堪称对《易经》和《道德经》的整合与发展。《荣格全集》的英文编辑写道:“现在呈献给公众的这个译本在很多方面都是人们一直急切期待的,因为它是荣格教授的主要著作之一,其重要性堪比《无意识心理学》(*The Psychology of the Unconscious*)及《心理类型学》(*Psychological Types*)。或许可以说,他的后期著作的主要部分就是围绕本卷所包含的材料而撰写的。”

尽管炼金术主题可能会让人眼花缭乱,但《心理学与炼金术》仍然基于临床心理学的实践,并经常伴随着个案分析与讨论。如荣格在瑞士版前言中所说:“其中很多插图都证明了下述事实的正确性:象征意象是炼金术士心理活动的根本实质。书面文字只能不完全地,或者根本就不能表达炼金术士压缩到其意象中去的东西……对专家来说,在这些意象和接受心理治疗的病人自发产生的意象之间,无论在形式还是内容上都具有惊人的相似性,虽然我在阐述过程中尚未对此进行非常深入的探讨。”炼金术士所追求的“点金石”或“哲人石”(lapis),在荣格看来,几近于其分析心理学中的自性意象及其寓意。也是由于炼金术的启示,荣格始有机会完善其自性和自性化理论,如荣格在书中的表达:“为此我发现自己有责任给这个相应的原型起一个心理学的名字:‘自性’(self)——这个术语一方面可以非常明确地表达人类整体性的实质,另一方面又很不明确地表现了这个整体无法描述和无法确定的性质。这个术语的矛盾性是下述事实的反映:整体性部分地由有意识的人组成,部分地由无意识的人组成。但是,我们无法确定无意识的人或者指出他的局限性。因此,就其科学用途而言,‘自性’一词指的既不是耶稣基督,也不是佛,而是与其相等同的那些人物的整体性,这些人物中的每一个都是自性的一种象征。”

荣格也借助炼金术,尤其是其中的“哲人石”,来阐释自性的特性:“自性是出类拔萃(par excellence)的对立物的统一体”,犹如“哲人石”那点石成金的神奇转化。于是,当点金石成为自性的象征,那么点石成金也便具有了治愈和转化心灵的启迪意义。

申荷永

2018年7月于洗心岛

目　录

图1　作为三重与四重宇宙之统治者的造物主，水和火是与天国相对应的事物，引自 *Theatrum chemicum Britannicum*，8，p.210。[1]

---

1 《炼金术之梦》与《心理学与炼金术》的插图均取自荣格全集的第12卷，且两本书存在大量交叉引用，因此在中译本中保留了原书的编码以方便读者查找。其中图5—112为《炼金术之梦》的插图，图1—4和图113—270为《心理学与炼金术》的插图。——编注

炼金术的宗教与心理学问题导论

他不会把压伤的芦苇折断，也不会使充满希望的事业中途夭折……

——《以赛亚书》，42：3

图2　两个炼金术士跪在火炉旁祈祷上帝赐福，摘自 *Mutus liber*，52，p.11。

1 对于熟悉分析心理学的读者来说，没有必要对下述研究主题做任何介绍性的论述。但是，对于那些兴趣不在这门专业的读者，和那些还没有准备好阅读本书的读者来说，写一个前言可能是很有必要的。炼金术和自性化过程（individuation process）这两个概念看似风马牛不相及，因此，我们会发现，最初很难用想象力在这两者之间架设起任何桥梁。我要对这类读者做一个解释，特别是因为我最近发表的一些演讲（这些演讲使我做出推论，那些批评我的人对此存在着某种困惑），我已经有过一两次这样的经验。

2 我现在不得不论述的关于人类精神（psyche）的本质问题首先是基于我对人的观察。人们曾批评说，这些观察涉及的是那些既不为人们所知，也难以被人们接受的经验。这是我们一再遇到的一个显而易见的事实，每一个人，甚至那些最不合格的外行人，也绝对地相信他对心理学非常了解，仿佛心理（精神）就是一个已经被人们普遍理解了的东西。但是，当我指出，人类的精神是我们的经验中最黑暗和最神秘的领域之一时，任何一个所谓真正了解人类精神的人，都会同意我的这个看法。这一领域是学无止境的。在我的生活实践中每天都会遇到一些新奇而又出乎意料的事情。没错，我的生活经验并不是漂浮在生活表面的家常琐事。不过，在这一特殊领域工作的每一位心理治疗师都能轻而易举地产生这种体验。因此，至少可以这样说，无视我提供的这些经验而对我进行谴责，这是相当荒唐可笑的。我不应该为普通民众缺乏心理学知识而负责。

3 在分析过程中，也就是在意识心灵和无意识之间的辩证讨论过程中，存在着朝向某一目标或终点的发展或进步，其令人费解的性质也已被我关注多年了。心理治疗会在发展中的任一阶段迎来终点，而并不总是或必须要有已经达到某一目标的感觉。典型的和暂时性的结束会发生在：(1) 在得到一次好言相劝之后；(2) 在做了一次虽然不够完全但令人满意的忏悔之后；(3) 在认识到某种迄今为止还处在无意识状态但又非常关键的内容之后（对这种内容的认识会对人的生活和活动产生新的推动）；(4) 在与童年的心理活动产生了艰难的分离之后；(5) 在对或许困难而又不同寻常的周围环境产生了一种新的和理性的适应方式之后；(6) 在痛苦的神经症症状消失之后；(7) 在经过了诸如考试、订婚、结婚、离婚、职业变更等命运攸关的转折之后；(8) 在发现了皈依以前所属的教会或教义的道路之后，或者在发生了信仰转变之后；以及最后 (9) 在已经开始建立一种人生的实践哲学之后（这是指在这个单词的古典意义上的“哲学”）。

4 尽管以上列举的情况还可以做很多的修改和补充，但大体上可以确定一些主要的情境，分析过程或心理治疗过程可以在这些情境中达到某种暂时的，有时甚至是最终的结束。但是，经验表明，在相当多的患者看来，找医生来咨询这件事情的表面结束绝不意味着分析过程的结束。确切的情况是，对无意识的辩证讨论依然存在，而且和那些尚未放弃与医生合作的人一样，遵循着完全相同的过程。有时医生会在多年后再次遇到这类病人，并且听到他们对后续发展情况所做的往往非常惊人的说明。正是这种经验才使我第一次坚信，在精神当中有一种不依赖于外部因素去寻求自己目标的过程，这种经验也使我不再有那种焦虑的感觉，即我自己可能就是引发患者精神中的一个不真实的（或许不自然的）过程的唯一原因。我的这种担忧并非全是误解，因为即使对以上提到的九种情境做再多的争论，也无法说服患者放弃他们的分析工作，甚至是宗教信仰发生了转变或是神经症得到了惊人的治愈也不可以。正是这样的情况终于使我确信，对神经症的治疗展现的往往是一个远远超出纯医学角度考虑的问题，也是一个用医学知识本身根本无法合理说明的问题。

5　虽然精神分析的早期时代已经过去快半个世纪了（那个时代对心理发展的全部过程做了虚假的生物学解释，且对心理发展的完整过程十分轻视），但是人们的记忆并未消除，而且仍然津津乐道于把冗长的分析过程描述为“逃离生活”、“尚未解决的移情”（unresolved transference）、“自体性欲”（auto-eroticism），以及其他一些同样令人不快的称谓。但是，既然任何事物都有两个方面，因此，只要能够表明它确实不包含任何积极的东西，那么，把这种所谓“任其存继”(hanging on)斥为生活的消极面就是正当且合法的。医生所感觉到的那种完全可以理解的不耐烦本身并不能证明什么。只有通过非常耐心的研究，新的科学才能成功获得对心理本质的深刻了解。如果还产生了某些意想不到的治疗效果，那就应该归功于医生的自我牺牲精神。不合情理的消极判断时常会轻易地出现，而且会不时地闯下大祸；另外，这样的判断也会引起人们的怀疑，如果这不是企图逃避进行彻底分析的责任，那就仅仅是无知的一个借口。因为，既然分析工作迟早会不可避免地导致“我”与“你”和“你”与“我”之间，在完全卸下人类伪装的情况下进行一场基本的讨论，所以，很有可能，而且几乎可以肯定，不仅病人，而且医生也会发现这种“令人倾心”的情境。谁也不可能在某种危险的场合不受影响地玩弄火或毒药，因为真正的医生绝不会置身于他的工作之外，而总是完全投身于工作之中。

6 这种“任其存继”可能是双方都不需要的东西，某种不可理解的，甚至不可容忍的东西，而不一定是生活的消极面。相反，它倒很可能是一种积极的“任其存继”，虽然它会形成一种显然不可逾越的障碍，但也正是因为这一点，它才代表一种唯一的，要求付出最大的努力，并因此谋求人的全部能量的情境。事实上，人们可能会说，虽然病人是在无意识地和坚持不懈地寻求解决某一最终无法解决的问题，但医生的艺术和技巧是在竭尽全力地帮助他面对这个问题。“所有的艺术都需要完整的人！”一位古老的炼金术士这样大声疾呼。我们所寻求的正是这种“完整的人”。医生的努力和病人的探索指向的都是那个隐藏的、迄今尚未表现出来的“完整的人”，他同时也是更伟大的人和未来的人。但遗憾的是，达到完整性的正确道路是由无数可以改变命运的弯道和转折组成的。这是一条漫长的道路，它不是笔直的，而是像蛇一样弯弯曲曲，这是一条把对立物统一起来的道路，这种对立物的统一使我们想起了指导双蛇杖（caduceus）的方式，它错综复杂的弯道和转折无不使人感到惊骇，正是在这条漫长的道路上，我们才获得了那些据说“难以获得的”经验。这些经验之所以难以获得，是因为它们确实会使我们付出巨大的努力：它们要求我们做的正是我们最害怕的事情，也就是我们如此随便谈论的那种“完整性”，而且这种完整性有助于我们进行永无休止的理论探讨，尽管在现实生活中我们都会尽最大可能地对它敬而远之。[1]一种显然更为普遍的情况是，人们在追求一种“分隔式的心理学”（compartment psychology），在这种心理学里，左边的格子并不知道右边的格子里有什么。

7 我想，恐怕我们不能让个体的无意识和软弱无能为这种

---

1 值得注意的是，一个写作布道书的新教神学家竟然有勇气从道德伦理的角度要求获得传教士的完整性，他经常引用我的心理学理论来证明他的论点。参见Handler，405。

状态负全部责任：这种状态也应该归咎于欧洲的普通精神教育。这种教育不仅体现了对那些占统治地位的宗教的一种恰如其分的关心，而且它本身就属于这些宗教的本质——因为宗教优于一切理性主义的体系，并且孤立地与外部和内部的人保持着同样程度的关系。如果我们决心想要原谅我们自己的缺点，那么，我们就可以谴责基督教抑制了人的发展；但是，我并不希望犯这样的错误，即把主要因人类无能而导致的错误归咎于宗教。所以，我谈论的并不是对基督教的那些最深刻和最好的理解，而是那些显而易见的表面现象和灾难般的误解。通过"模仿"（imitatio）基督而提出的这种要求（即我们应该遵循这一理想并且寻求变得像它那样），在逻辑上应该具有使内部人得到发展和提升的效果。但事实上，这一理想已被那些肤浅而又注重形式主义的信奉者变成了一个外部的崇拜对象，正是这种崇拜，使理想无法达到灵魂的深处，也使精神无法转换成一个与这种理想保持一致的整体。由此可见，神圣的仲裁者作为一种意象往往位于其外，而人则停留在其心灵的最深处，仍旧支离破碎且无法触及。确实如此，即使模仿者丝毫也没有靠近这一理想或它的意义，也能把基督模仿得惟妙惟肖。因为这不单单是一个模仿的问题（这种模仿使人保持不变，并把其制成一件纯粹的工艺品），而是一个依靠自己的力量，在自己的个体生活中（在上帝的允许下）实现这一理想的问题。但是，我们必须牢记（即使真正的目标可能无法实现，而且它的价值全都表现在外)，一种错误的模仿有时也会包含着强大的道德力量，这种道德力量把对一切是非曲直的完全放弃归因于某一最高价值观。可以想象的是，凭借这种整体的力量，一个人甚至能窥见他自己转瞬即逝的整体性，其中伴随着总是体现这种经历的恩赐感。

8 一个只朝向外部的模仿基督的错误观念，被一种典型的欧洲偏见进一步加强了，这种偏见把西方态度和东方态度区分开来。西方人常常被“成千上万的事物”所征服，他们看见的只是具体的东西，常常受自我的约束，受具体事物的约束，而且没有觉察到所有存在的深刻根源。另一方面，东方人对这个具体世界的体验，甚至对其自身的体验，也宛如梦境；他们本质上扎根于“土壤”之中，这种“土壤”如此强烈地吸引着他们，以至于东方人与世界的关系在某种程度上相较于我们来说常常是不可理解的。西方人的态度强调的是客体，趋向于把理想(基督)固定在朝向外部的方面，并因而剥夺了其和内部人的神秘关系。例如，正是这种偏见迫使《圣经》的新教解释者把“ἐντὸς ὑμῶν”(指上帝的王国)解释为“在你们当中”，而不是“在你内心深处”。我的意思不是说西方人的态度是没有什么成效的东西，我们完全相信它的正确性。但是，如果我们想要真正地了解东方人(正如心理学家必须做的那样)，我们发现要使自己摆脱某些疑惑是很困难的。凡是能用其良心修正它的人都能自由而随心所欲地决定这个问题，虽然他也可能会无意识地把自己当作世界的仲裁者。而我却更偏向于持有这种宝贵的怀疑态度，因为它不会伤害在我们视野之外的那些事物的纯洁性。

9　基督这一理想把世界的罪孽集于自身。但是，如果这一理想完全是外在的，那么个体的罪孽也是外在的，结果就是他会比以往更加支离破碎，这是因为，表面的误解很容易使他相当刻板地“将其罪孽投射到耶稣基督身上”，从而逃避他自己应负的最深重的责任——这种责任是与基督教的精神背道而驰的。这种形式主义和放纵状态不仅是宗教改革的主要原因之一，而且也表现在新教的组织机构之内。如果最高价值（耶稣基督）和最高否定（罪孽）都是外在的，那么，灵魂就是空洞的：它的最高级和最低级的东西也就荡然无存了。东方人（特别是印度人）的态度却截然不同：一切最高级和最低级的东西都在（超验的）主体之中。因此，阿特曼（atman）即自性的意义是至高无上的。但是，对西方人来说，自性的价值几乎为零。由此可见，西方人普遍蔑视灵魂。凡是有人敢于谈论灵魂或精神[1]的现实性，便被谴责为“心理主义”（psychologism）。人

1　德文“Seele”一词由于缺乏一个相应的英文同义词，而且由于它包含着“精神”（psyche）和“灵魂”（soul）这两个词的含义，对英语读者来说会有点难以理解，因而翻译时的困难几乎是无法克服的，为此，本文的编者要做一些恰当的评论。在以前的翻译以及这次的翻译中，“精神”（荣格在德文原文中既用作“psyche”，也用作“Seele”）是根据全部心理过程的整体性来加以使用的（Cf. Jung, 425, Part II, Def.48），即，这是一个非常复杂的综合性术语。另一方面，作为分析心理学的专业术语，“灵魂”一词（转下页）

们谈论起心理学来，仿佛它只不过是“心理学”，别的什么也不是。而可能与某些神圣人物相对应的心理因素的观念，就被视为对神圣人物的贬低。如果认为宗教经验就是心理过程，那就有点亵渎神明了：因为人们通常认为，某种宗教经验“不**仅**是心理学的”。任何心理的东西**只**是自然本性而已，因此，人们认为任何宗教的东西都不可能由此产生。同时，这些批评家会毫不犹豫地从心理的本性中把所有的宗教都派生出来——除了他们自己的宗教之外。一个强有力的事实是，我的《心理学与宗教》(*Psychology and Religion*)一书的两位神学评论家(一位是天主教的，一位是新教的)曾认真地审查过我对宗教现象之精神起源的论证。

10 面对这种境况，我们确实一定会询问：我们是怎么知道这么多关于精神的情况，以至于我们“只能”说这是精神的呢？因为这就是西方人讲话和思考的方式，西方人的灵魂显然是“缺少价值的”。如果在他的灵魂中有很丰富的东西，他一定

(接上页)在使用上更有局限性，它往往指的是一种“功能情结”或部分人格，而绝非指代全部的精神。它常常被用来特别指代“阿尼玛”和“阿尼姆斯”。例如，在这一方面它往往被用于合成词“灵魂—意象”(Seelenbild)。灵魂这个概念比读者可能更熟悉的基督教中的这个概念还要原始。在基督教的文本中，它指的是“人的超验能量”和“人的精神部分(就其道德层面或是与上帝的关系而言)”(参见《简明牛津英语词典》的定义)。在本文的上述段落(以及其他相似段落)中，“灵魂”一词是在非技术意义上使用的，即，它指的不是“阿尼姆斯”或“阿尼玛”，也不是指代超验的概念，而是指一种具有非常神秘特点的心理的(现象学的)事实。除了上下文明确表明该术语是在基督教或新柏拉图主义的意义上使用之外，都将是这种用法。——英编注

会怀着崇敬的心情谈论它。但是,既然他并没有这样做,那么我们只能得出结论认为,他的灵魂中没有什么有价值的东西。这并不是说,这种情况俯拾皆是,实际上只有那些灵魂中一无所有的人和“把上帝完全排斥在外”的人才是这样。(要是世界上多几个埃克哈特大师这样的人,该是一件多么好的事情啊!)

11 纯粹的宗教投射可能会使灵魂失去其价值,因为精神的完全丧失,灵魂就无法得到进一步的发展,而且始终保持在一种无意识状态下。同时,它也就成为这种错觉的牺牲品,即所有灾难的根源都来自外部,人们不再停下来扪心自问,究竟有多少事情是他们自己所为的。灵魂似乎毫无意义,以致人们认为,灵魂不可能干坏事,更不可能干好事。但是,如果灵魂不再发挥任何作用,宗教生活就会僵化成一种外在的和形式化的东西。无论我们怎样描述上帝和灵魂之间的关系,有一件事情是明确的:灵魂不可能是“除此之外什么都不是”[1]。相反,它是一种高贵的实体存在,这个实体存在与上帝有关系,而且能够意识到与上帝的关系。虽然这种关系只不过是像大海中的一滴水与大海的关系,但是,如果没有无数的水滴,大海亦不能存在。基督教教义所坚决主张的灵魂不朽,使灵魂高居于短暂

---

1 “除此之外什么都不是”(nichts als)这个说法经常在荣格的著作中出现,表示通过把某一事物还原成某种显然可知的东西并贬低它的价值,从而解释这一事物的习惯做法。例如,当人们把某种疾病说成是“除了是心理疾病之外什么也不是”,这种疾病就被解释成只不过是一些幻象,从而贬值。——英编注

的人生之上，并且使人生具有了某些超自然的属性。这样，它的意义就远远超过了时运不长的有意识的个体，因此从逻辑上讲，这就不允许基督教把灵魂视为“除此之外什么都不是”。[1]正如眼睛同太阳一致一样，灵魂则与上帝一致。既然我们的意识心灵不理解灵魂，那么，傲慢或者轻蔑地谈论有关灵魂的东西，就是十分荒唐可笑的。即使是信仰基督教的人也不知道上帝隐藏的方式，而且他只能任由上帝来决定究竟是从外部还是通过灵魂从内部来影响他。因此，信仰者不应该为下述事实感到吃惊，即确实存在着“somnia a Deo missa”（上帝赐予的梦）以及无法追溯到任何外部原因的灵魂的启迪。如果有人认为，除了在人类的灵魂中没有上帝之外，上帝可以无处不在，那就是对神明的亵渎。确实，上帝和灵魂之间存在着极其密切的关系，这种亲密关系会自动地拒绝人们对后者的贬低。[2]谈论它们之间的密切关系或许离题太远了；但不管怎么说，灵魂本身必定包含着与上帝的关系这一功能，即某种对应关系，否则两者之间就绝不会产生某种联系。[3]用心理学的术语来说，这种

1　人是按照上帝的形象被创造出来的，这一教义在对人的评价中占有举足轻重的地位——更不用说上帝以耶稣基督的身躯降临人世这一教义的重要性了。

2　魔鬼也能占有灵魂，这个事实丝毫也不会削弱其意义。

3　因此，从心理学上讲，把上帝想象为一个“完全不同的东西”，这简直不可思议，因为一个“完全不同的东西”绝不可能是灵魂的最深刻和最密切的伙伴之一——这个最深刻和最密切的伙伴才是上帝的真实面目。仅有的关于“上帝—意象”的心理学有效性的说明既似是而非，又自相矛盾。

对应关系就是“上帝—意象”的原型。

12 每一种原型都能无限地发展和分化。因此，原型既可能是比较发达的，也可能是较不发达的。在宗教的某种外部形式中，它强调的完全是外部的人物（因此在这里我们探究的是一种比较完全的投射），原型是和外在化的观念相一致的。但作为一种心理因素，原型则是无意识的。当一个无意识的内容在一定程度上被一个被投射的意象所取代时，它就完全无法参与意识心灵的活动，也不受意识心灵的影响。由于无法对意识施加有效的影响，它会极大地丧失自己的生命力；更有甚者，它会始终保持自己的原始形式不变，因为在无意识中任何东西都是不变的。它甚至会在某一点上产生某种倾向，退行到较低级的和较古老的层次。因此，有一种情况很容易发生，即一个信仰所有神圣人物的基督徒，在其灵魂深处仍然是不发达的和没有变化的，因为他“把上帝完全排除在外了”，而且在他的灵魂中他也没有体验到上帝。他的决定性动机、他的主要兴趣和动力并非来自基督教领域，而是来自无意识和不发达的精神，这种精神和过去一样，既异端又古老。能够证实这种论点之真实性的，不是某一个体，而是人类生活中的全部个体。在当今世界上，人类计划和实施的伟大事业并未显示出基督教的精神，倒是显示出了朴素的异教精神。人类的这些事业起源于一种古代的，甚至未被基督徒接触过的心理状态。教会并非毫无道理地假设，这个“semel credidisse”（曾经被人信奉过的）事实会在身后留下一些痕迹，但是，随着事情的发展，在这些痕迹中什么也看不到了。我们已经可怕地证明了，基督教文明是空洞的：它完全是虚饰的外表，丝毫也没有触及人的灵魂，因而也没有使人的灵魂发生改变。人的灵魂与自己的外部信仰并不一致。在人的灵魂中，基督教并没有和外部的发展并驾齐驱。的确如此，人们发现一切都是外在的（在意象和言辞中，在教会和《圣经》里），而不是内在的。在内部占优势的是古代的诸神，它们从上古时代起就是至高无上的。也就是说，由于缺乏心理学知识，而且人们被异教的教义所蛊惑，内外统一的"上帝—意象"就没有发展起来。基督教教育已经尽了人类所能尽的一切力量，但还远远不够。很少有人把神圣的意象体验为在内心深处占有自己的灵魂。耶稣基督只是在灵魂外部迎接它们，而绝不是在灵魂内部迎接它们；这就是为什么黑暗的异教教义仍然在那里占据支配地位。这种异教教义（现在采取的是一种极其明显的形式，致使人们再也无法否定它，而且现在仍然披着非常陈旧的伪装）即将淹没所谓基督教文明的世界。

13 迄今所用的各种方法并没有使我们成功地在一定程度上将灵魂基督教化，以便使基督教道德的基本要求也能对信奉基督教的欧洲人所主要关心的事情施加决定性的影响。基督教的传教士可以向异教徒宣讲福音，但是那些遍布欧洲的具有宗教精神的异教徒仍然对基督教一无所知。基督教要想完成其伟大的教育任务，就必须再次从头开始。只要宗教仍是唯一的信仰和表面形式，只要宗教的功能没有在我们自己的灵魂中被体验到，那么任何重要的事情都不会发生。我们还必须懂得，“mysterium magnum”（伟大的秘密）不仅是一种现实性，而且首先是扎根于人类精神之中的。凡是不能从自己的经验中认识到这一点的人，即便可能是一个最有学问的神学家，但他对宗教可谓懵然无知，而且也缺乏相关的教育。

14 然而，当我指出实际上灵魂具有某种宗教功能[1]的时候，当我指出，把“上帝—意象”的原型，或者它的发散物及影响传达给意识心灵［这是一切（成人）教育的主要任务］时，恰恰就是神学家抓住了我的胳膊，谴责我是“心理主义”。但是，倘若这不是一个经验事实，即最高的价值存在于灵魂之中（完全远离那个同样居住在灵魂中的“冒牌货”），那么，心理学就丝毫也不会使我感兴趣，因为如果确实如此，心理学除了是一团无用的蒸汽之外就什么也不是。但是，我从数百次的经验中获悉，心理学并非如此，恰恰相反，它包含着那些相当于在教义中被详尽阐述的一切东西，以及更多其他的东西，而正是这些东西让它注定成为凝视光明的眼睛。这就要求视觉范围无限广阔，视觉深度深不可测。人们曾谴责我“将灵魂神化”。其实，真正把灵魂神化的不是我，而是上帝自己！我并没有把宗教的

1 Tertullian，310：“人是天生的基督徒。”

功能归功于灵魂，我只是提出了这些事实，它们能证明灵魂是“自然的宗教”，即具有某种宗教功能。我并没有创造或解释这种功能，它并不是通过接受我的任何意见或建议而在那里被引发出来的，它是自行产生出来的。由于怀有某种真正悲剧般的幻觉，这些神学家无法看到，这并不是一个证明光是否存在的问题，而是证明盲人竟然不知道自己的眼睛能看见东西这样一个问题。现在到了我们应该认识到这个事实的时候了，如果谁也看不见光，那么赞美或者宣讲它就是毫无意义的。因此，很有必要教给人们看东西的艺术。因为显然有相当多的人无法在神圣人物和他们自己的精神之间建立某种联系：他们无法发现那些同样重要的意象在何种程度上潜伏在他们自己的无意识之中。为了帮助人们产生这种内部视觉，我们就必须首先为这种视觉官能扫清道路。至于怎样不使用心理学，即不与精神建立联系来做到这一点，则显然超出了我的理解。[1]

15 另一个同样严重的误解在于，把希望成为一种新的且可能是异端的教义这种愿望归咎于心理学。即便一个盲人经过治疗能逐渐地看到东西了，那也不能期望他立刻就能用苍鹰一样的眼睛分辨出那么真实的东西。如果他能够看到东西了，如果他开始理解他所看到的东西了，人们自然会感到高兴。在现

1 既然在这里它是一个与人类的努力有关的问题，那么我就先把非人力所能控制的恩典放在一边。

存的教义甚至都还没有被人们接受和理解的时候，心理学所关心的主要是“看”这一活动，而不是建构新的宗教真理。在宗教事物中有一个著名的事实是，只有当我们从内部体验到一件事情时，我们才能理解它，因为正是在这种内部体验中，精神与外部意象或信条的联系才第一次作为类似于“未婚夫”和“未婚妻”那样的关系或一致性而表现出来。因此，当我作为一名心理学家说上帝是一个原型时，我的意思是指精神中的“类型”（type）。我们知道，“类型”一词来源于希腊文“τύποζ”，指“打击”或“印刻”；因此，一个原型往往会假定有一个印刻者。作为研究灵魂科学的心理学，必须把自己限定在它的主题之内，并通过形而上学的主张或其他宗教信仰来防止超越它的适当界限。如果心理学提出有一个上帝的话，即使是作为一个假设的原因，它也会隐含着一种要求，即要能够证明上帝的存在，因而也就以某种绝对不合理的方式超越了它的权限。科学只能是科学，根本就没有什么“科学的”宗教信仰和其他类似的自相矛盾的说法。我们对原型的最终起源完全一无所知，我们对心理的起源也同样一无所知。无论在精神中发现的这种印刻能否合理地被命名为“上帝—意象”，作为一门实证科学的心理学，它的权限都只能在比较研究的基础上才能建立起来。因此，任何积极或消极的东西都不能断言上帝的存在，现有的说法最多只是接近于“英雄”原型对某个英雄是否实际存在的证明程度。

16 现在可以说，如果我的心理学研究已经证明确实存在着某些心理类型，证明这些类型与众所周知的宗教观念相一致，那么，我们就打开了可以通往那些可体验内容的研究道路，这些能被体验到的内容往往十分明显而又不容否认地成为一切宗教体验的实证研究基础。崇尚宗教的人常常随意地接受他所喜爱的关于这些意象之起源的任何形而上学解释；而崇尚理智的人却并非如此，他们一定会严格地维护科学解释的原则，并且避免超越一切可知的界限。谁也不能阻止信仰者把上帝、普鲁莎（Purusha）[1]、阿特曼或者“道”（Tao）作为第一推动力，并因此消除人类的基本烦恼。科学家是一丝不苟的工作者，他不可能如风暴般席卷天堂。倘若他允许自己被引诱到这种放纵的言行里，那就意味着他正在锯断他坐在其上的这根树枝。

17 事实上，拥有关于这些内部意象的知识和实际经验，我们就能开辟出理性和情感的道路，这两条道路都可以接近宗教教义提供给人类的那些其他的意象。由此可见，心理学所做的正是它受到人们谴责的那些事情的反面：它会为人们更好地理解这些事物的本来面目提供可能的研究道路，它会开阔人们的视野，使人们了解教义的真实意义，它不仅不会毁坏，而且还打开了一间空房子来迎接新的居民。我可以从无数的经验中证

1 印度教神话中的原人，象征着永恒的精神。——中译注

实这一点：依附于可以想象到的各种信条的人，可能是背叛教义者或信仰心变冷淡的人，发现了一条探索其古老真理的新道路，这些人当中有很多是天主教徒。甚至一个袄教徒也发现了这条返回到其火神殿的道路，这就证实了我的观点的客观性。

18 然而，这种客观性正是我的心理学最受人们指责之处：据说人们无法确定其究竟对哪种宗教教义有利。即使没有我自己的这些主观信念，我也想提出下述问题：当一个人竭力不把自己当作宇宙的仲裁者，审慎地放弃了主观主义，并持有完全相反的信仰，例如，上帝已经以各种语言表达了自己的观点，以各种各样的形式表现出来，而且所有这一切都是真实的——难道这是不可思议的吗？我认为，这也是一种决定。人们，特别是基督徒，则提出了反对意见，他们认为自相矛盾的说明不可能是真实的，它必须允许人们有礼貌地质问：1=3吗？ 3怎么能等于1呢？一位母亲能是一个处女吗？诸如此类。难道人们还没有发现，所有的宗教声明都包含在原则上不可能成立的逻辑矛盾和主张，而这在事实上正是宗教主张的根本实质吗？我们可以把德尔图良的下述声明作为它的一个证据："上帝之子是死的，正因为这件事很荒唐，才值得人们去信仰。若把上帝之子埋葬，他还会起死回生。正因为这是不可能的，所以它才是确定无疑的。"[1]如果基督教要求人们信奉这些矛盾的说

1 Tertullian, 311, II, 5.

法，那么在我看来，我们就完全可以谴责那些拥有自相矛盾的主张的人，奇怪的是，这种自相矛盾却正是我们最有价值的精神产品之一，而意义的一致性原则是一个虚弱的信号。由此可见，当某种宗教失去或减少了其自相矛盾之处时，其内在就会变得枯竭；但是，只有当这种自相矛盾使人们接近于理解生活的丰富性时，它们的增殖才会活跃起来。非模棱两可和非矛盾性都是片面的，因而不适合于表现不可理解的东西。

19 并非人人都具有德尔图良式的这种宗教精神力量。显而易见，他不仅具有能够支撑自相矛盾的这种力量，而且这些自相矛盾的论点实际上也使他具有了最高限度的宗教确定性。不胜枚举的缺乏宗教精神的人们使这种自相矛盾充满了危险。只要这种自相矛盾没有受到考查，并且理所当然地作为生活的一个惯常方面，那就绝无妨害。但是，当一个教养不足的心灵（就我们所知，它必然是最自信的）把某一信仰原则的矛盾性作为刻苦研究的对象时（这些研究虽然非常认真，但毫无作用），它很快就会发出一阵对此进行攻击的轻蔑笑声，旨在说明这种神秘性的荒唐。自从文艺复兴时代以来，事情便迅速地趋向衰退，因为一旦这个不能容忍任何矛盾论点的美好的理性心灵觉醒，人世间的任何说教就都不能把它压服。这样，一个新的任务便提出来了：一步一步地把这个仍不发达的心灵提升到较高的水平，并且增加那些至少对矛盾真理的范围略有了解的人的数量。如果这是不可能的，那么我们就必须承认，对基督教的宗教精神的研究实际上受到了阻碍。我们根本无法理解教义中所包含的这些矛盾论点是什么意思；我们对这些论点的理解越是偏于表面，就越会被它们的非理性形式所冒犯，直到最后它们成为一些荒废的、稀奇古怪的古老遗迹为止。遭受到这种打击的人，根本无法估计他的精神损失程度，因为他从未把神圣的意象体验为他的心灵深处的财富，而且从未认识到这些意象和他自己的心理结构的关系。但是，关于无意识的心理学所能给予他的正是这种必不可少的知识，心理学的科学客观性在这里才发挥出其最大的价值。如果心理学受到某种信条的约束，它就不会，也不可能允许个体的无意识自由行动，而这正是原型产生的基本条件。令人信服的正是原型内容的这种自发性，而任何有偏见的干涉都是对真正经验的阻碍。如果神学家真的一方面相信上帝全知全能的力量，另一方面又相信教义的有效性，那么他为什么不相信上帝会在灵魂中讲话呢？为什么会如此害怕心理学呢？或者（与教义完全矛盾），难道灵魂本身是一个只有恶魔才能在里面饶舌的地狱吗？即便事情果真如此，那也根本不能令人信服，因为我们都知道，对罪恶现实的可怕知觉已至少导致了和善的经验同样多的转变。

20 可以用实证研究的方法来说明，无意识原型等同于宗教教义。用上帝的《圣经》解释学语言来说，教会拥有大量堪与个体相类比的东西，以及可以在心理学中发现的自发产物。无意识所表达出来的东西绝不仅仅是武断的和固执己见的；和每一种其他的自然存在物一样，它也是“应运而生的”。合情合理的实际情况是，无意识的表达是自然的，而不是用教条主义的方法来阐述的，它们就像那些把整个自然界都纳入其中的教会寓言一样。如果这些寓言给我们提供的是一些令人吃惊的关于耶稣基督的寓言，我们就会发现，在无意识心理学中有着完全相同的东西。唯一的区别在于，教会寓言指向的是耶稣基督，而心理的原型指的只是它自己，因此可以根据时间、空间和社会环境来加以解释。在西方，原型中常常充斥着基督教人物；在东方则充斥着普鲁莎、阿特曼、哈朗亚格嘎（Hiranyagarbha）、佛等。我们完全可以理解，宗教观点注重的是印刻者（imprinter），而科学心理学强调的则是类型（typos），即印刻——这是它所能理解的唯一的东西。宗教观点把印刻理解为一个印刻者的工作情况，而科学观点则把它理解为一个未知的或不完全理解的内容的象征。由于类型比宗教所假定的任何人物都更不确定和更多样化，因此，心理学便由于实证研究的材料所迫，而借助于不受时间、空间和社会环境约束的术语来表达类型。比如说，如果类型和基督教人物有非常细致入微的一致性，如果它不包含超出这个人物的决定因素，那么我们就一定会把类型至少视为对基督教人物的忠诚复制，并由此而命名之。这样，类型便与耶稣基督一致了。但是，正如经验所表明的，情况并非如此，和教会的教父们所使用的寓言一样，无意识往往产生出无数的没有明确包含在教义中的其他决定因素；也就是说，前文提到的那些非基督教人物也往往包含在这些类型之中。不过，这些人物都不遵从原型的不确定性。居然可能存在着能够表达原型不确定性的明确人物，这简直不可思议。为此我发现自己有责任给这个相应的原型起一个心理学的名字："自性"。这个术语一方面可以非常明确地表达人类整体性的实质，另一方面又很不明确地表现了这个整体无法描述和无法确定的性质。这个术语的矛盾性是下述事实的反映：整体性部分地由有意识的人组成，部分地由无意识的人组成。但是，我们无法确定无意识的人或者指出他的局限性。因此，就其科学用途而言，"自性"一词指的既不是耶稣基督，也不是佛，而是与其相等同的那些人物的整体性，这些人物中的每一个都是自性的一种象征。这种表达方式在科学心理学中具有理智上的必要性，而且绝不表示超越的偏见。相反，正如我们以前说过的那样，这种客观的态度使一个人能够决定他会赞成起决定作用的是耶稣基督，而使另一个人决定赞成是佛，等等。那些受这种客观性刺激的人会认为，没有客观性就不可能有科学。因此，通过否认心理学拥有客观性的权利，他们不合时宜地企图扑灭一门科学的生命之光。即便这种与自然、理智或常识相反的企图获得了成功，那也不过是扩大了世俗心灵与教会宗教势力之间已经十分悲惨的裂痕。

21 一门科学或多或少都会把注意力集中在它的研究主题

上,这是完全可以理解的,确实,那就是这门学科存在的绝对原因或理由。既然自性这个概念在心理学中占有核心地位,那么心理学自然会沿着与神学完全相反的路线来考虑问题:对心理学来说,宗教人物指的是自性,而对神学来说,自性则指的是它(神学)自己的核心人物。换句话说,神学很可能会把心理学的自性视为关于耶稣基督的一个寓言。毫无疑问,这种相反的看法是非常令人烦恼的,但遗憾的是,这又是不可避免的,除非心理学被完全否认了其存在的权利。那样的话,我就得为容忍而辩护了。这对心理学来说并不算太难,因为作为一门科学,它并没有提出独裁的要求。

22 基督象征具有极为重要的心理学意义,因为除了佛教人物之外,基督象征或许是最高度发达和分化的自性的象征。我们可以从人们为耶稣基督所做的所有声明中发现这一点:尽管它们并不包括这一原型的一切方面,但它们和自性心理学的现象学在很大程度上是一致的。和宗教人物的确定性相比,我们可以认为,自性的这种几乎无限的范围可能是一个不利的条件,但是,进行价值判断绝不是科学的任务。自性不仅包含不确定性,而且(相当矛盾的是)它也包含确定性,甚至包含独一无二的特性。这可能正是历史人物所创立的那些宗教最终演变成了诸如基督教、佛教和伊斯兰教这类世界宗教的原因之一。把一种独特的人类个性包含在宗教之中(特别是当它和一种无法确定的神性联系起来时),这是与自性的绝对个体性（individuality）一致的，这种个体性把独一无二与永恒、把个体与宇宙结合在了一起。自性是出类拔萃的对立物的统一体，而且这就是它与基督教象征的根本性不同。耶稣基督的雌雄两性是教会在这种对立物问题上所做的最大让步。一方面是光明与友善，另一方面是黑暗与邪恶，两者之间的对立形成了一种公开的冲突状态，因为耶稣基督只代表善，而它的对立面则代表魔鬼、邪恶。这种对立是目前尚未解决的真实的世界问题。但是，自性是绝对矛盾的。在这种矛盾情况下，它在所有的方面都代表着论点及其对立面，同时也代表着综合（这一主张的心理学证据十分丰富，但在这里我不可能把它们全都引述出来，我愿意向专业的读者们提供曼荼罗的象征）。

23 一旦对无意识的探究把意识心灵导向原型的发现，那么个体就会面临着人性深不可测的矛盾，这种矛盾又会反过来使人产生光明与黑暗、基督与邪恶的直接经验。不论好坏，这里只有一点点可能性，而且不能保证；因为这种经验不一定是能够通过人类的任何手段引起的。还要考虑到有一些不受我们控制的因素。对立物的经验与理智的顿悟或共情（empathy）并没有任何关联。把它说成我们所谓命运（fate）之类的东西倒更合适些。若把其他证据排除在外，这种经验可能会使一个人相信基督的真理，使另一个人相信佛的真理。

24 若没有这种对立物的经验，就不会有整体性的经验，人们也就无法从心理内部接近神圣的宗教人物。为此，基督教正确地坚持人是天生有罪的，是有原罪的，其明显意图旨在（至少从外部）打开每个人身上普遍对立的深渊。但是，这种方法甚至在某种中度警觉的理智状态下也一定会失败：因为若真的如此，教义除了被认为是荒唐的之外，也根本不会再被人们相信。这样的理智只是片面的并且固守着所谓"神秘的荒诞"（ineptia mysterii）。这一点和德尔图良自相矛盾的话相距甚远；事实上，理智根本无法忍受这种紧张所包含的痛苦。有一些并非鲜为人知的情况，包括严格的练习、天主教徒改变宗教信仰以及必然能觉察出罪恶的某种类型的新教教育，已经造成了心理上的破坏，这种破坏不是指向天国，而是指向医生的诊疗室。虽然洞察对立物的问题是绝对必要的，但实际上很少有人能够忍受它——这是一个已被忏悔者注意到的事实。借助于对此所做的反应，我们便有了用以掩饰"道德盖然性"（moral probabilism）的东西。这个论点经常受到来自四面八方的攻击，因为它试图减轻原罪的巨大影响。[1]不管人们如

---

1 Zöckler（539，XVI，p.67）对此做了如下界定："盖然性通常是指那种满足于用某种程度的可能性（probability）来回答科学问题的思维方式。我们在这里所独自关注的那种道德盖然性存在于下述原则之中，即道德自我决定的行为不是受良心指导的，而是根据可能是正确的东西，即根据已经被任何有代表性的权威或理论权威所推荐的东西来决定的。"例如，耶稣会的概率论者埃斯科巴尔（Escobar）就持有这种观点，如果忏悔者把某种盖然的观点作为其行为动机的借口，那么，即便听人倾诉告解的神父并非持有相同的观点，他也一定会宽恕他。埃斯科巴尔曾引用了许多耶稣会权威人士对下述问题的看法，即一个人在一生中究竟有多少次必定会爱上帝。根据其中的一种（转下页）

何看待这种现象，有一件事情是明确的：不管怎么说，在这种现象内部包含巨大的人性和对人类弱点的理解，这种人性和理解可以补偿世界的不可容忍的自相矛盾。一方面，坚持原罪这种可怕的内在矛盾，另一方面，盖然性又做了让步，对心理学家来说，这是有关上述对立物的基督教问题的一个必然结果——因为在自性当中，善与恶确实比同卵双生子还要接近！邪恶的现实及其与善的不相容性会使对立物分裂破碎，并导致一切活物遭受被悬挂和被钉死的刑罚。因为“灵魂在本质上是表现基督精神的”，这个结果就如同在耶稣活着时发生的那样，在现实生活中也一定会发生：我们都必将“和耶稣基督一起被钉死在十字架上”，也就是说，遭受一种类似于真正被钉死在十字架上那样的道德痛苦。但这只有在一定程度上才是可能的，而且只有在生活实在无法忍受和充满敌意，致使普通人只能偶然进入这种状态时才有可能发生，实际上这几乎是不可能的。因为在面临这种痛苦的时候，他怎么可能无动于衷呢！因此，人们对邪恶问题持某种或多或少的盖然性态度是不可避免的。所以，关于自性的真理（善与恶的不可理解的统一体）是在这种自相矛盾中具体发生的：虽然罪恶

（接上页）观点，只要在死前不久爱一次上帝就足够了；还有一些说法认为每年一次或者每隔三四年爱一次就可以了。他自己则得出如下结论：在理性第一次被唤醒时爱一次上帝，然后每隔五年爱一次，最后在死亡之前再爱一次就够了。按照他的观点，大量不同的道德教义是构成上帝仁慈远见的主要证据之一。“因为这些教义使耶稣基督的压力变得如此轻松。”（539，XVI，p.68）也请参见Harnack，406，III，pp.748ff。

是最严重和有害的事情，但还不至于严重到不能用“盖然性”的论点来解决的程度。这也并非一种轻松或不严重的情况，而只是生活的一种实际需要而已。忏悔就像生活本身一样，它往往使人成功地避免陷入一种无法解决的矛盾冲突状态之中。需要注意的是，这种矛盾冲突仍然具有很大的力量，而且还会再次与自性的矛盾对立性不一致，自性的这种矛盾对立性是既冲突又统一的。

25 基督教已经把善与恶的对立变成了一个世界问题，并且通过从教义上阐述这种冲突而把它提升为某种绝对原则。信奉基督教的人作为善的倡导者，作为世界戏剧舞台上的演员，竟然陷入了这种尚未解决的冲突状态之中。在其最深刻的意义上可以这样理解：成为耶稣基督的追随者，意味着要遭受绝大多数人无法忍受的痛苦。因此，耶稣基督的榜样实际上被人们既有保留又毫无保留地遵循着，而且教会的牧师实际上甚至发现自己有责任“减轻耶稣基督的负担”。这意味着冲突的严重性和残酷性得到了极大的减轻，因此，实际上善和恶变成了一种相对的东西。善相当于对耶稣基督的无条件模仿，而恶是针对它的障碍。人的道德弱点和怠惰是模仿的主要障碍，盖然论为这些弱点和怠惰扩展出一种实践的理解，有时候这样的理解或许更接近于基督教所主张的包容、宽厚及爱你的邻居，而非在盖然论之中只不过是懈怠者的那些人的态度。虽然一个人必须把许多重要的基督教美德让位于盖然论的努力，但他仍然不要忽略了这个事实：基督教美德会排除人们在模仿耶稣基督时所遭受的诸多痛苦，善与恶的冲突会失去它的残酷性，并减轻到可以容忍的程度。这常常导致人们对自性的心理原型进行研究，在自性的心理原型中甚至那些对立物似乎也都被结合起来了——尽管我已经说过，它不同于使冲突公开化的基督教象征作用。对后者来说，有一条分开世界的巨大鸿沟：黑暗与光明相争斗，上与下相争斗。和在心理原型中一样，这两者也并不是一体的。即便宗教教义可能谴责两者为一的观念，但是我们已经看到，宗教实践确实允许自性的自然心理学象征作为一种相似的表现手段而与它本身一致。另一方面，教义坚持主张三位一体，而否认四位一体。从古代起，不仅在西方，就是在中国，也都把奇数视为男性，而把偶数视为女性。由此可见，三位一体必定是一个男性的神祇，认为耶稣基督是半男半女，和给予圣母玛利亚以特殊地位和尊敬，这是截然不同的两码事。

26 做了这个使读者感到格外震惊的说明之后，我们就可以论述炼金术的一个主要格言了，这就是女先知玛利亚·普罗费提莎（Maria Prophetissa）所说的“一变二，二变三，从三中产生出作为四的一”。正如读者从书名中所看到的那样，这本书关注的是炼金术的心理学意义，因而论述的是（除极少数例外）那些迄今已被科学研究所遗忘的东西。直到最近，科学研究也只是针对炼金术在化学史中所起的作用，而很少关心它在哲学史和宗教史中所起的作用。炼金术对化学的历史发展的重要性是显而易见的，但它的文化重要性仍然如此鲜为人知，因此似乎很难用几句话就说明它的存在。所以，在这个导言中，我尝试概述一下与炼金术这一论题有关的宗教和心理学问题。这里的要点是，炼金术更像是在表面起支配作用的基督教的一股潜在势力。它和这个表面的关系就像是梦与意识的关系，正如梦是对意识心灵之冲突的补偿，炼金术则致力于填补基督教的对立紧张所造成的裂痕。或许对这一点所做的最丰富和最含蓄的表述，就是上述女先知玛利亚的那条格言，这就像是几乎贯穿整个炼金术时代的一个主题，其影响甚至跨越了十七个世纪。在这句格言中，代表女性原则、地球、地底的那些区域以及邪恶本身的偶数，穿插在基督教教义的奇数之间。它们是“水银之蛇”（serpens mercurii），是创造并毁灭自身的龙，同时也是“原初物质”（prima materia）。炼金术的这个基本观点可以追溯到“混沌深渊”（Tehom），追溯到作为邪龙存在的“提亚马特”（Tiamat），以及追溯到在马尔杜克（Marduk）神话中被父系社会推翻了的原始母系社会。[1]世界的意识朝向男性的这

1 “水银”（亦常作为“墨丘利乌斯”出现）、“蛇”、“原初物质”等均是炼金术文本中常见的用词，同时也是自性的重要参考意象。“Tehom”一词可参见《创世记》第一章第二节，该词与“Tiamat”拥有相同的词源；提亚马特是巴比伦神话中最古老的两位创世神之一，是一位女性神祇，多以邪龙形象出现于后世作品之中；马尔杜克是巴比伦神话中的男性神祇，在众神之战中杀死邪龙提亚马特奠定了自己的权威地位。——中译注

种历史性转变，最初是通过无意识中的黑暗（chthonic）女性意象得到补偿的。在基督教之前的某些宗教中，男性原则已经以父—子范式的形式分化出来了，对基督教来说这是一个至关重要的变化。倘若无意识只起互补作用，那么意识的这种变化就会伴随有母—女范式的产生，关于德墨忒尔（Demeter）和珀尔塞福涅（Persephone）[1]的神话已经为其准备好了必要的材料。但是，正如炼金术所表明的，无意识宁愿选择以原初物质和宏观世界之子（filius macrocosmi）的形式表现出来的西布莉—阿提斯（Cybele-Attis）[2]那种类型，这就证明无意识并不是互补性的，而是补偿性的。这进而表明，无意识活动不仅与意识心灵的活动相反，而且往往以对手或伙伴的方式来改变意识心灵。儿子这一类型并没有从黑暗的无意识的深处唤起女儿来作为其互补的意象——它唤起的是另一个儿子。这个显而易见的事实似乎与我们地球上的一个纯宗教精神的上帝在人性中的化身有关，这个纯宗教精神的上帝是由圣母玛利亚圣灵感孕而生的。这个更高级的、宗教精神的男性气质就这样倾向于低级的、世俗的女性气质了。因此，早在父系社会之前，母亲就必须适应男性原则，并且借助于人类的精神（炼金术或“哲学”）生出一个儿子来——这个儿子不是

1　德墨忒尔是古希腊神话中代表农业、谷物和丰收的女神；珀尔塞福涅是德墨忒尔的女儿，被冥王哈迪斯绑架到冥界并成为他的妻子。——中译注

2　西布莉是小亚细亚神话中的女神，而阿提斯是她的情人。——中译注

耶稣基督的对立面，而是其黑暗的副本，不是一个圣人，而是一个与原始母亲的性质相符的寓言般的存在。和人类的赎罪一样，微观世界是“天上”（upper）儿子的任务，而发挥宏观世界拯救者（salvator macrocosmi）作用的则是“地下”（lower）儿子。

27 简而言之，这就是在晦涩难懂的炼金术舞台上表演的一出戏剧。除了在少数或许特别有天赋的炼金术士的心灵和最深刻的内在体验中之外，这两个儿子绝不会统一起来。提到这点有些多余，不过，要发现这出戏的“目的”并不困难：在上帝以耶稣基督的化身来到世界上的时候，看起来父系社会的男性原则似乎正在接近母系社会的女性原则，但结果反倒是母系社会被迫接近父系社会。它所奋力以求的，就是要在把这两种社会分开的鸿沟上架设起一座桥梁，以便对它们之间的公开冲突进行补偿。

28 假如我的说明听起来像是一个诺斯替教的神话，我希望读者不要生气。我们正在向那些实际上是诺斯替教发源地的心理学领域迈进。基督教象征的神示是灵知（Gnosis），而无意识所产生的补偿作用则是更高程度的灵知。神话是这些心理过程最自然的原始语言，而且任何理智上的详细阐述，无论在哪都不可能像神话的形象化描述那样丰富和富有表现力。这些过程涉及的是原始意象，而且是用象征性的语言最恰当而又最简洁地重新描绘出来的。

29 上述过程表现了心理补偿作用的全部特征。我们知道，无意识的面具不是刻板的——它展示给我们的只有它的面部。敌意会使它看上去像是受到了威胁，友善则使它的面貌看上去很温和。这不仅是一个视觉反馈的问题，而且这种自主回答的形式体现出了其自给自足的特质。因此，哲学之子（filius philosophorum）并不只是上帝之子在不适当的材料中反映出来的意象；相反，提亚马特的这个儿子[1]表现出的是原始的母性人物的特征。虽然他显然具有雌雄同体的性质，却有一个男性的名字——这表明，在受到精神的拒绝而且与邪恶相认同之后，他产生了一种妥协的倾向。我们并没有误解下述事实，即他身上虽然背负着世俗的重负，并带有原始动物界的全部神话性，但他是对宗教精神和男性原则的一种让步。

30 母系社会的这个回答表明，由于无意识拥有使两者统一起来的种子，因此在母系社会与父系社会之间的鸿沟上不是不可架设桥梁的。意识心灵的实质是能够进行辨别的，但它若想要对事物有所觉察，就必须把对立的东西区分开来，而这样做是违反自然本性的。实际上，对立的双方是相互寻求的（会频繁地相互接触），由此可见，意识心灵就在无意识之中，特别是在这个统一的原型（即自性）之中。和在诸神中一样，

1 此处荣格说的可能是古巴比伦神话中的金固（Kingu）。——中译注

这些对立物在这里会相互抵消。但是，只要无意识开始表现出来，它们就会像在上帝创世时那样分裂开来；因为每一种初期的意识活动都是一种创造活动，我们所有的天体演化象征都是从这种心理学经验中获得的。

31 炼金术非常重视统一体的种子，这个种子就潜藏在提亚马特的混沌状态中，并且构成神圣统一体的对应物。与此类似，统一体的种子在基督教的炼金术中有一种三位一体的特点，而在异教的炼金术中则表现为三元体的特点。根据其他权威人士的看法，它相当于四元素的统一体，因而是一种四位一体。现代心理学的绝大多数发现倾向于赞成后一种观点。我观察到在少数情况下会产生数字三，这些情况都表现出意识的一种系统性缺陷，即它们是具有“低级功能”的无意识。“三”这个数字并不是整体性的一种自然表达，因为“四”才代表着一个在整体判断中起决定作用的最小数字。但是，必须强调的是，在炼金术（和无意识）对四位一体特别偏爱的同时，它也总是在三和反复出现的四之间摇摆不定。甚至在女先知玛利亚的格言中，四位一体也要被掩盖起来，而且只有在进行蒸馏提纯后才能产生。在炼金术中，有三种或四种基本的方案（regimina）或程序，也有三种或四种颜色。经常出现的是四种元素，但常常是其中的三种元素组合在一起，第四种则处于一种特殊的地位——这个元素有时候是土，有时候是火。墨丘利乌斯(Mercurius)[1]当然是四方形的(quadratus),但他也是一条三头蛇或者就是一个三位一体。这种不确定性有一个双重特点——换句话说,核心的观点是三元的或四元的。心理学家不能仅仅提及这个问题,即在无意识心理学中同样存在着的困惑:最少的分化或最“低级的”功能会被集体无意识严重腐蚀,致使它在成为意识的时候,往往培养出自性原型以及女先知玛利亚所说的“第四个”(τὸἓν τέταρτον)。“四”表示女性的、母亲的、身体的;“三”则表示男性的、父亲的、精神的。这样一来,三或四的不确定性就成为精神和肉体之间的一种犹豫不决——这就是人类的每一种真理何以都是倒数第二种真理的一个惊人实例。

32 在开始撰写这个导言时,我把人类整体性作为心理治疗过程最终指向的目标。这个问题必然和一个人的哲学或宗教假设有密切关系。正如经常发生的那样,甚至当病人相信自己在这一方面是毫无偏见的时候,构成其思想、生活方式、精神面貌和语言之基础的这些假设,就已经在每一个微小的细节上

---

1 在炼金术的著作中,“Mercurius”一词经常含有非常广泛的意思,不仅可以指化学元素汞(即水银)、墨丘利(赫尔墨斯)和水星,而且主要用来表示一种神秘的“转换物质”,这种物质同时也是居住在一切生物中的“精神”。这些不同的含义在本书论述过程中会愈发明显。使用英文的“Mercury”(指墨丘利)和“mercury”(指水银)很容易发生误解,因为在许多章节中,这两个词中的哪一个都不适用于表现其丰富含义,因此我们像在德文原版中那样保留拉丁文“Mercurius”并使用人称代词(因为“Mercurius”已经被拟人化了),“水银”这个词的使用只限于明显含有化学元素的地方。

都受到过下述条件的限制：病人缺乏教育，同时也缺乏自我批评，而且他们常常意识不到这个事实。因此，对其境遇的分析将迟早会阐明其一般精神背景，这个精神背景远远超出了他的个人决定因素，而且这就会带来我试图在前面概述的那些问题。在这个过程的这一阶段有一个标志，那就是产生统一体的象征，即曼荼罗，它们既可以在梦中出现，也能以具体的视觉形象出现，而且常常是作为对意识情境的矛盾和冲突的最明显的补偿出现的。如果有人认为，基督教万物秩序中的这道鸿沟的“裂口”(rift)[1]应该为此负责，那是完全错误的，因为我们很容易证明，基督教的象征作用特别关注于治疗，或者试图弥合这道伤口。比较正确的看法是，把公开的冲突看作西方人心理情境的一种症状，并且为西方人无法同化形形色色的基督教象征而深感叹息。作为一个医生，我不能在这一方面向我的病人询问一切，而且我也缺乏教会的那种恩赐手段。因此，我的任务是打开那条与我相通的唯一道路：必须把那些在一定意义上相当于教义意象的原型意象变成意识。同时，我必须让我的病人根据他的假设、他的精神成熟程度、他所受的教育、他的出身和气质来做出决定，只要这样做时没有严重的冲突即可。作为一个医生，我的任务是帮助病人适应生活。我不能擅自对他的最后决定做出判决，因为根据我的经验，所有强制性的手段

1 Przywara, 480, I, pp.71ff.

(不论这是一种建议、暗示还是任何其他说服方法)最终都只会成为妨碍病人产生一切最高级的和最具有决定意义的体验的一个障碍(这种体验只能与他自身的自性,或者被有些人称之为心理客观性的东西独处)。当病人不能再进行自我支持的时候,如果他想要发现支持他的究竟是什么,那他就必须孤身独处。只有这种体验才能为他奠定一个牢不可破的基础。

33 如果不是因为我的许多病人恰恰就是神学家,那么我就一定会非常高兴地把这件丝毫也不容易完成的任务交给神学家了。他们理应依靠教会这个共同体,但是他们像从大树上掉落的叶子一样被抛弃了,现在他们只好"依赖于治疗"。他们的心中存在着一种绝望的力量,仿佛一旦松开手,他们或者他们所依靠的东西就会消失得无影无踪。他们在寻求可以使之立足的坚实基础。对他们来说,既然没有什么外在的支持可以利用,那么,就必须最终在自己身上发现这个基础——从理性的观点来看,这是一个公认的最不可能的地方,但从无意识的观点来看,这倒是一个完全可能的地方。我们可以从"拯救者的低级起源"的原型中看到这一点。

34 通往目标的道路最初似乎是混乱而无止境的,之后其迹象才逐渐变得明显。这条道路可以通往四面八方,它不是笔直的,而是看起来呈环状的。更确切的知识已经证明,这条道路是螺旋上升的:经过一定的时间间隔之后,梦的主题总是会回到某些确定的形式,其特点就是要确定一个中心。而且事实上整个过程都围绕着一个核心的观点或者围绕某个核心做出某种安排。在某些情况下，这个核心甚至会在最初的梦中出现。作为无意识过程的表现，梦常常围绕着一个中心旋转，随着清晰度和活动范围的增加，它离这个中心也就越近。由于象征材料的多样性，最初人们几乎难以感觉到梦有什么秩序。人们也不应该想当然地认为，梦的排列顺序受任何统治原则的支配。但是，正如我说过的那样，经过更仔细的观察就会证明，这个发展过程是呈螺旋状不断循环的。我们可以在这些螺旋过程和植物的发展过程之间画一条平行线；事实上，植物的主题（树木、花草等）经常在这些梦和幻象中反复出现，而且还能被自发地描绘或绘画出来。[1]在炼金术中，树就是神秘学的象征。

35 下述两项研究中（它们构成了本卷的第二部分）[2]的第一项针对的是包含大量象征的系列梦，这些象征都有一个核心或目标。而这些象征的发展几乎就相当于一个治疗过程，因此，其核心或目标就表示了“salvation”这个术语的恰当意义，即“拯救”。从梦本身就可以证明这个术语的正确性，因为这些梦包含如此众多的关于宗教现象的参考材料，这也使我能够把其中的一部分用作我的《心理学与宗教》一书的主题。在我看来，这些过程往往与宗教—创造的原型有关。不管宗教可能是什

1 参见荣格作品中的插图，423（Wilhelm and Jung，530，530a）。

2 《荣格全集》第12卷的第二部分内容收录于《炼金术之梦》中。——中译注

么，通过实证研究可以认知的那些宗教心理成分，毫无疑问就存在于这种无意识的表现之中。对于信仰的主张是否真实这个基本上让人毫无兴趣的问题，人们早就详细考究过了。更何况根本不可能证明或反驳的形而上学所主张的真理，其实际存在本身就是一个不证自明的事实，此外，当人类因此而达成共识之后，这个主张的有效性就会在一定程度上得到证明。我们所能够理解的与此有关的唯一的事情，就是这种心理现象，它是不能和客观正确性或真理的范畴相提并论的。任何现象都不能用理性的批评来应对，而在宗教生活中我们必须应对的是现象和事实，而不是可以争辩的假设。

36 在治疗过程中，辨证的讨论理论上往往会导致病人和他的阴影相遇，阴影显然是我们借助于投射而抛弃的心灵的黑暗面：要么使我们的邻居犯有（在某种或宽或窄的意义上）我们自己也会犯的一切错误，要么借助于悔悟（contritio）或较温和的忏悔（attritio）[1]，把我们犯的罪投射到某一个神圣的调解人身上。我们当然知道，没有罪恶就没有忏悔，没有忏悔就不能得到救赎的恩典，而要是没有原罪，世界的赎罪就绝不会发生；我们必须竭力避免探究上帝会不会在这个邪恶的力量中设置某种独特的目的，无论了解这个目的对我们来说是否至关

1 “contritio”是彻底的“悔悟”，“attritio”是不彻底的“忏悔”（自然的忏悔属于这个范畴）。前者把罪恶看作最高的善的对立面；而后者之所以要谴责罪恶，不仅是因为它的邪恶与可怕的性质，而且是因为害怕受到惩罚。

重要。当一个人和心理治疗师一样，必须治疗那些面对着其最黑暗阴影的人时，他常常会被迫得出这种看法。[1]不管怎么说，医生绝不能带着一种占据道德优势的姿态指着法律的牌子说，“你不要这样做”。他必须客观地对事物加以考察，不是根据他受到的宗教训练或教育，而是依据本能和经验，因为其中存在着类似“因祸得福”的可能。他知道，一个人不仅有可能忽略他的幸福，而且有可能忽略他的终极罪恶，倘若没有这种忽略，他就无法达到他的整体性。事实上，整体性是一种神授的能力，一个人既不能取巧走捷径，也不能通过系统训练来制造这种能力；他只能与这种能力合为一体，并忍受这种能力可能带来的一切。非常令人烦恼的是，人类并不是完全相同的，而是由许多个体组成的，他们的心理结构在至少一万年的时间内持续拓展着。因此，绝对没有既不会使一个人获得拯救，也不会使另一个人被罚入地狱的真理。所有的普救说都会陷入这种可怕的两难境地。在前面我曾谈到过耶稣的盖然论：这种论点对教会的这项普救任务所持的看法比任何论点都好。即

1　当我们面对着这种悲剧般的命运时（这是整体性不可避免的伴随物），一个宗教术语就会自然而然地产生，在这种情况下，这是唯一一个适当的术语。“我的命运”（My inevitable fate）的意思恰恰是该命运的一种恶魔般的意志——这种意志不一定与我自己的自我意志相一致。当我的命运与我的自我相悖时，人们就很难在里面感觉到一种“力量”，不管这种力量是神圣的，还是凶恶可怕的。顺从其命运的人把命运称为上帝的意志；投身于毫无希望且令人耗尽心气的反抗则较易于看到里面的罪恶。在这两者的任何一种情况下，这个术语不仅会得到普遍的理解，而且也是富有意义的。

便是有着最良好意图的人们也会被盖然论吓住，但是当面对生活现实的时候，他们中的许多人发现自己的恐惧烟消云散了，或者他们的笑容消失了。医生还必须估计和考虑的并不是某件事情对教会是一种支持还是反对，而是考虑它是否有利于生活和健康。道德规范在纸上看起来是非常清楚且整齐的；但是，写在“心版”上的同一种文本常常是一些令人遗憾的支离破碎的东西，特别是在那些滔滔不绝、高谈阔论者的嘴里就更是如此。我们经常听到来自各方面的告诫：邪恶就是邪恶，应该毫不犹豫地予以谴责。但是，这并不能阻止邪恶成为个体生活中最成问题的事情和最需要进行深思熟虑的事情。应该首先引起我们最热切关注的是“究竟谁是肇事者？”这样一个问题。对这个问题的回答最终取决于这种行为的价值观。千真万确，社会认为更重要的首先是看你做了什么，因为这是马上就能看见的；但是，归根结底，正确的行为在错误的人手里也会产生灾难性的后果。高瞻远瞩的人不会允许自己被错误之人的正确行为欺骗。因此，心理治疗师不必把眼睛盯在所做的事情上，而必须盯着事情究竟是怎样做的，因为在这一点上它取决于行为者的全部性格特征。和对善良一样，人们也常常需要对邪恶进行认真思考，因为善和恶最终不过是对所作所为的理想化和抽象化而已，而且两者反映的都是生活的明暗对照。归根结底一句话：没有不能产生恶的善，也没有不能产生善的恶。

37 与人格中阴暗的一半，即“阴影”相遇，是在比较彻底的治疗过程中自然而然地出现的。这个问题和教会中关于罪孽的问题同样重要。公开的冲突是不可避免的和痛苦的。人们经常问我：“对此你要做点什么？”我什么都不做：我只能怀着对上帝的信任等待着，直到拥有耐心和勇气的那个特别之人自己得出解决冲突的方法——尽管我还无法对此做出预见，此外别无良策。不是因为我消极或者不积极；我只是在帮助病人理解无意识在冲突中所产生的所有东西。读者可以相信我，这些东西并非普通的产物。相反，它们是曾经抓住过我注意力的最有意义的事情。病人也不是不积极；他必须做那些正确的事情，并且全力以赴地去做，以免邪恶的力量在他身上变得过于强大。他需要用“工作成功来证明”，因为单用“信仰来证明”对他来说，和对其他许多人一样，都是一种空洞的说教。信仰有时候可用来作为缺乏经验的一种替代。在这些情况下真正需要的是做工作。耶稣基督支持罪人而且不谴责他。耶稣基督的真正追随者也会这样做，而且由于一个人会用对待自己的方式来对待别人，因此，他也可能起到罪人的作用，这个罪人就是他自己。正如我们不会谴责耶稣基督与邪恶亲善一样，我们也不会责备自己，认为爱罪人（即爱他自己）就是与邪恶签订契约。爱使一个人变得更好，恨使一个人变得更坏——即使当那个人就是他自己时也是如此。这个观点中的危险性和模仿基督的危险性是一样的；但是，我们当中的法利赛人（Pharisee）[1]是决不会让自己被人们看到与酒馆老板或妓女讲话的。我当然必须强调，心理学既没有创造基督教，也不是要模仿耶稣基督。我希望大家都能从教会主张的原罪这一沉重负担下解放出来。但是，为了从身上卸下十字架这副重担，他就必须模仿耶稣基督的样子把腰弯得很低，而教会并不会为他提供这种服务。古代人能够世世代代地与希腊智慧友好相处："Μηδὲν ἄγαν, χαιρῷ πάντα πρόσεστι χαλά"（可以毫不夸张地说，一切善都有正确的尺度）。但是，仍然要把我们和理性分开的是一个多么可怕的深渊啊！

38 除了道德上的困难之外，还有另一种危险，这种危险并非不值得考虑，实际上还有可能导致并发症，特别是对那些有病理倾向的人来说就更是如此。事实是这样的，个体无意识的内容（即阴影）与集体无意识的原型内容无法被辨别地混合在一起，而且当阴影被带入意识之中时，个体无意识的内容就把原型内容结合起来了。这会对意识心灵施加某种可怕的影响；因为我或许会说，被激发起来的原型甚至对最冷酷的理性主义者也会产生一种令人不快的影响。理性主义者担心，最低级形式的坚信，即迷信，正如他所认为的那样，也会强行落在他的头上。但是，从其最恰当的意义上说，迷信只能出现在那些有病

1 法利赛是古犹太人的一个教派，以严守成文法中的仪式和礼节且坚持先辈的传统而著称。——中译注

理倾向的人身上，而不是出现在那些能保持其平衡的人身上。迷信采取的形式就是害怕“变成疯子”，因为它把现代心灵所无法确定的一切都视为疯狂的。必须承认，集体无意识的原型内容常常能够在梦中和幻象中呈现出一些奇异而可怕的形式，如此一来，即使是最顽固的理性主义者，也无法避免被噩梦惊醒和受到恐惧的惊吓。心理学对这些无法忽视的意象的解释，理论上会指向宗教现象学的深处。从其最广泛的意义上说，宗教史（还包括神话学、民间传说和原始心理学）是各种原型形式的一个宝库，为了抚慰和阐明一种茫然无知的意识，医生可以从这个宝库中获得有益的教训和富有启发的比较。绝对有必要向这些莫名其妙出现的，甚至直接威胁心灵的幻觉意象提供某种脉络关系，以便使这些幻觉意象更易于理解。经验已经表明，做到这一点的最好办法是借助于比较神话学的材料。

39 本卷的第二部分提供了大量的此类实例。读者一定会对个人的梦象征作用和中世纪的炼金术之间有如此众多的联系感到格外吃惊。和人们设想的不同，这并不是一个当前这种情况的特点，而是一个普遍的事实，当我大约十年前开始注意炼金术的这些观念和象征作用时，这个事实也曾使我感到吃惊。

40 本卷的第三部分包含介绍与基督教和诺斯替教有关的炼金术之象征作用的导言。仅仅作为一个导言，它当然不可能完全阐明这个复杂而含糊的主题——确实，大多数主题只涉及耶稣基督与哲人石的类比。这种类比确实引发了人们对炼金术工作的目的和基督教的核心观念进行比较，因为这两者对于理解和解释在梦中出现的意象，对于评价这些意象的心理学作用都是至关重要的。这对心理治疗的实践具有相当大的影响，因为往往正是那些比较有文化教养的病人，当他们发现不可能再回归教会时，便会遇到原型材料，并会就此向医生提出一些狭隘的个体主义心理学再也无法掌控的问题。不管怎么说，仅仅了解神经症的心理结构是远远不够的；因为一旦这个过程达到了集体无意识领域，我们所应对的就是健康的材料了，也就是说，应对的是精神的普遍基础，这可能会因个体的不同而有所改变。我们对精神的这些更深层次的了解不仅受到原始心理学和神话学知识的帮助，而且甚至在更大程度上得益于我们对当代意识的历史和意识产生之前的诸阶段的了解。一方面，精神是教会的一个孩子，另一方面，它又是科学的一个后代，它当中那些令教会无法接受的东西最初都是隐藏着的，也就是说，古典精神的残迹和对其本性的古典感受是不可能被消除的，而且最终将在中世纪的自然哲学中找到避难所。作为金属精灵（spiritus metallorum）和占星术关于命运的组成成分，古老的行星诸神已经持续了许多基督教世纪了。[1]鉴于在教会

1　帕拉赛尔苏斯（Paracelsus）在《伟大的神迹》（*Mysterium Magnum*, 514, XIII, p.403）中谈论的仍然是这些行星诸神。受其影响，17世纪时，亚伯拉罕·以利亚撒（Abraham Eleazar）在其《古代化学作品》（*Uraltes Chymisches Werk*, 153）一书中也提到了相同的内容。

中仪式和教义的愈益分化，意识与其在无意识中的自然起源被迫分离开来，而炼金术和占星术便不停地忙于保护这座通往自然本性，亦即通往无意识心理的桥梁免于腐化。占星术一再把意识心灵引回到关于海玛门尼（Heimarmene）[1]的知识中，即人的性格和命运对某些恰当时刻的依赖性；炼金术为那些不能顺利适应基督教过程的原型投射提供了很多"救命稻草"。确实，炼金术总是处在异端邪说的边缘，某些（教会的）教令毫不怀疑教会对炼金术的态度[2]，但另一方面，炼金术也受到了其象征主义模糊性的有效保护，这种模糊性必然会被解释为无害的比喻。对许多炼金术士来说，这种比喻无疑占据着非常突出的地位，以致他们坚定地相信，他们所唯一关注的就是那些化学物质。但是，总有那么少数几个人认为，实验室的工作主要是象征的物质及其心理作用的问题。正如那些文本所表明的，他们完全意识到了这一点，他们甚至谴责天真的炼金者是撒谎的人、骗子和笨蛋。他们把自己的立场用下述主张宣布出来，"我们的黄金不是世俗的黄金"。虽然他们用蒸馏器具进行的劳动是想发现化学变化的秘密，但同时（常常是在压倒一切的绝对程度上）这又是一种类似心理过程的反映，由于该过程是一种无意识的自然现象，就仿佛是物质的神秘变化似的，所以，这个

1 "海玛门尼"是诺斯替教的一个术语，意指命运。——中译注

2 Cf. Sanchez, 297, Decalog. 2, 49n., 51; Pignatelli, 267, canon ix.

过程可以非常容易地投射到物质的未知化学中去。炼金术的象征作用所表达的就是上述人格进化的全部问题，即所谓自性化过程。

41 鉴于模仿耶稣基督是支撑教会的巨大力量，没有认识到这一点的炼金术士很容易在孤独中，以及在其工作中遇到的模糊不清的问题中，成为他自己心灵冲动和无意识假设的牺牲品，因为和基督徒不同，他没有可以依赖的明确且不会犯错的榜样。他所研究的那些作者向他提供了一些象征，他认为他已经用自己的方式理解了这些象征的意义；但实际上这些象征触动并刺激了他的无意识。炼金术士们自嘲地杜撰了这个短语："用未知来解释未知。"但是，用这种以更模糊来解释模糊的方法，只能使他们自己更深地陷入教会正竭力拯救他们的过程之中。虽然教会的教义提供了与炼金过程类似的东西，但是，与炼金术截然相反，这些类似的东西因为与救世主这个历史人物的联系而与自然界相分离。炼金术的四位一体、哲学的黄金、基石（lapis angularis）、圣水（aqua divina）在教会中都变成了十字架，在这个十字架上，耶稣曾经牺牲了自己，与此同时他也永恒地牺牲了自己。炼金术士们与教会相反，他们宁愿通过知识来寻求，而不愿通过信仰来发现，虽然作为中世纪的人，他们除了认为自己是个好基督徒之外，从未想过自己是别的什么人。在这一方面，帕拉赛尔苏斯是一个典型的实例。但是实际上，他们都曾处在和现代人非常类似的地位，现代人宁愿相信直接的个人经验，而不愿相信传统的观念，或者更甚，是直接的个人经验强迫他这样做的。教义不是任意创造的，也不是某种独特的奇迹，虽然人们经常把教义描述为奇迹，目的显然是想把它从其自然脉络中升华出来。基督教的核心观念植根于诺斯替教哲学，为了与哲学法则相一致，当古典宗教已经过时的时候，基督教也就应运而生了。它是在通过自性化过程而产生的象征知觉的基础上建立起来的，当支配人类生活的集体要素衰败之际，也就是自性化过程开始之时。此时一定会有数量众多的个体被具有神秘性质的原型所占有，这些具有神秘性质的原型为了形成新的支配性力量而常常要挤到表面上来。这种占有状态几乎毫无例外地表现在下述事实中：被占有者与其无意识的原型内容相一致，而且由于他们没有认识到，强加于他们的这个角色是仍然有待于理解的新内容所起的作用，所以，他们往往在自己的生活中具体地证明这些内容，这样一来，他们便成了预言家和改革者。就基督教戏剧的原型内容能够满意地表述大多数人的不安和烦躁的无意识而言，这种“共识”把这出戏提升为一种具有普遍约束力的真理——当然这不是通过理性的判断，而是通过“占有”这个非理性的事实提升的，而后者显然更为有效。这样一来，耶稣就成了对付那些威胁要附着在每个人身上的原型力量的保护意象或护身符。福音宣称：“事情已经发生，但是只要你相信耶稣基督，上帝的儿子，那么事情就不会发生在你的身上！”直到一个人身上的基督教支配性已经衰退为止，在过去、现在和将来都可能发生这种事情。为此，必然会有一些人，由于对意识生活的支配性感到不满，便开始（悄悄地通过迂回的道路达到毁灭或得到拯救）寻求具有永久根源的直接经验，在不知疲倦的无意识心理的诱惑下，发现自己已置身于荒郊野外，在这里他们像耶稣一样，对抗着黑暗之子，那个远古的精神意志。因此，一位炼金术士（同时也是一位牧师）祈祷说："驱除吾心之可怕的黑暗吧，点亮吾感觉之明灯吧！"这句话的作者一定有过炼金术最初阶段使物质黑化（nigredo）的经验，这种经验使人仿佛患了炼金术的抑郁症，而且相当于心理学中的与阴影相遇。

42 因此，当现代心理治疗再次与被激活起来的集体无意识的原型相遇时，虽然在那些占支配地位的观念已失去其意义的个体身上也会产生这种现象，但这只是对经常在重大的宗教危机发生时观察到的一种现象的重复而已。这种现象的一个实例就是在《浮士德》中所描述的"下降到冥府之中"（descensus ad inferos），不管是有意识的还是无意识的，《浮士德》都是一本炼金术的杰作（opus）。

43 由阴影所引起的对立物问题在炼金术中起着巨大的，同时也是决定性的作用，因为在这项工作的最后阶段，对立的双方常常以神圣婚姻或"化学婚姻"的原型形式得到统一。在这里最主要的对立物，男性和女性（就像中国文化中的阴和阳一样），融合为一个消除了一切对立的统一体，因而成为万世不朽的。当然，它的先决条件是，这个炼金术士不应该把自己与炼金术工作中的人物相等同，而应该使他们处于客观的状态。只要炼金术士在他的实验室里工作，那么，从心理学上讲，他就是处在一个适当的位置上，这是因为所出现的原型都要直接被投射到化学物质中去，所以他就没有机会使自己与这些出现的原型相等同。这种情况的不利之处在于，炼金术士被迫把不会腐烂的物质视为一种化学产物，而这种不可能实现的事情就导致了炼金术的垮台，它在实验室中的地位也就被化学取代了。但是，这项研究工作的精神方面并没有消失。正如我们可以从《浮士德》的例子中看到的，以及从我们的现代无意识心理学与炼金术的象征作用之间的符号联系中看到的那样，它吸引了一些人对此做出新的解释。

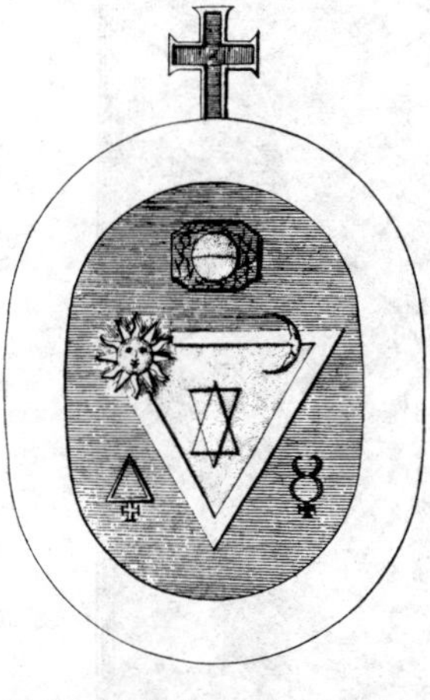

图3　炼金术工作的象征。引自*Hermaphroditisches Sonn-und Mondskind*，37，p.28。

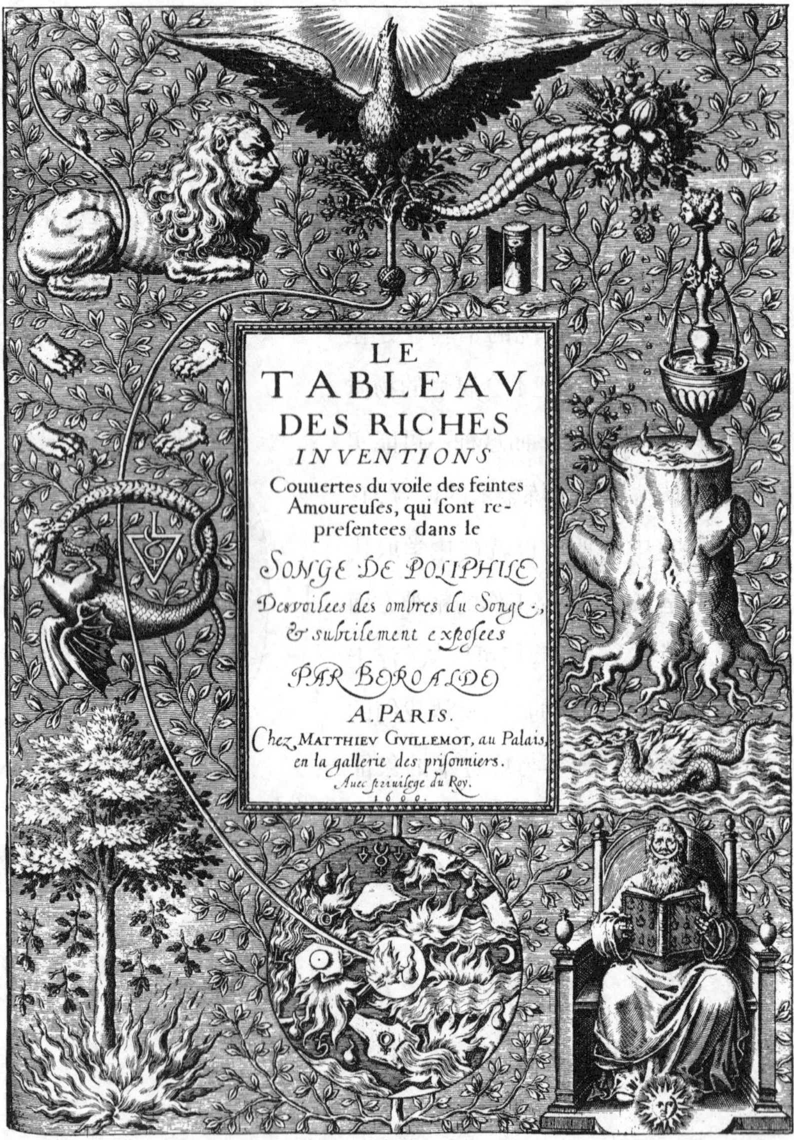

图4　象征过程的表征，始于混沌，终结于凤凰的诞生。引自*Songe de Poliphile*，117，卷首插图。

炼金术中的宗教理念

对那些拥有象征的人来说,这段话很容易理解。

——米利乌斯,《哲学改革》,239

第一章

炼金术的基本概念

第一节 导 言

332 在18世纪的历史长河里，炼金术于默默无闻之中逐渐消亡了。其解释方法——"用更晦涩的语言来解释晦涩难懂的东西，用更未知的东西来解释未知"——与启蒙精神，尤其与18世纪末刚起步的化学科学相矛盾。但是，这两种新的理智力量给予炼金术的只不过是最后的致命一击而已。其内部的腐烂至少早在一个世纪之前就已经开始了，在雅各布·伯麦(Jakob Böhme)时代，当时有许多炼金术士抛弃了他们的蒸馏器和大熔炉，而专心致力于(炼金术的)哲学。正是在此时，炼金术士和炼金术哲学家开始分道扬镳。化学成为自然科学，而炼金术哲学却失去了使其得以立足的实证研究的根基，开始倾

图113　月亮与太阳之炉，表示化合与对立物的统一。引自*Mutus liber*，52，p.14。

向于使用夸张的比喻和毫无意义的推断，只有当他们回忆起那样一个更美好的时代时，才使这些比喻和推断得以复活。[1]在那个美好的时代，炼金术士的心灵实际上应对的是物质问题，当时正在进行探索的意识面对的是未知的黑暗虚空，在这个黑暗的虚空之中，人物和法律都被看作物质或者都被归因于物质，尽管实际上理应把它们归属于精神（psyche）。任何未知和空洞的东西都充满了心理的投射，就像研究者自己的精神背景在黑暗中被镜像化一样。他在物质中看到的东西，或者他认为他能看到的东西，主要就是他投射于其中的他自己的无意识材料。换句话说，他在物质中看到的，表面上是属于该物质的，其实是他完全没有意识到的自己的精神本质的某种特质和潜在

1　这种炼金术的一个惊人例子可以在源自16—17世纪的那本插图著作《玫瑰十字会中的秘密符号》（*Geheime Figuren der Rosenkreuzer*，31）中找到。源自18世纪上半叶的所谓《撒克逊法典》（*Sachse Codex*），也对这个神奇的文献提出了一种绝妙的观点（Hall，401）。

意义。古典的炼金术尤其如此，在那里经验主义的实证科学和神秘哲学并未被区分开来。在16世纪末诞生了一大批相当神奇的作品，这些作品的作者至少在某种程度上意识到了他们的"炼金术"嬗变的心理本质。就炼金术的这一方面而言，尤其是就其心理学意义而言，赫伯特·西尔贝雷（Herbert Silberer）的《神秘主义的问题及其象征作用》（*Problems of Mysticism and Its Symbolism*, 419）一书给我们提供了大量的信息。关于神奇的象征作用，贝尔努利（R. Bernoulli）在一篇论文中（333）用图表做了清晰的描述。对炼金术哲学的详细评述可以在埃沃拉（J. Evola）的书中（378）找到。但是，我们依然缺乏在这些文本中所隐含的那些理念及其历史的综合研究，尽管我们要感谢莱岑施泰因（Reitzenstein）在这个领域所做的重要的准备工作。

第二节　炼金过程及其诸阶段

333　众所周知，炼金术描述的是一种化学转换过程，并且为完成这一过程提供了不胜枚举的研究方向。关于这一过程的具体步骤及其诸阶段的顺序，虽然很难找出两位持完全相同看法的作者，但大多数人对那些主要论点都持赞同态度，而且，从最早期的时代开始，即从公元纪年开始就是如此。人们区分出了四个阶段（图114），其特点可以用

图114　炼金过程的四个阶段。球上显示的是四种元素的象征。引自Mylius,*Philosophia reformata*,239,p.96,fig.2。

赫拉克利特(Heraclitus)著作中提到的四原色(original colours)来表示:黑色(melanosis)、白色(leukosis)、黄色(xanthosis)和红色(iosis[1])。把这个过程分为四个阶段被称为“τετραμερεῖν τὴν φιλοσοφίαν”(哲学四等分)。后来,大约在15或16世纪,这些颜色被缩减为三种,那个也被称为黄化(citrinitas)的黄色被逐渐废弃不用了,或者很少被提

1　这个词源自希腊文“ἰός”(毒物)。但是,由于它和后期炼金术的红酊有大致相同的意思,所以我还是把“iosis”翻译成“红色”(reddening)。

到了。作为替代，绿色（viriditas）这个词在一些特殊情况下有时会出现在黑色或黑化（nigredo）之后，尽管它从未得到人们的普遍认可。虽然最初的四种成分完全等同于那种四位一体的元素，但现在人们经常强调的是，尽管有四种元素（土、水、火、气）和四种性质（热、冷、干、湿），但只有三种颜色：黑色、白色和红色。既然这个过程从未达到预期目标，其个别方面从未以任何标准化的方式得到贯彻落实，那么我们就不能把在其阶段划分中发生的这些变化归因于外部，而是相反，应归因于四位一体和三位一体的象征意义；换句话说，应归因于内部的心理。[1]

334 黑化或黑色（图 115）是原初状态，其要么从一开始就是作为原初物质或混沌的一种性质而存在的，要么就是由元素的分离产生的。如果从一开始就假定有这种分离状态，就像有时发生的那样，那么对立物的统一就会按照男性和女性的结合形式表现出来，男性和女性的结合是在统一的产物和相应的黑化消失之后出现的。这个清洗过程因此就会得出如下结果：要么直接产生白化（albedo），要么在"死亡"发生时让被释放出来的灵魂与死去的身体重新结合并得以复活，要么那些五彩缤纷的颜色或称"孔雀尾巴"（cauda pavonis）会最

1 这是在多恩（Dorn）的著作中找到的证据，从三位一体的观点来看，他非常关注的是四位一体，比如那条四位一体的蛇（quadricornulus serpens）。参见 Jung，426a，pars.166ff.（426，p.73）。

图115　黑化：衰老的墨丘利乌斯，放飞了他的精神和灵魂。乌鸦是黑化的象征。引自 Jamsthaler, *Viatorium spagyricum*, 199, p.118。

终产生出一种包含着所有颜色的白色。这个过程的首要目标就是在这个时候达到的，白化也得到了许多炼金术士的高度赞扬，仿佛这就已经是最终目标。仍然有待于被提升到太阳状态的，正是这种银色或月亮状态。可以说，这个白化就是破晓，但直到出现红化（rubedo）才是太阳升起。由白色向红色的转变是通过黄化（citrinitas）实现的，虽然我们说过，这个过程后来被忽略了。红化是直接跟在白化之后发生的，是把火的热度提升到最高而导致的结果。红色和白色就是国王和王后，他们也可以在这个阶段庆祝他们的“化学婚礼”（图116）。

图116　头戴王冠的雌雄同体代表国王与王后的结合，他们位于太阳树和月亮树之间。引自一份17世纪的炼金术手稿（第6577号），收藏于巴黎阿斯纳图书馆。

第三节　目标的概念与象征

335 不同作者对各阶段的安排主要依赖于他们对目标的概念：有时候这个目标是生产出白色或红色的酊剂［永恒之水（aqua permanens）］；有时候是生产出哲人石，作为雌雄同体的哲人石，它把白色和红色都包含在内；或者说，也可以是一种包治百病的万应灵药（panacea）、哲学的金子、金杯（vitrum aureum）、可以锻造的杯子（vitrum malleabile）等。这个目标的概念就像自性化的过程那样既模糊又多种多样。例如，哲人石常常就是原初物质，或者就是生产金子的手段，或者还可以说它是一种完全神秘的存在，有时也被称为大地之神（Deus terrestris）、拯救者（Salvator）或宏观世界之子（filius macrocosmi），这是一个我们只能把其与诺斯替教的原人相比拟的存在，即那个神圣的初始之人[1]（图117）。

336 永恒之水和火（ignis noster）的理念与原初物质的理念一起，发挥着重要的作用。虽然这两个元素是对抗性的，甚至构成了显然相互对立的一对，但根据这些作者的证据，它们完全是同一个事物。[2]和原初物质一样，水也有上千个名字[3]；有人甚至说它是哲人石的原始材料。[4]尽管如此，我们仍可以确信，水是从石头中抽取出来的，或者是从赋予其生命之魂的原初物质中抽取出来的。[5]这种混乱状况非常清楚地在下面这段话中表

---

1 Cf. Jung, 424, pars.211ff.（424a, pp.78ff.）.

2 2, xii, p.264：这个永恒之水就是"以火的形式出现的真正的水"。Ripley, 288, p.62："空中的灵魂是我们哲学的神秘之火，是我们的油，我们的神秘的水。""Figurarum Aegyptiorum secretarum", 30, p.6："哲学之水是火。" Philalethes, 6, xiv, p.653："因为火是在我们的水中寻找到的。""Aurora consurgens", Part I, 14, Ch.XI, Parab.VI："西尼尔（Senior）说：当他们希望抽取这种神圣的水时，这种水就是火，他们用火（把它）加热，火就是水，他们一直把它测量到结束，他们之所以把它隐藏起来，是因为这些傻瓜的愚蠢。""Aurora consurgens", Part II, 2, v, p.212（引自 Senior）："我们的火和水。" Ibid., p.227："哲学家通过水，而凡人通过火。"

3 Zosimos, in Berthelot, 335, III, lii, 2.

4 *Turba Philosophorum*, 2, i, p.14："……永恒之水，我们最宝贵的石头就是从这种水中产生出来的。""Consilium coniugii", I, iv, p.128："那块石头就是活泉之水。"

5 1, iv, p.66："每一个生命"都是水，"水是万物之生命；它之所以是活的，乃因为只要世界存在，它就不会死亡，因为它就是世界之首（即原理）"。

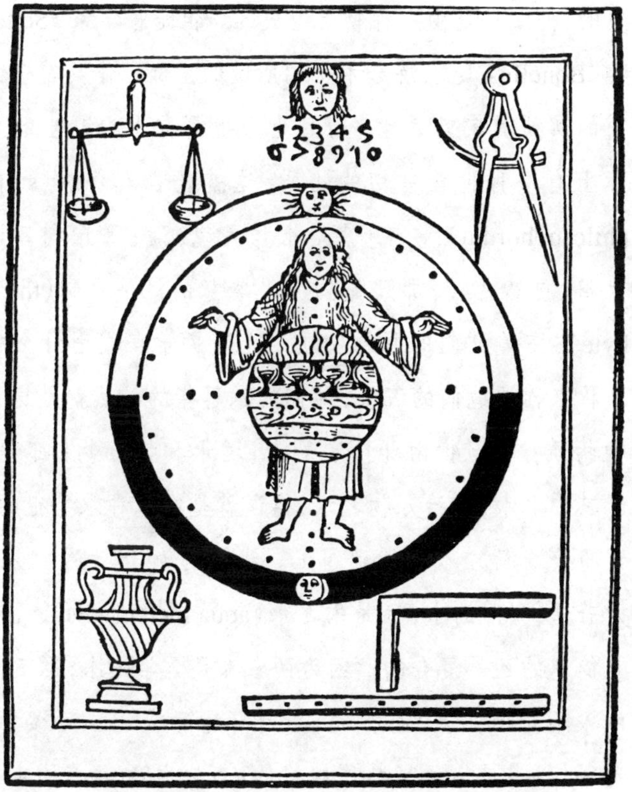

图117　作为世界灵魂(anima mundi)的原人，它包含四种元素，具有代表着完满(1+2+3+4)的数字“十”的特点。引自 Albertus Magnus, *Philosophia naturalis*, 96。

现出来，这段话摘自《哲人集》：

在长期的论战中许多人都在争论，这块有很多不同称谓的石头究竟是由多种物质组成的，还是由两种物质组成的，抑或只是由一种物质组成的。但是哲学家“Scites”[1]和“Bonellus”[2]说，炼金术士们所做的全部工作及其全部工作的实质其实就是水；而且生命也是在水中诞生的。实际上有一种包含一切的物质，这就是哲人之硫（sulphur philosophorum），[它]就是水和灵魂、油、墨丘利乌斯和太阳、自然之火、那只鹰、树脂、智慧的第一原质（the first hyle）、完美身躯的原初物质。无论哲学家们用什么样的名称来称谓他们的石头，他们的意思指的必然就是这样一种物质：使万物由此[而源起]之水和把万物[都包含]于其中之水，统治万物之水，错误就是在这种水中犯的，错误也会自行在水中得到纠正。我称之为“哲学”之水，不是普通[人]的水，而是汞之水（aqua mercurialis），无论它是简单的还是复合的。因为两者都是哲学之水，尽管粗俗的汞不同于哲学之汞。这种[水]是简单[且]不复杂的，这种[水]是由两种物质组成的：矿物质和简单的水。这些复合的水构成了哲学的墨丘利乌斯，我们必须假定，物质，或者说原初物质本身是由复合的水组成的。有些炼金术士把三者放在一起，有些则只把两种放在一起。在我看来，两种就足够了：男性和女性，兄弟和姐妹（图118）。但

1 “Scites”指的是苏格拉底（Socrates）。参见Ruska，493，p.25。

2 “Bonellus”指的是阿波罗尼乌斯（Apollonius of Tyana）。参见Steinschneider and Berthelot，in Ruska，493，p.26。

图118　正在进行“生命沐浴”的一对兄妹，他们被龙咬住了小腿；上方倾倒下来的，是受神圣气息供养的月光之水。引自*Theatrum chemicum Britannicum*，8，p.350。

是他们也把简单的水称为毒药、水银、永恒之水、树脂、醋、尿、海水、龙和蛇。[1]

337　这个解释使一件事情变得非常显而易见了：哲学之水就

1　2，iv，p.167.

是哲人石或原初物质本身，但与此同时它也是其溶剂，正如以下这个处方中所证明的那样：

把石头研磨成非常精细的粉末，把它放入最清晰的天空之醋中，它立刻就会溶解成哲学之水。[1]

338 这也可以表明，火发挥了像水一样的作用。另一个同样重要的观念是密封容器（vas Hermetis）的观念，以装有等待转换之物质的蒸馏瓶或熔炼炉为代表（图119）。虽然它只是一种器具，但它与原初物质和青金石具有独特的联系，所以它不仅仅是一种器具。对炼金术士们而言，这个容器确实是一件了不起的东西：一个绝妙的容器。女先知玛利亚·普罗费提莎说，全部的秘密就在于了解这个密封的容器。"这个容器就是一"（Unum est vas）被一遍又一遍地强调。[2]它必须是完全圆形的[3]，模仿球形宇宙的样子[4]，这样，星辰的影响可能会有助于操

1 2，iv，p.167.

2 例如，"在一个圆圈或容器之中"（*Tractatus aureus*，4，i，p.442）。

3 因此，它被称为"球形或圆形的玻璃房"（"Epistola ad Hermannum"，7，xxx，p.896）。这个容器是一个"球形，我们称之为过滤器"（"Allegoriae super librum Turbae"，2，ii，p.144）。这个理念早在古希腊的炼金术中就已经出现过，例如在奥林匹奥德鲁斯（Olympiodorus）那里（Berthelot，335，II，iv，44，II，pp.17—18）：这个容器是一个圆形的器具，一个球形的小玻璃瓶。

4 Dorn，7，iv，p.430："炼金术的容器是根据自然容器的模型来进行解释的。因为我们发现，整个天空和所有的成分就像是一个球形的躯体，在其中央，生命伴随着火焰的低温。……因此有必要把我们的火放到容器的外面，放到其圆形底部中央的（转下页）

图119　炼金炉。引自Geber,*De alchimia*,168,卷首插画。

作活动的成功。[1]它是一个母体或子宫,哲学之子,即那块奇妙的石头就是由此而诞生的(图120)。[2]因此,这就要求这个容器

(接上页)下方,就像自然的太阳那样。……这个容器就像是上帝的神迹。”在另一处地方这样写着:“这个容器被制作成圆形的,上部和下部都是仿造的。”(Liber Platonis quartorum,7,xxviii,pp.148,152)

1　Dorn,7,iv,p.574:“我们的容器必须是这样的,物质在里面能够受到天体的影响。因为来自不可见的天空的影响和星辰的影响对这项工作是很有必要的。”

2　相关著作可参见Ripley,288,p.23;“In Turbam Philosophorum exercitationes”,2,iv,p.159;“Aurora”,2,v,p.203;“Consilium coniugii”,I,iv,p.204,等等。

不仅是圆的，而且是蛋形的（图121；也参见图22）。[1]人们自然而然地会认为这个容器是一个蒸馏瓶或烧瓶；但是人们很快就会明白，这是一种很不恰当的想法，因为这个容器更是一种神秘的理念，和炼金术的所有主要理念一样，是一种真正的象征。因此我们才会听到有人说，这个容器就是水或永恒之水，其实这不过就是哲学家们的墨丘利乌斯。[2]但是，它不仅仅是水，而且也是其对立面：火。[3]

339 我将不再进一步探讨关于容器的那些不胜枚举的同义词。我提到的这些少数的名称将足以证明其无可置疑的象征性意义。

340 至于完整的炼金过程，这些作者的说法模糊而又自相矛盾。许多人满足于做一点总结性的暗示，还有些人则详尽阐述了一系列不同的操作活动。所以在1576年，约瑟夫·奎尔瑟塔努斯（Josephus Quercetanus），这位曾在法国和法属瑞士扮

---

1 Ripley, 288, p.30:“所有的一切都必须在一个玻璃杯中完成，这个玻璃杯必须是蛋形的。”

2 Philalethes, 6, xvi, p.803:“因此，我们说到‘我们的容器’时，理解了‘我们的水’；我们说到火时，再次理解了水；那么，当我们讨论这个火炉子时，我们的意思就是指水。”墨丘利乌斯，即永恒之水，就是“我们那真正隐藏着的容器，也是我们的太阳升起和降落的哲学花园”（Philalethes, 6, xv, p.770）。它还有很多其他名字（Ibid., p.770; “Aurora consurgens”, Part II, 2, v, p.203）。赫尔墨斯对此说道：“容器里有给哲学家的水。”（引自Hoghelande, 7, I, p.199）

3 参见Philalethes, 6, xv, p.770; Mylius, 239, p.245。“Practica Mariae”, 2, vii, p.323:“密封容器是用来衡量火的。”Béroalde de Verville, “Recueil stéganographique”, on *Poliphile*（117）：火和水在道德上被解释为“火焰和眼泪”。

图120　在容器中的墨丘利乌斯。引自Barchusen, *Elementa chemiae*, 114, fig.75。

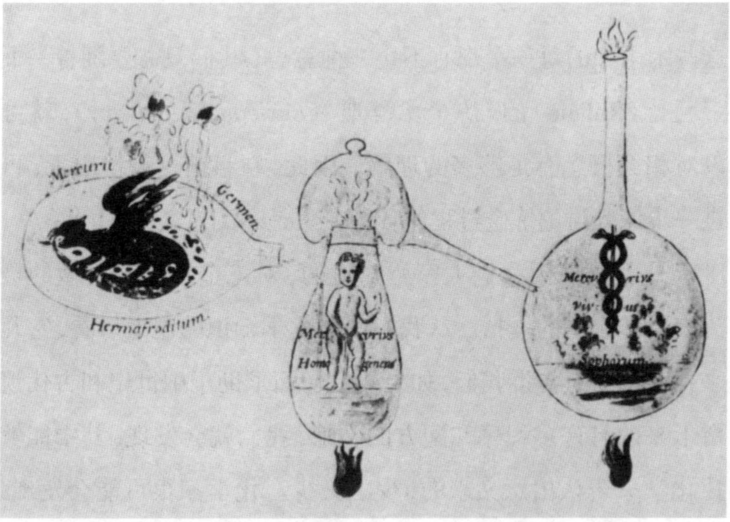

图121　墨丘利乌斯在炼金术容器中的转换。那个"撒尿的小矮人"是对永恒之水的一种暗指。引自Cabala mineralis, 20, xiv, fol.2。

演过与帕拉赛尔苏斯有点类似作用的炼金术士、医生、外交家，确定了如下十二种程序[1]（图122）：

1. Calcinatio（焚烧）	7. Cibatio（供养）
2. Solutio（溶解）	8. Sublimatio（升华）
3. Elementorum separatio（元素分离）	9. Fermentatio（发酵）
4. Coniunctio（化合）	10. Exaltatio（升高）
5. Putrefactio（腐烂）	11. Augmentatio（成长）
6. Coagulatio（凝结）	12. Proiectio（投射）

这些术语中的每一个都有不止一种意思；我们只需要翻看一下卢兰德（Ruland）的《炼金术辞典》（*Lexicon of Alchemy*），就可以对相关概念有足够多的理解。因此，在目前这种情况下，再进一步深入讨论炼金过程的各种变式是毫无意义的。

341 这就是广为我们大家所知道的，对炼金术框架所做的极为表面和粗糙的概括。从我们现代化学知识的观点来看，它几乎什么也没有告诉我们，如果我们转而求助于中世纪和古代遗留下来的有许多程序和配方的文献，我们就会发现，其中能够让化学家辨认出意义来的，少之又少。化学家很可能会发现，

1 Quercetanus，7，xii，pp.198ff.

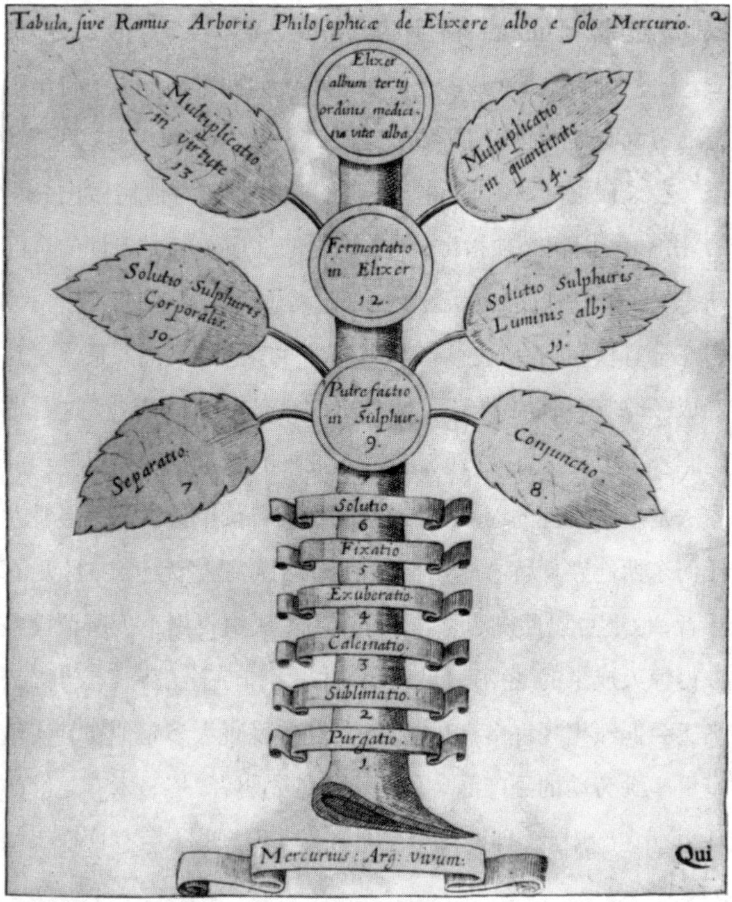

图122　以“哲学树”的形式表现出来的十二种炼金术程序。引自Norton, *Mercurius redivivus*, 243。

绝大多数是胡说八道；再者，虽然经过许多世纪的认真努力，但人类从未生产出任何真正的药剂或人造的金子。我们不禁要问，如果他们的全部事业早已有预兆显示会是一场徒劳，那么，究竟是什么使这些古老的炼金术士如此坚韧不拔地付出艰苦的劳动（或者如他们所说，"炼金工程"），并写出与这种"神圣"艺术有关的所有那些论著来的呢？要想对他们做出公正的评论，我们就必须指出，关于化学的性质及其局限性的全部知识，对那个时代的炼金术士们来说显然太过遥远，因此，他们完全有权利拥有这种希望，就像那些梦想着飞翔并最终将其变成了现实的人一样。我们也不应该低估这一事业、这一冒险、这一追求、这一发现天然给人带来的满足感。只要使用的方法是合乎情理的，这种情况就必然会持续下去。当时还没有任何东西能够使炼金术士们相信，其工作是毫无意义的；更有甚者，他还可以回溯过去漫长的传统，从中找出不少所谓已经取得惊人成果的证据。[1]最后，这件事并非完全没有意义，因为确实会偶然出现许多有用的发现，这些发现大多是他在其实验室里辛勤劳动的副产品。作为化学的先驱者，炼金术有足够的理由存在。因此，即便炼金术是在从事（如果你愿意这样说的

1　甚至连20世纪的梅林科（Meyrink）都仍然相信这种炼金方法的可能性。我们在他编撰的《阿奎那：论石头》（*Aquinas: Abhandlung uber den stein*）一书的导言中发现了关于他自身经历的一份惊人报告（463，pp.xxixff.）。

图 123　雌雄同体。引自 *Hermaphroditisches Sonn- und Mondskind*, 37, p.16。

话）一系列没有尽头的徒劳无益的化学实验，但它毫无疑问确实是中世纪医学和药物学的一次重要的冒险尝试。

第二章

炼金工作的精神本性

第一节　心理内容的投射

342　炼金术的工作主要应对的不只是诸如此类的化学实验，而且还要应对以假化学语言表达出来的类似于心理过程的东西。[1]古代人或多或少地知道化学过程是什么，所以他们必定已经知道，至少可以说，他们所做的这件事情，不是普通的化学。他们认识到，这种差异甚至体现在一本写于公元1世纪的

1　Evola（378，pp.28ff.）："在前现代的文化循环中，人的精神构成是这样的，每一次物理的知觉都同时会有一个使之'具有生命活力'的心理成分，给裸露的意象附加上某种'意义'，与此同时也附加上一种独特而又强有力的情绪基调。所以古代的物理学既是一种神学，也是一种超验心理学，以来自形而上学本质的启明之光为由，这些启明之光渗透在具有身体感觉的物质之中。自然科学立马成为一种精神科学，而象征的多种意义就把单一知识的各个方面都结合在一起了。"

图124 工作中的炼金术士。引自*Mutus liber*,52,p.13。

论著的标题中:物理的与哲学的。此后不久,大量的证据日益累积起来,表明在炼金术中有两种性质不同的气流在一起流动,我们不能简单地认为它们是可以相容的。炼金术的“tam ethice quam physice”(既是哲理也是物理)是不能被我们的逻辑接受的。如果炼金术士承认,他只是象征性地运用化学过程,那么他为什么要在实验室里用坩埚和蒸馏器工作呢?而且,如果像他经常宣称的那样,他只是在描述化学过程,那么他为什么要用神话的象征作用来曲解他们过去已经承认的东西呢?

343 上述难题证明了一件令许多诚实而善意的炼金术学者们深感头疼的事情。一方面炼金术士宣称,他有意把真理隐藏起来,以防止坏人或愚蠢的人占有金子而导致灾难突然发生。但另一方面,还是同一位作者,向我们保证说,他寻求的金子并不是(像那些愚蠢的人所想象的那样)普通的金子,它是哲学的

图125 作为太阳和月亮雌雄同体的墨丘利乌斯，他站在（圆形的）混沌之上。引自 Mylius，*Philosophia reformata*，239，p.354，fig.5。

金子，甚至是令人惊奇的石头，不可见的石头[1]或空灵的石头[2]或不可想象的雌雄同体者（图125），而且他最后一定会说，无论什么样的处方，他一概都看不上。[3]但是，认为促使炼金术士保守秘密和使其神秘化的动机是出于对人类的考虑，从心理学

1 *Rosarium Philosophorum*，2，xii，p.231：“而且这块石头被称为不可见的石头、神圣的石头、被祝福之物。”

2 Maier，222，p.386：“……他们为了发现那种艺术而付出了不小的代价，没有比这更有价值的艺术了；该艺术为这块永恒的石头染上了色彩。”

3 Cf. *Rosarium Philosophorum*，2，xii，p.223.

的视角来看，这是完全不可能的。每当发现任何真实的事物时，人们通常都会炫耀性地大力宣传。实际上，炼金术士根本就无法按照化学的方式去揭露秘密，根本就不可能了解制作金子的秘密。

344 神秘化可能就是一种纯粹的欺骗，其显而易见的目的就是利用人们易受骗的特点。但是，在我看来，想要从这个视角对炼金术做一个整体的解释，这种尝试与下述事实是有矛盾的：许多有详细记载的、学术性的和一丝不苟的论文都是匿名书写和印刷的。与此同时，会有许多冒充的和吹嘘的出版物出现，这也是毫无疑问的。

345 但是，神秘化还有另一个原因。真正的奥秘并不是秘密地或隐秘地表现出来的；它讲述的是一种神秘的语言，它通过各种意象来进行自我暗示，而这些意象都可以表明其真实本性。我说的并不是受到某一个人保护的秘密，其内容只有掌握这个秘密的人才知道，我说的这种秘密是一种“神秘的”物质或者环境，即，只有通过模糊的暗示才能有所了解，但基本上是不为人知的。对于物质的真实本质，就是炼金术士也不知道，他只有通过暗示才能有所了解。因为他努力想要探索这个奥秘，便把无意识投射到物质的黑暗之中，以期将其照亮。为了解释物质的秘密，他还把另一种秘密（也就是他自己都不知道的心理背景）投射到有待解释的事物之中：用更晦涩的语言来解释晦涩难懂的东西，用更未知的东西来解释未知！当然,这个过程不是有意为之的,而是不由自主地发生的。

346 严格地说,投射绝不是人为的;它发生了,它就在那里。在我身外的黑暗之中,我发现了一个内部的或心理的生活,那是属于我的生活,但我没有认出它来。因此在我看来,用对应理论来解释"既是哲理也是物理"这一公式,并且认为这就是它的"原因",那可是大错特错了。相反,这个理论更像是对投射体验的一种理性化。之所以炼金术士没有实践这门艺术,是因为他在理论基础上相信这种对应性;这里的要点在于,之所以有一种对应的理论,是因为他在自然物质中体验到这种观点或精神的存在。因此,我倾向于假设,不要在哲学学说中寻找炼金术的真正根源,而是要在个体研究者所体验到的投射中去寻找。我这样说的意思是,在进行其化学实验时,操作者会产生某些心理体验,在他看来这些体验就是与化学过程有关的独特行为。既然这是一个与投射有关的问题,那么他当然无法意识到,这种体验与物质本身没有关系(即,与我们今天所熟知的物质无关)。他把他的投射体验为一种物质财富;但是,他实际上所体验到的是他自己的无意识。他以这种方式重温了人类把握自然知识的历史进程。众所周知,科学是从对星辰的探究开始的,人类在星辰中发现了无意识的支配者,即"诸神",还发现了黄道十二宫(zodiac)的那些令人好奇的心理性质:一个关于人类性格的完全投射理论。占星术是一种与炼金术类似的原始体验。只要人类试图探讨空洞的黑暗,并且不由自主地使之充满了生命形式，这些投射就会一再重复发生。于是，我就把注意力转向了这个问题：炼金术士们在其实践过程中是否亲自报告过这种体验呢？我没有理由希望能由此获得非常丰富的发现，这是一个与“无意识”体验有关的问题，也正是由于这个原因，人们才无法予以记录。但实际上，在文献中至少会有一两个准确无误的说明或解释。后期的这些说明或解释比早先的解释更加详细和具体，这是一个相当鲜明的特点。

347 最近的一个解释源自一篇论文[1]，据说是从埃塞俄比亚语翻译成拉丁语，又从拉丁语翻译成德语的，其中的第八章（“The Creation”，pp.52ff.）是这样说的：

> 取相当数量的普通雨水，至少十夸脱吧，把它储存在密封的玻璃器皿中至少十天，然后会有一些物质和渣滓沉淀在底部。把那些清洁的液体倒进一个木制的容器中，容器的形状就像是一个圆形的球，把这个球从中间切开，容器中装满三分之一的液体，在正午时分把它放在太阳底下，要放在一个秘密的地方或隐蔽的地方。
>
> 当把这一切做好之后，取一滴神圣的红酒，把它滴入水中，你马上就会看到一团雾或浓厚的黑色漂浮在水面

1 Jurian，202（Hamburg，1732）．文本并不很古老，具有颓废（decadent）时期（18世纪）的许多特质。我很感激（来自巴塞尔的）赖希施坦因（Th. Reichstein）教授向我介绍了这本小册子。

图126　上帝创世的六天，在第七天结束。引自St. Hildegarde of Bingen，"Scivias"（手稿，12世纪），185。

上，就如在第一次创造中也曾发生过的那样。然后滴入第二滴，这时你会看到有一道光从黑暗中冒出来，然后每隔七到八分钟逐一地滴入第三滴、第四滴、第五滴和第六滴红酒，然后就不要再滴了。你会亲眼看到一个接一个的东西相继在水面上出现，上帝在六天里是怎样创造万物的（图126），所有这一切是怎样出现的，这些秘密当不言自明，而且我也没有权力予以揭露。在从事这项工程之前要双膝跪地。让你的眼睛对此进行判断；因为这就是被创造的世界。让它就这样保持原状，半小时之后它就会消失不见。

由此你将清楚地看到上帝的秘密，目前你看不见这些秘密，就像一个小孩子看不见这些秘密一样。你将会理解摩西（Moses）所写的关于创造的一切；你将会发现亚当和夏娃在堕落之前的身体是什么样的，那条蛇是什么样，那棵树是什么样，他们吃的又是什么样的水果：天堂在哪里，天堂是什么，正确的东西在什么样的身体中得到复活；不是在我们从亚当那里继承下来的这个躯体中，而是在我们通过圣灵而获得的那个躯体中，即，在我们的救世主从天国带来的那个躯体中。

348 在第九章（"The Heavens", pp.54ff.）中，我们读到这样一段话：

你将拿出七块金属，每一块金属都是以行星的名字命名的，而且要在每一块金属上面贴上同一个星座中的这颗行星的特点，每一块金属的大小和厚度与一枚玫瑰金币（rose noble）[1]差不多。但是，金币中的墨丘利乌斯（即水银），

1 玫瑰金币是15—16世纪英国的金币。

其重量只有一盎司的四分之一，而且上面什么也没有贴。

然后，按照它们在天国中排列的顺序，把它们放到坩埚里，把炉膛里所有的窗户全都紧闭，其内部可能会相当黑暗，然后在炉膛的中间把它们一起熔化，丢进七颗赐福的石头，一道火焰将会从坩埚中冒出来（图127），散布在整个炉膛之中（不要害怕，不会对人造成伤害），这将会使整个炉膛比太阳和月亮还要明亮，你将看到在你头顶上空的整个苍穹，就像它在天国中那样，这些行星将会完成它们既定的行程，就像它们曾在天空中所做的那样。让它不再是它自己吧，一刻钟之后一切都将各归其位。

图127　墨丘利乌斯在火中的转换。引自Barchusen，*Elementa chemiae*，114，fig.76。

349 我们不妨再看一个例子，文本摘自霍格兰德（Hoghelande）的一篇论文（16世纪）：

> 他们还说，要给这块石头赋予不同的名称，这是考虑到在炼金过程中出现的各种奇妙的人物，与此同时还有很多种颜色出现，就像我们有时会在云彩中或者在火中想象一些奇形怪状的动物、爬虫或树木一样。我在据说是摩西写的一本书的片段中也发现了类似的东西，书中写道：当身体发生分解的时候，就会有时出现两个分支，有时出现三个或者更多的分支，有时候也会出现爬行动物的形状；有时候又仿佛有一个人，端坐在主教的座位上。[1]

350 和前面的两个文本一样，霍格兰德的文字证明，在实际的炼金过程中，人们会感受到某些带有幻觉或幻想性的事件，这些事件毫无疑问就是无意识内容的投射。霍格兰德引用西尼尔的话说道，关于炼金术器皿的“幻象”要比那本“圣典

---

1 Hoghelande，7，i，p.164. 也参见Philalethes，6，xiv，p.687：“渴望成长的地球，必然会产生出某种东西；有时候你会想象，你看到的是鸟、野兽或者是玻璃瓶中的爬虫……”坐在主教座位上的人毫无疑问指的就是赫尔墨斯的幻象，在其他古老的论文中也可以发现同样的描写，参见*Senioris Zadith filii Hamuelis Tabula chymica*，333，pp.1ff（也请参见图128）。在这本论著中描述的那个人物，一位智慧的老人把一本神秘的书放在膝盖上，这一意象也被用于《波利菲尔之梦》（117）的封面（参见《炼金术之梦》，图4）。与之类似的最古老的幻象，或许是关于克拉特斯（Krates）的。

图128　赫尔墨斯·特利斯默吉斯忒斯(Hermes Trismegistus)。引自Zadith,*De chemia Senioris*,322,扉页的背面。

（scripture）中找到的更多”。[1]这些作者都谈到过，他们是在用心灵的眼睛看东西，但是我们还不太清楚，他们指的是真实意义上的幻象，还是比喻意义上的幻象。因此，《新的光明》（*Novum lumen*）这本书中说道：

> 使隐藏在阴影中的东西出现，并且把它们身上的阴影去掉，这是上帝通过大自然或人类本性而允许理智的哲学家去做的事情……所有这些事情都是真实发生了的，但普通人的眼睛看不到它们，只有理智心灵和想象的眼睛才能通过真实和最真实的幻象感受到它们。[2]

351 雷蒙德·卢利（Raymond Lully）写道：

> 亲爱的儿子，你应该知道，自然的过程发生了反转，这样一来，若没有祈祷（例如，一个仆人的祈祷），没有宗教精神的提升，你所能看到的就是一些浓缩在空气中的难以捉摸的精灵，它们以各种不同形状的魔鬼、野兽和人的形象

1　7, i, p.199. 西尼尔是10世纪的一位阿拉伯作家。现在还不太清楚，所谓“圣典”（scripture）的意思究竟是指那些大师论著中描述的那种传统器皿，还是指《圣经》（*Holy Scripture*）。在后一种情况下，人们就会不得不记住，那个圆形的玻璃容器是一种心理状态。那么这段话的意思就是，人们对灵魂幻象的选择要多于《圣经》。

2　Sendivogius, 6, xii, p.574.

表现出来，就像四处飘散的云彩一样（图129）。[1]

352 多恩也说过大致相同的话：

> 这样，他将开始用其宗教精神的眼睛（即心灵的眼睛）看到一些数量无限的火花，这些火花日日闪耀而且越来越多，最终汇聚成一团火光。[2]

353 心理学家不会对某种已经变得具体化的，甚至变成了一种幻觉的比喻感到奇怪。因此，在其生平传记的记载中，霍格兰德描述道：在煎煮药汁的第三天，他看到，在这个物质的表面是如何覆盖上一些色彩的，“主要是绿色、红色和灰色，其

图129 这是一些拟人化的精灵，从被加热的原初物质中逃离出来。引自Aquinas，“De alchimia”（手稿，16世纪），20，ix，fol.60a。

1 4，v，p.875.

2 7，ii，p.275.

他的则闪耀着彩虹的光芒”。每当他回忆起那一天，维吉尔(Virgil)[1]的一个诗节就涌上他的心头:“当我看到的时候，我遭受了多么彻底的毁灭，邪恶的幻觉是怎样使我获得了解脱。”他说，这个错误或者幻视就是以后很多麻烦和代价的原因，因为他曾经相信，他很快就要转变成黑色了。但是，几天之后，他的火在夜间熄灭了，这导致了无可挽救的损失；换句话说，他从未能够成功地复制这种现象。[2]这并不是说在熔化的金属表面上的那层色彩斑斓的颜色必定是一种幻觉；而是这个文本表达了一种意愿，即作者本人对诸如此类的事情表示怀疑。

354 《论亚里士多德》(*Tractatus Aristotelis*)中有这样一段话，从炼金术士的心理学观点来看，这段话是非常值得关注的:

> 那条蛇比地球上所有的野兽都狡猾；在其美丽的皮肤之下露出一张不会对人造成伤害的脸，当她沉没在水中时，她以一种基本物质(materia hypostatica)的方式，通过幻觉而使自己表现出多种形式。她把地球上的美德全都收集在一起，这就是她的身体。由于她非常干渴，她需要过度地喝水，她喝醉了，因而把她收集在一起的本性全都

1 维吉尔(公元前70—前19)是古罗马诗人。——中译注

2 Hoghelande, 7, i, p.150.

吞噬了。[1]

355 这条蛇就是墨丘利乌斯，他是作为“基本物质”在水中形成他自己的，并且把他收集在一起的自然本性都吞噬了（图130）。[也参见，太阳沉溺在墨丘利乌斯山泉中，狮子吞噬太阳（图169），贝雅（Beya）把加布里库斯（Gabricus）溶解在她自己的身体之中（图167）。]因此物质是通过幻觉形成的，而这必定就是炼金术士的幻觉。这种幻觉可能就是那种可以“使人充满”力量的真实的幻象（vera imaginatio）。

356 把幻象与炼金术的工作联系在一起，这个事实还可以解释下述现象：梦和幻象为什么会作为重要的插曲或者启示的根源而经常被提到。例如，纳扎里（Nazari）以三个梦的形式展示他的转换学说[2]，这与《波利菲尔之梦》显然非常相似。经典的《阿里斯莱的幻想》（“Visio Arislei”）呈现了一种类似的做梦的形式。[3]同样，奥斯坦尼斯（Ostanes）是通过把他的学说打扮成梦中的启示来进行交流的。[4]虽然这些文本中的梦和幻象（也和西尼尔及克拉特斯的书中一样），主要是一种文字上的协定，但佐西莫斯（Zosimos）的梦和幻象具有更加真实得多的特

1 7, xxix, p.884.

2 Nazari, 240.

3 2, iii, p.146.

4 Berthelot, 334, p.119.

图130　在水中或火中把自己吞噬掉的那条墨丘利乌斯蛇。引自Barchusen, *Elementa chemiae*, 114, figs.58—61。

点。[1]文献中一再强调，人们梦寐以求的永恒之水会在某个梦中展现。[2]一般地说，原初物质，其实就是那块石头本身（或者其生产过程的秘密），是通过上帝而揭示给操作者的。所以，劳伦修斯·文图拉（Laurentius Ventura）说："但是，一个人是不可能知道这个程序的，除非它得到上帝的指点，或者通过一个最有经验的大师的指示，而且它的全部根源就是那个神圣意志（Divine Will）。"[3]昆哈特（Khunrath）[4]也持有相同的观点，人可以"最简单和最完满地为我们混沌的大自然（即原初物质）做好准备"，这种最简单完满的形式源自一种"特别神秘的神圣幻觉和启示，没有必要进一步探究和仔细思考其原因"。[5]霍格兰德是这样解释这种神圣启蒙之必要性的：这块石头的产生超越了理性[6]，只有超自然的和神圣的知识才知道这块石头诞生的确切时间。[7]这意味着，只有上帝本身才知道这种原初

---

1 Cf. Jung, 428.

2 Sendivogius, "Parabola", 4, xiii-a, p.475. 昆哈特（207, p.42）写道："那块石头，它最初来自上苍，通过神圣的鼓舞和特殊的启示，有时需要工具帮助，有时不需要，'可以在清醒时，也可以在睡眠时，或者是在梦中'。"

3 7, xiv, p.256.

4 207, p.185.

5 Hoghelande, 7, i, p.154; *Turba*, 493, p.155, 8; *Musaeum hermeticum*, 6, i, p.8, ii, p.55, iii, p.75, vi, p.212; Dorn, 7, iv, p.413.

6 Hoghelande, 7, i, p.194. Ruska, 493, p.147, 2:"这真是太伟大了，要是没有神圣的启示，人们是不可能通过理性想象出来的。"

7 7, i, p.205.

物质。[1]在帕拉赛尔苏斯时代之后，启蒙的根源就是自然之光（lumen naturae）：这种光是真正的自然之光，它能够照亮来到这个世界的所有受到上帝钟爱的哲学家。它就在这个世界上，世界这座完整的大厦被装饰得很漂亮，而且将因此而得到自然的保留，直到上帝的最后一天和最伟大的一天到来，但这个世界知道这一天不会到来。以上就是天主教的主题和伟大的哲人之石，而后者虽然就在整个世界的眼前，但所有人都对其一无所知。[2]

第二节　对炼金工作的心理态度

357　关于心理与化学工作之间关系的一个多少有点不同的方面，可以在以下这段引文中清晰可见，这段引文摘自一个匿名作者的文本："我祈求你，用心灵的眼睛去看一看那棵长满麦穗的小树，看一看它的周围环境，这样你就可以使那棵哲学树得以成长。"[3]（图131；也请参见图135、图188、图189、图221）这似乎是把积极想象视为这样一件事情，即，是它驱使这一过程真正运作的。

1　Sendivogius, 6, xii, p.577.

2　Khunrath, 207, pp.71f. 需要注意的是，这里指的是逻各斯（《约翰福音》1：9—11）。

3　"Instructio de arbore", 7, xxxi, p.168.

图131　作为原初物质的亚当，被墨丘利乌斯的箭射中。哲学树正从他身上生长出来。引自“Miscellanea d’alchimia”（手稿，14世纪），20，vii。

358 多恩在其《哲学沉思录》(“Philosophia meditative”)中说:“你绝不可能从其他事物中制作出‘太一’(the One),除非你自己首先变成一。”[1]无论炼金术士所说的“太一”是什么意思,它指的必定就是“炼金术士”,其统一体被假定为完成这项工作的绝对条件。[2]我们毋庸置疑,这是制作这件“杰作”的一个心理条件,而且是至关重要的。

359 《哲学玫瑰园》说道:[3]

> 因此,那些认识盐及其制作方法的人,一定知道那些智者们隐藏的秘密。因此,把你的心灵转向盐吧,因为在其内部(即心灵)藏着被密封的科学,以及所有古代哲学家们最卓越且藏得最深的秘密。

---

1 7,v-a,p.472.

2 “Tabula smaragdina”(492,p.2):“因而万物皆出自一,通过对一的沉思;所以万物皆诞生于此……”所以,规则是这样规定的,炼金术士一定不能有任何严重的身体缺陷。参见Geber(171,Lib.1):“但是,如果‘炼金术士’的身体很虚弱,就像那些患上感冒或麻风病的人那样,他们的四肢都烂掉了,或者像那些已经生命垂危的劳工、年老体衰的老人,他将不可能完成这项工作。由于身体上的这些天然缺陷,炼金术士的一些意图就会受到阻碍。”另一个古老的文本(“Septem tractatus seu capitula Hermetis Trismegisti aurei”,1,i,Ch.I)也提出了类似的忠告:“我已经向你解释了所藏匿的东西;这件作品就和你在一起,而且就在你们当中,赶快把它抓住,你可以在陆地上,也可以在大海上找到它。”

3 2,xii,p.244. 鲁斯卡(Ruska,493,p.342)把《哲学玫瑰园》一书的写作日期追溯到了大约15世纪中叶。

360 在该书拉丁文的文本中有“in ipsa sola”这么一个短语，指的是“人的内容”(亦即心灵)。[1]人们可能不得不做出这样的假设，所有的一切都藏匿在“盐”里，这是用了一个双重的印刷错误来构造一种秘密。但实际上，“心灵”和“盐”是有密切关系的——“智慧的盐”(sal sapientiae)！[2]因此，按照昆哈特的观点，盐不仅是地球的自然中心，而且同时也是有智慧的盐，在谈到这种盐时他说道：“因此，请把你的意识、感觉、理性和思想指向这种盐吧。”[3]《哲学玫瑰园》的匿名作者在另一处地方说道，这件产品的制作必须“运用真实的而不是虚幻的想象”。[4]而且，“当这种搜索让搜索者感到很不安的时候”，这块石头就会再次被找到。[5]我们只能把这句话的意思理解为，要想发现那块神奇的石头，某种心理条件是必不可少的。

361 因此，上述这些内容实际上很有可能是要表达如下观点：这门艺术的根本秘密就隐藏在人类的心灵之中，或者，用现代的术语来说，隐藏在无意识之中(图132)。

---

1 4, ix, p.95. 据说在1550年出版的《哲学玫瑰园》中保留着这样的表述(60, a)；且在1593年的版本中也有(2, xii)。遗憾的是，我并没有亲眼看到过这些手稿。

2 根据古老的洗礼仪式，无论是过去还是现在，都要给接受洗礼的人进行盐浴。

3 Khunrath, 207, pp.257, 258, 260, 262.

4 2, xii, p.214：“而且要根据自然本性来观看，身体可以据此在地球的内部得到重生。要用真实的想象，而不是虚幻的想象，来对这件事进行想象。”

5 2, xii, p.243：“当这种搜索让搜索者感到很不安的时候，它就可以在任何地方、任何时间、任何环境中被找到。”

图 132　关于工作的“神秘”内容。中间：和炼金术士在一起的“神秘姐妹”(soror mystica)，为海神（阿尼姆斯）垂钓。下方：同样是和“神秘姐妹”在一起的炼金术士，为美人鱼梅露西娜（阿尼玛）垂钓。引自 *Mutus liber*，52，fig.3。

362 如果炼金术士们确实明白了，他们的工作或多或少与人类心理及其功能有关，那么，在我看来，前文中引自《哲学玫瑰园》的那段话很可能就不是单纯的印刷错误了。它与其他作者的观点简直如出一辙。他们始终坚持对这些书进行认真研究和沉思。所以，理查德斯·安格里卡斯（Richardus Anglicus）[1]在其所谓《炼金术更正》（"Correctorium alchymiae"）一文中说道：

> 因此，所有那些想要获得这门艺术保佑的人都应该致力于这项研究，都应该从书本中收集真理，而不是从寓言故事和不真实的实验中获取真理。除非他们完成了其研究并理解了哲学家的话语，否则是没有办法真正发现这门艺术的（尽管人们会遇到很多的欺骗）……[2]

363 特雷维索的伯纳德（Bernard of Treviso）告诉我们，他是怎样白白地奋斗了很多年，直到他遇到巴门尼德（Parmenides）在《哲人集》中的一段说教，才被引入正途。[3]

364 霍格兰德写道：

---

1 Ferguson，380，II，p.271.

2 7，xv，p.444.

3 7，viii，p.793："巴门尼德……是他第一个把我从错误的道路上拉回来，并且指引我走上正途的。"

他会收集不同作者写的书，因为除此以外，他就不可能理解它们，他也不会把一本读过一遍、两遍甚至三遍的书弃置一边，虽然他并没有读懂它，但他还是会再读上十遍、二十遍、五十遍甚至更多遍。最终他将会发现，这些作者究竟在哪些方面达成了一致：真理就隐藏在那里……[1]

365 霍格兰德还引用卢利的话作为其著作权威性的证据，他说，由于无知，人们是不可能完成这项工作的，除非他们研究了普世哲学（universal philosophy）。普世哲学将给他们指明那些别人所不知道的、被隐藏着的事情。"因此我们的石头并不属于普通人，而是属于我们哲学的完整心灵。"[2]迪奥尼修斯·扎卡赖亚斯（Dionysius Zacharias）说，一位"最卓越的宗教博士"曾忠告过他，不要把无用的开支浪费在"为魔鬼狡辩"上，而是要使自己专心研究古老哲学家们写的书，从而使自己熟悉这种真正的物质。经过一段时间的失望之后，他在圣灵的帮助下又恢复了元气，使自己专心致力于研究文献、阅读古书和日夜沉思，直到耗尽他的所有财产。然后，当他在实验室里工作时，他看到有三种颜色出现，并且在第二年的复活节发生

1 7, i, pp.213f.

2 Ibid., p.206.

了奇迹："我看到了完美的实现"，水银就"在我眼前变成了纯金"。据说，这件事发生在1550年。[1]这里有一个明确无误的暗示，即这件作品及其目标在很大程度上依赖于心理条件。理查德斯·安格里卡斯对炼金术士们使用的所有各种污秽肮脏的东西都予以拒绝，例如鸡蛋壳、头发、一个红头发男人的血、毒蜥、虫子、药草和人的粪便。"一个人播种什么，他也将收获什么。因此如果他播种的是污秽肮脏的东西，他也将收获污秽肮脏。"[2]"弟兄们，转过身去，转向你所忽视的真理之路；我劝告你是为了你好，你应对哲学家的话语进行研究和沉思，真理只能由此而来。"[3]

366 理解人的心灵和理智的重要性或必要性在整个文献中始终得到坚持，不是因为在从事如此困难的工作时需要有超乎常人的理智，而是因为人们假设，甚至能把无生命的物质都进行转换的一种魔力，就居住在人类的心灵之中。多恩撰写了一系列有趣的论著[4]，想要解决这件工作与人之间的关系问题（图133），他说："在真理中，作为人类智能的形式（forma）就是这个过程的开端、中间和结尾；这种形式通过金黄色而明显地表现出来，这表明，人是炼金术工作中更伟大和更主要的形

1 Zacharias, 7, ix, pp.813, 815f.

2 Richardus, 7, xv, p.451.

3 Ibid., p.459.

4 Dorn, 7, ii—vii.

图 133　工作中的炼金术士：炼金工程的各个阶段。带来金花的太阳在下方出现。引自 *Mutus liber*，52，p.6。

一	二[1]	三	四
1. 关于自然事物的工作	1. 水元素	1. 复合性质	1. 感觉
2. 加强或提升自然本性的分离[2]	2. 土元素	2. 被分离的自然本性	2. 理智的分离
3. 加强或提升灵魂[3]	3. 气元素	3. 简单的事物	3. 理性[4]
4. 加强或提升理解[5]	4. 火元素	4. 与更简单的以太有关的东西	4. 在上述阶段中包含的东西[6]

1 对这个系列的内容有一段引导性说明："如果你愿意，你可以把那些提升和相对应的元素进行比较。"

2 这个系列的分离或者说溶解，指的是把原始物质解构成元素。

3 文本中说："……这本书是从它自己的物质性［来看待］灵魂的提升，它与自然的分离，其本身固有的精神及其转化的。"阿尼玛（anima）与其身体相分离。作为一种"天赋"（ingenium），它是身体的基本性质或者说就是"灵魂"，其物质属性必须被转化成某种更高级的东西。

4 "……理性，确实会导向真理。"

5 "这就像是整体性所做的准备，也是自然本性向更简单方面的转化……为了通过这种准备而将其同化为最高级和最真实的理智，有必要使之提升到高于动物本性的水平，这不是靠自然本性能做到的。"所以，主要的任务就落在"理智"身上，也就是说，要升华到最高级阶段，在那里自然本性被转化为"简单事物"，这种简单事物与它自己的本性相一致，和精灵、天使及永恒理念有密切关系。在第二栏中，这个最高阶段就是火；在第三栏中，它是经过转换的自然本性的最高级形式；而在第四栏中，它是整个过程的目标。

6 指的是在转换过程前面的几个阶段。

式。”[1]多恩对炼金术工作和人的道德理智转换做了完美的类比。然而，他的想法已经在哈伦尼特（Harranite）的《论柏拉图的四联剧》中得到了预见，这篇论文的拉丁文标题是“Liber Platonis quartorum”。[2]其作者呈现了四个系列的相应内容，每个系列由四本“书”组成，“目的是对研究者有所帮助”。[3]

367 这四个系列表示了炼金工程的四个方面。第一排的水平系列是从自然事物开始的，原初物质以水作为代表。这些事物都是复合的，亦即，都是混合的。在第四栏里与它们“相对应的东西”是感觉。第二排的水平系列代表这个过程的一个高级阶段：在第一栏中，复合性质被解构或者变回到其最初的元素；在第二栏中，土从（原始的）水中分离出来，就像在《创世记》中描写的那样，这是炼金术领域最喜欢的一个主题；在第三栏中，复合性质分离成不同类型；而第四栏关心的则是心理活动的区分。

368 第三排的水平系列仍然更加清晰地表示出向上的进展：在第一栏中，灵魂从自然中出现；在第二栏中，有一种向“气”这个领域的提升；在第三栏中，这个过程延伸到那些“简单的”

1 7, vi, p.485.“形式”是通过解释（informatio，也被描述为“fermentatio”）起作用的。这个词的意义也等同于英文“idea”（理念）。金、银等都是物质的形式，因此，如果一个人能够成功地把金子的形式印刻在无形混沌（informis massa）之上，也就是说，印刻在原初物质之上，那么他就能制造出金子。

2 7, xxviii.

3 Ibid., p.137.

事物，由于其纯粹的性质，这些事物都是不会腐烂的、永恒的，而且与柏拉图的理念有关；在第四栏中，有一个从人的心灵向理性，再向理性灵魂（即灵魂的最高形式）上升的过程。第四排的水平系列证明了每一纵向栏目的完善和完成。

369 **第一栏垂直系列**：如果在这里允许使用现代术语的话，可以说，这一栏有一种“现象学的”特征。心理成分从自然现象的总和中浮现出来，并且在理智的提升中达到顶点，这是一种明确包含顿悟和理解的现象。我们无须篡改这个文本，就能把这种理智视为意识所能够达到的最明晰状态。

370 **第二栏垂直系列**：根据古代炼金术士的看法，土是从最初混沌的水中浮现出来的，从混沌中浮现出来的。位于土之上的是气，气是从土中上升而来的挥发性元素。在所有元素中最高级的是火[1]，火是作为“最精致的”物质，即暴躁的“普纽玛”（pneuma）[2]而出现的，它已上升到了诸神的位置（图134；也参见图166、图178、图200）。[3]

371 **第三栏垂直系列**：这一栏有一种范畴的或理想的特性，因此它包含着理智的判断。所有的复合物都被分解成相互“分离的”成分，这些成分又逐一地被还原为“简单的”物质。在这里才最终出现了“精华”（quintessences），即简单的原始理

1 “火处在最高的位置上。” Diogenes Laertius，149，VII，i（on Zeno），137.

2 斯多葛学派的术语，意指精神或灵魂。

3 在拉克坦提乌斯（Lactantius）那里，灵魂仍然具有发光的或暴躁的本性。

图134　萨图恩(Saturn),或年老的墨丘利乌斯在澡盆里被煮着,直到精灵或者白色的鸽子(普纽玛)飞升出来。引自Trismosin,“Splendor solis”(手稿,1582年),其复制品也参见316,Plate XI。

念。以太就是这种精华。[1]

372 **第四栏垂直系列**：这一栏完全是"心理的"。感觉是知觉的中介，而理智的判断则与统觉相对应。这一活动受理性或理性灵魂的支配，这是上帝赋予人的最高官能。在理性灵魂之上只有"物"(res)，它是前面所有阶段的产物。《论柏拉图的四联剧》把这个"物"解释为

> 不可见和不可移动的上帝[2]，其意志创造了理智；简单的灵魂是从意志和理智中产生出来的；[3]但是灵魂产生了被分离的自然本性，而自然本性又会产生出复合性质，这表明，只有通过比它更高级的某个事物，一个事物才能被理解。灵魂高于自然本性，只有通过灵魂，自然本性才能被理解，但理智在灵魂之上，只有通过理智才能理解灵魂，而且理智也只有通过高于它本身的东西才能被理解，理智的周围是唯一的上帝，而上帝的本性是不可理解的。[4]

373 原文是这样写的：

---

1 Aristotle, *De coelo*, 104, I, p.3; *Meteorologica*, 105, I, p.3.

2 Aristotle, 105, XII, p.7:"上帝是一种永恒的和不可移动的存在。"

3 Fechner, 379, II, p.526:"在心理上具有同质性的简单的东西，与物理上的多样性有关，而物理上的多样性则在心理上缩减为同质性的、简单的和更加简单的。"

4 7, xxviii, p.145.

... scias quod scientia antiquorum quibus appraeparatae sunt scientiae et virtutes, est quod res ex qua sunt res, est Deus invisibilis et immobilis, cuius voluntate intelligentia condita est; et voluntate et intelligentia[1] est anima simplex; per animam sunt naturae discretae, ex quibus generatae sunt compositae, et indicant quod res non cognoscitur, nisi per suam superius, Anima vero est super naturam, et per eam cognoscitur natura, sed intelligentia est superior anima et per eam cognoscitur anima, et intelligentia[m][2] noscit, qui[3] superior ea est, et circundat eam Deus unus, cuius qualitas apprehendi non potest.

374 这位作者又补充了一段引文，我还没有查到其出处。上面写着：

《对话篇》中的哲学家说："我围绕着三个天国行走着，亦即，复合性质的天国，被分离的自然本性的天国和灵魂的天国。但是，当我希望围绕着理智的天国行走时，灵魂对我说：'那里没有你走的路。'然后自然本性吸引了

1 代替"intelligentiae"。
2 代替"intelligentia"。
3 代替"et quid"。

我，我也被它所吸引。”[1]这位哲学家得出这个结论并不是为了给这门科学一个名称，而是因为他希望确定，他的话一定会揭示出使创造物得到解放的力量。其目的就是要使我们认识到，在这种工作中，较低级的过程要借助于较高级的过程才能进行。

375 在这个非常古老的文本中（其阿拉伯语的版本不可能晚于公元10世纪，其中很大一部分甚至更为古老），我们发现了一些关于炼金过程和与之平行运作的哲学和心理过程之间的对应物的系统说明。这个文本非常清楚地表明，在这些思想家看来，化学过程和精神或心理因素究竟有多么一致。确实，这种联系可以追溯到很久很久以前，那时候从物质中提取出来的产品都是作为思想（cogitatio）而被人所知的。[2]只有当我们提出如下假设时，这种奇怪的观点才可以得到解释。这个假设认为，对于心理内容是被投射到物质中去的这种观点，古代的哲学家们的确有一种模糊的怀疑。由于人和物质的秘密之间存在着这种亲密的联系，多恩和《论柏拉图的四联剧》都提出要求认为，应该把操作者提升到和其任务同样的高度：他必须在自己的自我中完成这个相同的过程（这个过程被他归因于物

1 7, xxviii, p.145.

2 Ibid., p.144：“居住在幼发拉底河上的迦勒底人（Chaldaeans）是……首先发现怎样把思想提取出来的人。”

质)，“因为事物是通过和它们相类似的东西而得到完善的”。所以操作者必须亲自参与这项工作：“因为如果研究者一点都不熟悉这些类似的东西(即不熟悉这项工作)，他就不可能爬升到我描述的那个高度，也到达不了那条通往目标的道路。”[1]

376 作为投射的结果，在炼金术士的心理和神秘的转换物质(即那个被囚禁在物质中的精灵)之间存在着一种无意识的同一性。因此，《论柏拉图的四联剧》推荐使用枕骨部(图75)作为转换的器皿[2]，因为它是思想和理智的容器[3](图135)。因为我们需要把脑视为那个“神圣部位”的所在之地。这本书又继续说道：

> 随着时间的流逝和对事物的确切界定，事物被转换成为理智，就像各个部分在组合和类型中被(相互)同化一样。但是，考虑到它和理性灵魂如此接近，脑就必须被同化到混合物之中，而且我们已经说过，理性灵魂是很简单的。

377 在这一系列思想背后的假设，就是因果关系的类比效应。

---

1 7，xxviii，p.137.

2 Ibid.，p.124：“如果你需要外部的操作，你只应该使用枕骨部，然后你就会发现［目标］。”这个推测是有所保留的，我还没能获得其阿拉伯语的文本。

3 Ibid.，p.124：“头颅是纯洁的……另外，它是人身上相对比较小的骨骼，它是思想和理智的容器……”

图135　头颅是夏娃死亡的象征，是原初物质的女性方面。而在亚当那里，树相当于男性生殖器（参见图131），在这幅图中树是从夏娃的头上长出来的。引自“Miscellanea d’alchimia”（手稿，14世纪），20，vii。

换句话说，就像在心理中一样，感觉的多样性会导致某种观念的统一和简单化，所以，原初的水会产生火，即最高级物质——这是最具有决定意义的要点，它不是作为一种单纯的类比，而是心灵作用于物质的结果。所以多恩说："在人体内部隐藏着某种形而上学的物质，只有极少数人知道，对其实质无须使用药物即可理解，因为其本身就是不会腐化的药物。"这种药物具有"三重性质：形而上学的、物理的和道德的"（"道德的"就是我们所谓"心理学的"）。多恩继续说道："由此，细心的读者就会得出结论认为，人必须经历某种哲学过程才能从形而上学的转向物理的。"[1]这种药物显然就是神秘物质，多恩在其他地方把这种物质定义为"真理"：

> 在自然万物中存在着某种真理，它无法被外部的眼睛看见，但可以被心灵感知到。哲学家们知道它，而且他们已经发现这种力量如此之大，甚至能创造奇迹。[2]
>
> 在这个［真理］中存在着使精神从其束缚中获得自由的全部艺术，我们已经说过，人类心灵可以从身体中解放出来（即，获得道德自由）。[3]
>
> 当信仰在人身上创造出奇迹的时候，这种力量，这种

1 7, ii, p.265.

2 Ibid., p.298.

3 Ibid., p.264.

> 真理的效应，就会使奇迹在物质中发生。这个真理就是最高级的力量和固若金汤的堡垒，哲人石便是在这里受到保护的。[1]

378 通过研究，哲学家们习得了获取哲人石的技能。但是，还要再强调一遍，这个石头就是人。所以多恩大声地说道："把你自己从没有生命的石头转化为哲人石吧！"[2]在这里，他可能是以最清晰的方式表达了人与隐藏在物质中的某种东西的同一性。

379 在其《隐秘学集解》（"Recueil stéganographique"）[3]中，贝罗尔德·德·韦维尔（Béroalde de Verville）说道：

> 那些见过胶脂并挤压它得到干净的水滴的人，还会在找到哲学之火时再度这样做，并得到一种这样的物质：其深紫色的黑暗将第二次被激发，使其像水滴像花像火苗像珍珠一样上升，或像其他类似物和珍宝一样变化，直到出现纯净的白色，然后可能装扮上荣耀的红色，或者天空之石，那就是哲学家们真正的灵魂之光。

---

1 7, ii, p.266.

2 Ibid., p.267.

3 Béroalde, 117.

380 现在，大家一定非常清楚了，从最早期开始炼金术就有两张面孔：一张面孔是在实验室里进行的实际的化学研究，另一张面孔是心理过程，其中一部分是意识心理，另一部分是在物质的各种转换形式中无意识地投射出来并看到的东西。

381 在刚开始这些工作的时候不需要花费太多的努力，正如某个文本所说的，只要用“一种自由而空洞的心理”接近它也就足矣。[1]但是有一条规则必须被观察到：“人类心灵一定与这项工作和睦一致，而这项工作必须高居于一切之上。”[2]另一本文献说道，为了获得那种“黄金般的理解”，一个人就必须张大心灵和灵魂的眼睛，借助于上帝从一开始就在自然本性和我们的心里点亮的那盏内在的明灯而进行观察和沉思。[3]

382 由于研究者的心理与这项工作有如此紧密的联系（不仅作为其必要的中介，而且作为其原因和出发点），因此，我们很容易理解，为什么会如此强调实验室工作人员的心理状况和心理态度。阿尔费迪乌斯（Alfidius）说：“这时你才知道，直到你为了上帝而使你的心理得到净化，你才能从事这门科学研究，这句话的意思是说，你必须把你心理中腐烂的东西祛除才行。”[4]根据《曙光乍现》（“Aurora consurgens”）中的观点，炼

1 Mehung，6，iv，p.157.

2 Norton，6，x，p.519.

3 Siebmacher，6，iii，p.107.

4 “Aurora consurgens”，Part I，14，Ch.X，Parab.V，“De domo thesauraria”.

金术智慧的宝库就建立在十四条主要美德的坚实基础之上：健康、谦卑、虔诚、纯洁、美德[1]、胜利、信仰、希望、博爱、仁慈、耐心、适度、一种宗教精神态度或理解[2]，以及遵从。

383 还是在《曙光乍现》中，托名为托马斯的作者提到一段引文，其中一句说道“清除我们心灵中那可怕的黑暗吧”[3]，他还把它和古代炼金术士西尼尔关于黑化和白化的文本进行了类比。[4]在这里“我们心灵的黑暗”确实与黑色完全一致（图34、图48、图115、图137）；亦即，作者把炼金过程的初级阶段，感受或者体验为与他自己的心理状况相认同。

384 另一位权威作者是贾比尔（Geber）。《哲学玫瑰园》说，在其《完美的指导书》（*Liber perfecti magisterii*）[5]中，贾比尔要求炼金术士要有下述心理和性格方面的素质：他必须具有最精细的心理和关于金属及矿物的恰当知识；但是他一定不要有粗鄙或刚硬的心理，他也不应该贪得无厌，也不要优柔寡断和

1 文本中写道：“……在谈到美德时说道：美德是灵魂的装饰物。而且赫尔墨斯也说：他接收到了来自更高级和更低级的美德，他用自己的美德穿透了每一种坚固的物体。”参见“Tabula smaragdina”，492，p.2。

2 这个文本是通过引用拉丁文《圣经》的一段话而进行解释的，《以弗所书》（Eph.）4：23，24：“而且在你心灵的精神中得到了更新：变成了新人……”此外还有：“这是一种微妙的智慧。”

3 “Aurora consurgens”，Part I，14，Ch.IV，Parab.IV.

4 Ibid.

5 引自*Rosarium*，2，xii，p.228。《完美大全》（*Summa perfectionis*，171）中有更详细的解释，参见“De impedimentis ex parte animae artificis”，Lib.I，Ch.V。也参见Darmstaedter，359，pp.20ff。

踌躇不决；再者，他一定不要草率或者虚荣，相反，他必须要有坚定的目标，要坚忍、耐心、温柔、长期忍受痛苦，还要有好脾气。

385 《哲学玫瑰园》的作者说，凡是希望尝试学习这门艺术和掌握这种智慧的人，一定不要傲慢自大，而是要虔诚、正直，要有深刻的理解，富有人性，有一种快乐的表情和愉快的本性。他又继续说道："我的儿子啊，我首先要劝告你必须敬畏上帝，他知道你是一个什么样的人，他会为孤苦的人提供帮助，无论这个人是谁。"[1]

386 特别富有教益的是摩利努斯(Morienus)给卡里德(Kallid)写的关于这门艺术的一个导言：[2]

> 长期以来你一直在寻求的这件事情是不可能凭借力量或热情而获得或完成的。只有凭借耐心和谦卑，凭借一种坚定不移的和最完善的爱才能赢得。因为上帝把这门神圣的和完美的科学赋予其忠实的仆人，即，他决心要把事物的原初本质赋予的那些人[3]……[后面的几句话是关于如何把这门艺术传递给学生的。]只有凭借上帝赋予他

1 2, xii, p.227. 关于《哲学玫瑰园》中赫尔墨斯的引文的另一种说法，请参见《炼金术之梦》，第140自然段。

2 Cf. Reitzenstein, 483. 据说摩利努斯是伍麦叶王朝卡里德王子(635—704)的老师。参见Lippmann, 451, p.357；也参见Morienus, 2, xi, "Sermo", pp.22f。

3 2, xi, p.22.

们（被选定的那些人）的力量，他们才能得到想要得到的东西，只有朝向上帝为他们指出的目标，他们自己才能确定自己心理发展的方向。[1]因为上帝对于他有目的地选定的那些仆人提出了要求（图136），那些仆人寻求这门不为人知的神圣科学，而且他们只为自己保留着。这就是那门科学，它使其主人远离这个世界给人带来的痛苦，并获得关于未来之善的知识。

当国王询问摩利努斯，他为什么要居住在山里和沙漠里，而不住在修道院里时，他回答说，我毫不怀疑，在修道院和兄弟会中，我会发现更多的宁静，在沙漠和大山里干的都是使人疲惫不堪的工作；但是，没有播种就不可能有收获……通往和平之门的这条小路是相当狭窄的，只有让灵魂经历痛苦，才能进入这道门。[2]

387　在考虑最后一句话的时候，我们一定不要忘记，摩利努斯不是为了一般的启蒙教育才讲这句话的，而是想要说明这门神圣艺术及其相关研究。迈克尔·梅耶（Michael Maier）在讲下面这段话的时候以相似的口吻表达了自己的观点：

1　2, xi, p.23.

2　Ibid., pp.17f.

图136　对艺术家进行启蒙的上帝。引自Barchusen, *Elementa chemiae*, 114, fig.2。

在我们的化学领域中有某种尊贵的物质，其最初的苦恼是受醋支配的，但其最终的快乐则是受欢笑支配的。所以我设想，同样的事情也会在我身上发生，即，我首先也要经受困苦、忧伤和厌倦，但最终我们将看到，谁笑到最后谁将笑得最好。[1]

388　还是同一位作者明确地指出，"我们的化学使炼金术士深

1　Maier, 222, p.568.

受震撼，产生了关于天国之善的沉思”[1]，他还说，那些受上帝启发而进入这种神秘状态的人，“会把诸如食物和衣着这类无关紧要的事情抛到一边，感觉自己就像获得新生一样”。[2]

389 在刚开始进行这项工作的时候，遇到的困难和忧伤再一次与黑化达成了一致，就像“我们心灵的可怕黑暗”一样，《曙光乍现》在谈到此事时是这样说的；而这些又确实和摩利努斯提到的“灵魂遭受痛苦”是同样的意思。他使用“爱即完美”（amor perfectissimus）这个术语表达的是一种专家的态度，亦即这项工作需要超乎寻常的奉献。如果这种“严肃的沉思”不仅仅是吹嘘自夸（而且我们也没有理由对这类事情做出任何假设），那么我们就必须想象，那些从事这项工作的古代专家一定会不同寻常地高度专注，而且一定会有宗教的热情（参见下文）。这种奉献精神自然会有助于把价值和意义投射到所有富有这种激情的研究对象之中，并且使之充满了各种形式和人物，而这些形式和人物的原型则主要来源于研究者的无意识。

第三节　沉思与想象

390 上述观点因炼金术士们明确应用了“沉思”（meditatio）和

1 Maier，222，p.144.

2 Ibid.，p.143.

"想象"(imaginatio)而得到了支持。卢兰德的《炼金术辞典》对**沉思**做了如下定义:"当一个人与某一个未曾见过面的人进行内部对话时,才使用**沉思**这个词。当他呼唤上帝时,它可能是在和上帝对话,也可能是在和他自己对话,又或者是和他心中的善良天使对话。"[1](图137)心理学家非常熟悉这种"内部对话";它是与无意识进行协调之技术的一个基本组成部分。[2]卢兰德的定义毫无疑问地证明,当炼金术士们谈到沉思的时候,他们的意思并不仅仅是进行思考,而且显然是一种内部对话,因而与我们自己身上的"他者",亦即无意识的回应之声有某种真实存在的关系。炼金术有一句格言叫"万物皆通过对一的沉思而从一开始",因此,在这里使用的"沉思"这个术语,必须在炼金术的意义上把它理解为一种创造性的对话,借助于这种对话,事物才能从无意识的潜在状态转向显现状态。所以我们在菲拉利西斯(Philalethes)的一篇论文中读到下面这段话:"这毕竟是一种奇迹,我们的石头,虽然已经很完美了而且能够传授一种完美的酊剂,但又确实能够再次自愿地谦卑,而且除了要进行所有这些操作之外,还要对一种新的挥发性(volatility)进行沉思。"[3]所谓"被沉思的挥发性"是什么意

---

1 292, p.327; 也参见Exercises of Ignatius of Loyola(195)。所有的作者都一致强调沉思的重要性。没有必要再提供其他例子了。

2 Cf. Jung, 427, pars.341ff.(427a, pp.159ff.).

3 6, xiv, "De regimine Veneris", Ch.XXVIII, p.693.

图137 处于刚开始黑化状态的炼金术士，正在沉思。引自Jamsthaler, *Viatorium spagyricum*, 199, p.27。

思呢？我们发现下面还有几行字，是这样说的："它将自动溶解……并且按照上帝的命令而天生就具有精神，这将使他飞上天去，并且带着石头一起去。"[1]所以，"沉思"的意思仍然是，通过与上帝的对话，更多的精神将被融合到石头之中，也就是说，他将变得更加富有宗教精神，更具有挥发性，或者有更多的升华（参见图178）。昆哈特也讲过大致类似的话：

1 参见穆罕默德传奇，在耶路撒冷的奥马尔清真寺，穆罕默德曾脚踏一块石头升上天空接受天启，当时那块石头也想要和穆罕默德一起飞上天去。

所以，要进行研究、沉思、流汗、工作、烹饪……这样一场有益于健康的洪水将呈现在你面前，它来自伟大世界之子的心脏，这是伟大世界之子从他的身体和心脏中倾倒出来的水，对我们来说，这就是真实和自然的生命之水……[1]

391 因此，我们必须在与无意识的某些支配者具有真实辩证关系这个意义上，来看待我们早先提到的“天国之善的沉思”。在一位生活于17—18世纪的法国炼金术士的论著中，我们发现了关于这种论点的绝妙证据。[2]他说：

按照我的理解，我是多么经常地看到他们（埃及神父）充满了欢乐，他们多么充满感情地亲吻我，因为我很容易就真正领会了他们那种自相矛盾之教义的模棱两可之处。在我对古人的神秘教义的奇妙发现中，他们的快乐是多么经常地驱使他们把炼金术的器皿、蝶螈（图138；也参见图129、图130）、满月和上升的太阳，呈现在我的眼前和我的手上。

1 207，pp.274f.

2 我是从我收藏的一部手稿中发现这个文本的，参见“Fugurarum Aegyptiorum secretarum ...”（30）。手稿中的图片引自Nicolas Flamel（1330—1418），“Pratique”，20，xl。该拉丁文本的出处目前还不知道（参见图23、图148、图157、图164）。

图138　作为原初物质的墨丘利乌斯精灵，以蝾螈形式呈现，在火中嬉戏。引自Maier，*Scrutinium chymicum*，221，Emblema XXIX，p.85。

392　作为对炼金术黄金时代的一种描述，虽然这个故事还不能算是一种供词，但它告诉了我们，炼金术士是怎样想象其工作之心理结构的。它与心理的那些不可见的力量之间的关联正是教权的真正秘密。为了把这个秘密表达出来，那些古代大师很容易便会诉诸寓言。对后来的文献产生过重大影响的最古老的记录之一，就是《阿里斯莱的幻想》,[1]其全部特性使它与我们从无意识心理学中认知到的那些幻象产生了非常密切的联系。

393 我已经说过,“想象”这个术语,就像“沉思”这个术语一样,在炼金术的术语中具有特殊的重要性。早先,我们曾在《哲学玫瑰园》中遇到过那段奇妙的话语,它告诉我们,这项工作必须怀着“真实的想象”才能进行,我们从另一段引文中发现,怎样才能使哲学树通过沉思而得到成长(图131、图135)。卢兰德的那本《炼金术辞典》再次帮助我们理解了炼金术士所谓想象的意思。

394 卢兰德说:“想象是人心中的星辰,是天神的和超世的身体。”[2]这个令人惊异的定义对与该作品有关的幻想过程产生了相当特殊的启示。我们不得不对这些过程进行想象,不是把它们想象成我们很容易拍下的那些关于非物质的幽灵的奇幻照片,而是想象成某种肉体的、“微妙的身体”(图139),其在本质上具有半精神性质。在实证心理学还没有产生的年代,人们一定会做出这种具体的描述,这是因为,所有无意识的东西,一旦被激活,就会被投射到物质之中,也就是说,它是从外部接近人类的。可以说,这是一种混合的现象,一半是精神的,一半

---

1 2, iii; Ruska, 489, pp.22ff.这里说到的幻象就是关于佐西莫斯的幻象(Berthelot, 335, III),以及关于克拉特斯的幻象(210)。

2 由于在这里卢兰德融合了帕拉塞尔苏斯的研究,我推荐读者看看我写的关于帕拉塞尔苏斯的研究(424)。

图139　赫尔墨斯把长了翅膀的灵魂像变戏法似的从大缸里变出来。雅典葬礼装饰瓶（Attic funeral lekythos），耶拿（Jena）；引自Harrison，407，p.295，fig.78。

是物质的；这是我们在早期心理学中经常遇到的一种具体的描述。因此，想象或想象的活动，是一种能够适应物质变化之循环的物理活动，是能够导致这些变化产生，又反过来被这些变化所影响的物理活动。炼金术士就是以这种方式使自己不仅与无意识联系起来，而且与他希望通过想象的力量进行转换的那种物质直接联系起来。单数形式的“astrum”（星辰）是帕拉赛尔苏斯使用的一个术语，从相关上下文可以判断其意思是指某种类似“精华”的东西。[1]因此，想象是生命力量的一种浓缩精华，既包括物理的也包括心理的生命力量。所以，从事这门艺术的人必须具有健康的身体构成，这个要求是完全可以理解的，因为他要致力于他自己的精华，而且他本人也是他自己实验的一个必不可少的条件。但是，正是由于这种物理与心理的相互交织，人们

1　Ruland，292：“事物的美德和力量，都是通过‘制剂’而获得的。”因此也是精华，或者说是第五元素（Quinta Essentia）。

必然会感到晦涩难解，对炼金过程中终极转换的寻求，究竟更多地是在物质领域还是在精神领域中进行的呢？然而，实际上这个问题的提法本身就是错误的：在那个年代并没有“非此即彼”，在心灵与物质之间确实存在着一个中间领域，亦即，关于微妙身体的心理领域[1]，其特点就是以精神和物质的形式使自己表现出来。这是使炼金术士的思维方式有意义的唯一方法，否则这种思维方式看起来就一定是没有意义的。显而易见，当我们尝试对物质本身进行研究时，除了所有的投射之外，这个中间领域的存在会突然停止；只要我们相信我们已经了解了关于物质或精神的任何结论性的东西，那么它就会变得不再存在。但是，当物理学涉及“尚未有人涉足的、难以理解的领域”时，当与此同时心理学不得不承认，除了存在个体意识之外，还有其他形式的心理生活时（换句话说，当心理学也涉及一个无法理解的黑暗世界时），那么，微妙身体的中间领域就会再次复活，物理和心理就会再次融合在一个不可分解的（indissoluble）统一体之中。在当今时代我们已经非常接近这个转折点了。

395 如果我们想要理解炼金术的独特术语，进行一些反思就是不可避免的。早先我们谈到的关于炼金术的“错误”，在今天听起来已经过时了，因为其心理学方面已经使科学具有了新的任务。在炼金术中有一些非常现代的问题，尽管它们位于炼

1 Figulus，161，p.109：“阿尼玛是一种微妙的小到无法察觉的烟。”

金术的范围之外。

396 “想象”这个概念或许是理解这项“工作”的关键。《论硫黄》(“De sulphure”)[1]这篇论文的作者在下面这段话中谈到了灵魂的想象功能，在这段话中他想要公正地阐述古人未能做到的事情，也就是说，对这门艺术的秘密提供一个清晰的表述。他说：“灵魂是上帝的副手，而且就居住在拥有纯净血液的生命精灵之中。它统治着心灵，而心灵则统治着身体。灵魂在身体中发挥着作用，但它在身体外部发挥的作用更大(或者我们也可以借助于解释而补充一句，在投射中发挥的作用更大)。”这种特点就是神圣性，因为神圣的智慧只是部分地被封闭在世界的身体之中，其绝大部分都位于外部，它比世界的身体所能想象到的事情要高远得多。而且这些事情都位于本性之外：这是上帝自己的秘密。灵魂是这方面的一个例子：就像上帝一样，它也能想象到身体之外的许多具有最深刻含义的事情。确实，灵魂所想象到的事情只能在心灵中发生，但是上帝所想象到的事情可以发生在现实之中。“不过，灵魂具有那种绝对且独立的力量，能够做身体所无法掌握的其他事情。但是，当它产生这种欲望的时候，它就具有了比身体更大的力量，因为若非如此，我们的哲学就会白费功夫了。你不可能想象得到更伟大的事情，因为我们已经打开了通往你那里的大门。”

1 Sendivogius, 6, xiii, p.601.

第四节 灵魂与身体

397 刚才引用的那段话为我们提供了很有价值的顿悟，使我们可以领悟炼金术的思维方式。在这个文本中，灵魂显然是居住在血液之中的一个有形体的精灵（图91，图208）。如果我们把它理解为在意识和身体的生理功能之间作为媒介存在的心理现象，那么，灵魂就相当于无意识。根据密宗的七轮概念[1]，这个灵魂应位于横膈膜以下。另一方面，它是上帝的副手，堪与造物主（Deus Creator）相类比。有这样一些人，他们仅把无意识理解为一种下意识（subconscious），又因此不得不在其旁边，或者可能在其上安置一个超意识（superconscious）。这些假设不会难倒我们的哲学家们，因为按照他们的教义，每一种生命形式，无论多么初级，都包含着其内在的对立面，这也使我们可以在现代心理学中预先考虑对立物的问题。在谈论“气”这种元素时，可以参考以下这一段很有意义的文本：

> 气是纯洁的未受污染的元素，表面来看这种元素的最有价值之处，就在于它外表不同寻常地轻和不可见，但内

1 Avolen，327.

部沉重、可见而且坚固。根据《圣经》的证据，被封闭其中的，正是在创世之前于水面上移动的那个最高级的精灵："而且……他确实在风的翅膀上飞行。"[1]万物皆通过火的想象而被整合到这个元素之中。[2]

398 要想理解这种说法，我们就必须明确地清空我们的心灵，因为我们的心灵中充满了关于气体性质的现代理念，我们必须把气这种元素视为纯心理的。在这个意义上说，它应对的是成对的对立物的投射，例如轻和重，可见和不可见，等等。现在，对于对立物的认同是所有心理事件在无意识状态中的一个典型特征。所以有形体的精灵同时也是宗教精神，而气元素沉重、坚固的内核同时也是在水面上移动的最高级的精灵。正如"所有创造物的意象"都被包含在有创造性的精神之中一样，万物是在气中"通过火的力量"而得到想象或"描绘"的；这首先是因为火包围着上帝的宝座，是天使（在其地位和品级下降后）和世间所有其他生物（通过把暴躁的灵魂融合到生命的气息之中）被创造出来或"想象出来"的根源[3]；其次是因为，火能毁灭所有的复合物，并且以烟的形式把它们的意象重新融合

1 拉丁文版《圣经》，17：11（英文版《圣经》，18：10）。

2 Sendivogius，6，xiii，p.612.

3 Ibid.，p.615. "Aquarium Sapientum"：耶稣基督也同样在我们心中"被想象到"。6，iii，p.113："在耶稣基督在我们心中被形成和'被想象到'之前，上帝是更让我们敬畏的存在。"

到气中。

399 上述引文的作者说道，灵魂只是被部分地限制在身体之中，就像上帝只是部分地被封闭在世界的身体之中一样，如果我们把这种说明中形而上学的东西祛除掉，其主张就是，身体与我们经验主义的意识存在只有部分一致；因为其余的部分被投射出去了，在这种状态下它想象或代表的就是那些更大的东西，这是身体所无法掌握的，亦即，不可能实现的。这个“更大的东西”等同于“更高级的东西”，指的是上帝创造世界的想象；但是，由于这些更高级的东西是上帝想象的，它们立刻就变成了真实的，而不是像无意识的内容那样，在一种潜在现实的状态中徘徊。灵魂“在身体外部”的这种活动，指的就是炼金术工作，在下面这句话中可以看得很清楚，灵魂具有比身体更大的力量，否则，这门高贵的艺术或哲学就会白费力气了。那位作者说道，“你不可能想象到更伟大的东西”；因此你的身体可以把它带入现实之中——依靠的是这门艺术的帮助和上帝的允许，这是炼金术中的一个固定公式。

400 正如炼金术士们所理解的那样，“想象”实际上是一把钥匙，它可以打开了解这件产品之秘密的大门（图140）。现在我们已经知道，它是一个关于表现和实现那些“更大的”东西的问题，“灵魂”以上帝的名义对这些事情进行了创造性的和超自然的想象——或者用现代的语言来说，是一个与实现无意识

图140　与其神秘姐妹在一起的炼金术士，拿着从事这项工作的钥匙。引自Aquinas，“De alchimia”（手稿，16世纪），20，ix，fol.99。

的那些内容[1]有关的问题，那些内容位于自然本性之外，即，并不是我们经验主义世界中的数据，因而先天就具有原型的特点。实现的地点或媒介既不是心灵也不是物质，而是只有象征才能确切表达的不可见现实的中间领域。这个象征既不是抽象的，也不是具体的；既不是理性的，也不是非理性的；既不是真实的，也不是非真实的。它必定包含着两者：它不是一般人，而是一个高贵的存在，这个人从一开始就被上帝分离、选择并任命为牧师。

图141　拿着书站在祭坛前的炼金术士。在背景中：一片玉米地（对产品的比喻），以及太阳与月亮的化合。引自Kelley，*Tractatus de Lapide philosophorum*，205，p.118。

1　“我们的秘密”全都产生于某种“想象”，参见Ripley，288，p.9。

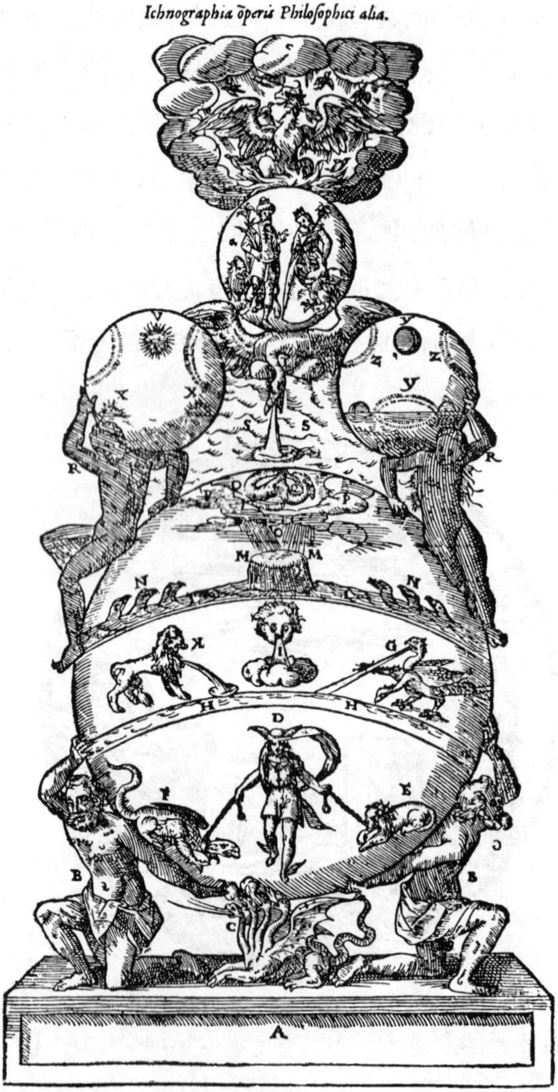

图142　炼金过程中各阶段的序列。引自Libavius, *Alchymia*, 215, Part II, p.55。(关于图中各序列的解释,请参见下一页的表格。)

A	底座或基座,也意味着“土”。
BB	两个巨人或擎天神阿特拉斯单膝跪在基座上,用他们的双手支撑着天体。
C	长着四个头的龙,这个天体就是由它的气息形成的。四种等级的火:第一种,嘴里吐出的气;第二种,精细的烟;第三种,烟和火;第四种,纯净的火。
D	用银链子拴着两个斜躺着的动物的墨丘利乌斯。
E	绿色的狮子。
F	只有一个头的龙。E和F都代表相同的东西:水银,即哲人石的原初物质。
G	长着三个头的银鹰,其中两个头低垂着,而第三个头则把白色的水或水银吐到海中,海的标志是H。
I	风的意象,把精神之气吹送到下面的大海中。
K	红色狮子的意象,红色的血液从其胸部流到下面的大海中,因为大海必须要有颜色,仿佛它是银和金的混合或白色和红色的混合。这个意象可应用于从一开始就寻求三(原则)的那些人的身体、灵魂和精神,或者也可以应用于狮子的血液和鹰的白色石灰。由于它们接受了三,它们才会有一个双重的墨丘利乌斯(水银)。那些接受二的人只能有一个墨丘利乌斯,这个墨丘利乌斯来自一个水晶或来自哲学家尚未准备好的金属。
L	一条黑水溪流,就像在混沌中一样,代表“腐化”。在那里升起一座大山,其下部是黑色的,上部则是白色的,一条银色的溪流从最高处向下流去。因为它是第一次经过分解和凝结的图画,也是由此而引发的第二次的结果。
M	前面提到的大山。
NN	黑色乌鸦的头,从水中伸出来向外看。

（续表）

O	银色的雨水从云中落下，滴落到大山的最高处。有时候这代表通过水银（Azoth）而使拉图（Lato）这座古希腊城市获得食物和清洁，有时候代表第二次分解，气元素就是由此而从土和水中提取出来的。（土是大山的形式，而水则是前面提到的大海的液体。）
PP	云彩——露水或雨水以及有营养的潮气都是由此而来。
Q	一种天国的幻象，一条龙仰面朝天地躺着并且吞噬着自己的尾巴：它就是第二次凝结的意象。
RR	埃塞俄比亚男人和女人，他们正支撑着两个更高的天体。他们坐在那个大天体上，因而代表在第二次腐烂中进行第二次操作的黑化。
SS	一片纯银色的大海，代表水银，药剂就是在这里统一起来的。
T	天鹅在海里游泳，从其嘴里吐出一种奶状的液体。该天鹅就是白色的万灵药、白色的粉末、哲学家的砷、伴随发酵现象出现的白色物质。它必须用它的背和翅膀来支撑最上面的那个天体。
V	日食。
XX	太阳潜入海水中，进入水银之中，在水银中万灵药也必须流动。这会导致真正的日食，在两边各有一道彩虹，表示在凝结中出现的孔雀尾巴。
YY ZZ	月食，在其两侧也同样各有一道彩虹，而且在海水的最下方（也）有一道彩虹，月亮必须潜入海水之中。这就是白色发酵物质的意象。但是两边的海水都应该是相当黑暗的。月亮正在缓缓地降落到大海之中。
a	国王，身着紫红色的衣服，头戴一顶金色王冠，在他旁边有一头金狮子。国王手上有一束红色的百合花，而王后手上有一束白色的百合花。

（续表）

b	王后，头戴一顶银色王冠，轻轻地抚摸着站在她旁边的那只白色或银色的鹰。
c	天体上方的凤凰，正在燃烧自己；许多金鸟和银鸟从灰烬中飞出来。这就是多重性和增长的标志。 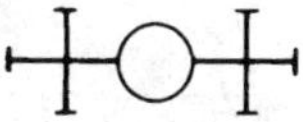

第三章

炼金工作

第一节　方　法

401　炼金术的基础就是炼金工作。这项工作的一部分是实践性的，即操作活动本身，通常被认为是用化学物质进行一系列实验。在我看来，想要在物质和程序都不确定的混沌中建立任何一种秩序，都是相当没有希望的。关于这项工作是怎样进行的，使用的是什么材料，得出了什么样的结果，我们甚至连一种近似的观点也得不出来。当涉及这些物质的名称时，读者通常会发现自己处在最无法理解的黑暗之中——这些物质几乎可能意味着任何东西。而且它们简直就是些最常用的物质，例如水银、盐和硫黄，其化学意义就是炼金术的主要秘密之一。另外，此时我们千万不要认为，炼金术士们必定会相互理解。实际上他们自己也会抱怨一

图 143　炼金术士们正在工作。引自 *Mutus liber*，52，p.7。

些文本模糊不清，有时候他们甚至无法理解他们自己的象征和象征人物。例如，博学的迈克尔·梅耶就抱怨过贾比尔是所有作者中最晦涩难懂的，他说，这需要一个俄狄浦斯来解决这个“斯芬克斯之谜”。[1]另一位著名的炼金术士，特雷维索的伯纳德则走得更远，他把贾比尔称为蒙昧主义者和像希腊海神普罗透斯那样多变的人。他承诺的是谷粒，但给予的是谷壳。

402　炼金术士们明确地认识到，他写得很晦涩难懂。他自己也承认，他是有目的地掩饰他的意思，但是（迄今为止就我所知）他在哪个地方都没有说过，他不能以任何其他方式来写作。他是因为以下非此即彼的观点而把非做不可的事装作出于好心才做的，即，神秘化是出于某种原因而强加给他的，或者，他确

1　Maier，222，p.202：“因为这些书的大多数都写得非常晦涩难懂，以致只有其作者才能理解。”也请参见 Maier，221，p.33。

实想要使真理尽可能地明白易懂，但是他无法大声地宣称，这个原初物质或哲人石究竟是什么。

403 把炼金过程掩盖起来的那种幽深黑暗源自下述事实：虽然炼金术士对炼金工作的化学方面很感兴趣，但他也只是要借此为他真正着迷的心理转换设计专门的术语。可以说，每一位原初的炼金术士，都为自己建构了一个或多或少个人化的知识结构体系，由哲学家们的权威话语和对炼金术基本概念的复合类比组成。通常这些类比俯拾皆是。有些论著的撰写，其目的甚至就是为了给炼金术士提供进行类比的材料。[1]从心理学上讲，炼金术的方法就是一种无限制的放大。在应对某种黑暗的体验时，进行这种"放大"肯定是很恰当的，黑暗的体验如此模糊地勾画出一些轮廓，以致必须通过把它放在心理学背景中进行放大和扩展，才能使之得到全面理解。这就是为什么在分析心理学中，我们在解释梦时必须诉诸"放大"的原因，梦实在是一种太细微的暗示了，只有通过联想和类比的材料使之得到丰富，并放大到理智的高度，才能被理解。这种"放大"就构成了炼金工作的第二部分，而且要通过作为理论家的炼金术士才能被理解。[2]

---

1 "Aurora consurgens", 2, v.

2 Philalethes (6, xiv, p.660): "在我们的原初物质中有许多多余的东西，它们是绝不可能被还原为纯净物的。因此，把它们全都彻底地清洗出来，是很有好处的，如果没有通晓我们秘密的理论，这是不可能做到的。这种理论将教会人们如何把王冠从肮脏的溶剂中提取出来。"而《哲学玫瑰园》，就是在此意义上的那种理论。参见 *Theoretica of Paracelsus*, in Jung, 424。

最初，这种理论就是所谓“炼金术哲学”（Hermetic philosophy），但它很快就通过同化从基督教义中获得的观念而得到了扩展。在西方已知的最古老的炼金术文献中，有关赫尔墨斯的片段记载主要是通过早期的阿拉伯人手稿而流传下来的。炼金术与《赫尔墨斯文集》（*Corpus Hermeticum*）的直接联系直到15世纪后半叶才被确定下来，当时希腊手稿从马其顿传到意大利，被马尔西利奥·菲奇诺（Marsilio Ficino）翻译成拉丁文。

404 构成《黄金三脚架》（*Tripus aureus*, 1678）标题页的插画（图144），就是对炼金术双重面孔的生动图示。这幅画被分成了两部分。[1]右边是一个实验室，里面有一个人，只穿着一件围腰布，正在火炉旁忙活着；左边是一个图书馆，里面有一个修道院院长[2]、一个修道士[3]和一个平信徒[4]，正在一起交谈。中间，那个炉子的上方，立着一个三脚架，上面有一个圆形的长颈瓶，里面装着一条有翅膀的龙。这条龙象征着在实验室里工作时

---

1 在昆哈特的论著中也有类似的插图，参见Khunrath, *Amphitheatrum*, 206（图145）。

2 约翰·克里默（John Cremer），威斯敏斯特修道院院长，生活在14世纪初。他所写的论文《证据》（“Testamentum”），可参见*Musaeum Hermeticum*, 6, xi。

3 巴西尔·瓦伦丁（Basilius Valentinus），一位非常传奇的炼金术作者，但也被认为是多位作者共用的一个伪名。

4 托马斯·诺顿（Thomas Norton），是那本著名的《炼金术序列》（*The Ordinal of Alchemy*, 244）的作者。关于他的问题，请参见Nierenstein and Chapman, 472a。

图144　左侧：图书馆中的三位炼金术士。右侧：炼金术士，或其助手，正在实验室里工作。引自Maier，*Tripus aureus*，卷首插画，in 6，viii，p.373。

的炼金术士的幻象和体验，并且“具有理论化意义”。[1]这条龙本身是一个畸形的意象——一种把蛇的地府原则与鸟的天

1　本韦努托·切利尼（Benvenuto Cellini）关于其父亲的幻象使我们对这种幻象有了明确的观念（135，I，iv，p.6）：“当我大约五岁的时候，我的父亲在我们房子地下室的一个小屋里洗东西，用橡木点燃的旺火在旁边的火炉中燃烧着；他的手上拿着一个中世纪的弦乐器，独自在火炉旁弹奏和演唱。天气非常寒冷。他恰好往火炉中看去，在那些燃烧得最旺的火焰之中，他看见了一个像蜥蜴那样的小东西，这条蜥蜴正在火焰之中游动着。他马上意识到这东西是什么了，于是他把我姐姐和我都叫去，把它指给我们这些孩子看，还在我的两只耳朵上各扣了一个大盒子，这使我声嘶力竭地哭喊起来。这时他非常幽默地安慰我，并且说了下面这段话：‘我亲爱的小男孩儿，我不是因为你做了什么错事而吓唬你，只是想要使你记住，你在火中看到的那条蜥蜴是一个火怪，一个以前我们都非常熟悉，但任何一个人都从未看到过的生物。’在说完这段话之后，他亲吻了我一下并且给了我一些钱。”

图145　实验室与礼拜堂。引自Khunrath, *Amphitheatrum sapientiae*, 206, Tab.III。

空原则结合起来的象征。正如卢兰德所说，它是墨丘利乌斯的一种变形。[1]但是，墨丘利乌斯是以物质形式表现出来的神圣的、有翅膀的赫尔墨斯（图146），是启示（拯救）之神、思想的上帝和至高无上的赫尔墨斯之灵。那种流动的金属，水银

1　*Lexicon alchemiae*, 292.

图146 作为“统一之象征”的墨丘利乌斯。引自Valentinus,“Duodecim claves”,6,ix,p.396。

(argentum vivum),亦即“有生命的银子”,是完美地表现了蛋清之本质的奇妙物质:是在内部闪烁晶莹光芒且生机勃勃的东西。当炼金术士谈到墨丘利乌斯的时候,表面上他的意思是指水银,但在其内心深处,他的意思是指那个被密封和囚禁在物质之中的创造世界的精灵。那条龙很可能是炼金术中最古老的图形象征,对此我们有文献为证。在《马克书简》中(图147),它是以咬尾蛇的形象出现的,其日期可追溯到10或11世纪[1],与之一同出现的还有那个“一即万物”(the One, the

1 Cf. Taylor, 515.

All)的传说。[1]炼金术士们一而再，再而三地重申，炼金过程是从一开始的，并且会再次返回到一[2]，它是一种循环过程，就像龙咬住自己的尾巴一样(参见图20、图44、图46、图47)。由于这个原因，炼金工作也常常被称为“循环过程”，或者也被称为“轮回”(图80)。从这项工作的开始到结束，墨丘利乌斯始终存在着：他是原初物质、乌鸦的头(caput corvi)、黑化；作为龙，他吞噬自己，作为龙他也会死去，并作为哲人石而再次站立起来。它是孔雀尾巴中的那种颜色游戏，而且被划分成四种元素。刚开始的时候他是雌雄同体的，之后他分裂成传统的兄弟—姐妹二元性，并在化合过程中重新结合起来，在结束时又以新生之光的形式，即石头的形式出现。他是金属的但也是液体的，他是物质的但也是精神的，他是冷漠的但也是暴躁的[3]，

图147　咬尾蛇。引自Codex Marcianus，20，liv，fol.188v；in Berthelot，335，p.132。

1　Berthelot，335，p.132.

2　《哲学玫瑰园》(2，xii，p.206)：“所以，在这项自然的工作中，你一定要一心一意，千万不要一会儿尝试这个，一会儿尝试那个，因为我们的这门艺术可不是在事物的多重性中完成的。无论它的名字可能有多么不同，但它始终就是一样东西，而且是从同一个事物中产生的……一就是石头，一就是医药，一就是器皿，一就是方法，一就是倾向。”也参见Reitzenstein，483，p.71；摩利努斯(2，xi，pp.25f.)在其论著中引用了拜占庭皇帝希拉克略(Heraclius)的一段话：“这个精巧的制剂首先是从一个根源开始的，然后(这个根源)扩展成许多事物，再然后则又回复到一。”

3　2，xii，p.210：“因此人们知道了，水银是一种火，它对身体的烧灼比火［本身］更厉害。”

他是毒药但也是治病的圣水——是把所有的对立物都统一起来的一种象征(图148)。[1]

图148　墨丘利乌斯的双蛇杖,他把成对的对立物统一起来。引自“Figurarum Aegyptiorum secretarum”(手稿,18世纪),30(b),p.14。

1　Cf. Jung,425(425a,pp.234ff.).

第二节　物质中的精灵

405 从最古老的时代起，所有这些观念都是炼金术的精神财产。在公元3世纪写作了很多炼金术文献的佐西莫斯，曾在其论文《关于这门艺术及其解释》[1]中引用过一位炼金术领域最古老的权威作者的观点，那位作者就是奥斯坦尼斯，他属于人类文明刚刚破晓的时代，甚至连古罗马时期的学者普林尼（Pliny）都知道他。[2]他与另一位古代炼金术作家德谟克利特的联系，或许可以追溯到公元前1世纪[3]，据说，奥斯坦尼斯曾说过下面这段话：

> 到尼罗河的河水中去吧，在那里你将会找到一块寄宿着精灵的石头。拿着这块石头，把它打开，把你的手使劲插进去，把它的心脏拽出来：因为它的灵魂就在其心脏之中（图149）。[4][一位编校者做了补充：]他说，在那里你将会找到一块寄宿着精灵的石头，这指的是把水银驱赶

1　Berthelot，335，III，vi，5.

2　有一个据说是奥斯坦尼斯写的阿拉伯语的文本，参见Berthelot，334，pp.116ff.；还有一个希腊语文本，参见Berthelot，335，IV，ii。

3　Lippmann，451，p.334.

4　Maier，222，p.19；Raymond Lully，4，vi，Ch.47.

图 149　生病的国王(原初物质),行星—孩子从他的心脏中获得王冠。引自“La Sagesse des anciens”(手稿,18 世纪),20,xviii。

出来。[1]

406　尼采在《查拉图斯特拉如是说》(*Zarathustra*)中写下的

1　Berthelot,335,III,vi,5.

那个给人留下深刻印象的隐喻，“在我看来，意象就沉睡在石头中”，说的也是同样的事情，只不过是以另外一种方式表达出来的。在古代，物质世界中充满了被投射的心理奥秘，从那时开始，这种奥秘就表现为物质的秘密，而且一直保持到18世纪炼金术开始衰退。尼采试图凭借其心醉神迷的直觉，从长期以来一直在沉睡的这块石头中获取超人的秘密。正是在与这个意象的相似性中，他希望创造出那个超人，用古代的语言来说，我们可以把这个超人称为神圣的人。但在古代炼金术士们看来，这是另外一码事，他们是要寻找那块包含灵魂实质的奇妙石头，为的是要从中获得那个能够穿透所有物质的物质（因为它本身就是那个穿透石头的“精灵”），该物质还能通过色彩变化过程把贱金属转化为贵金属。这个“物质精灵”就像水银一样，它在矿石中潜藏着，谁也看不见，要想在物质中发现它，就必须把它驱赶出来。拥有这把能刺穿墨丘利乌斯之剑的人（图150），可以把它“投射”到其他物质之中，并把它们从不完善状态转化为完善状态。[1]这种不完善状态就像睡眠状态一样；物质躺在里面就像“睡觉的人被拴在冥府之中”[2]（图151），而当他苏醒过来，就会像是饮用过从那块受灵感启发的石头中抽取出来的神圣药剂一样，从死亡状态转化为一种新的和更加

1 为了表达哲学意义上的墨丘利乌斯是如何变成贱金属的，炼金术士们竟然采用了“投射”这个术语，这确实非常令人惊奇。

2 Berthelot，335，IV，xx，8.

图150　被刺穿的墨丘利乌斯。引自"Speculum veritates"(手稿,17世纪),20,liii。

美好的生命状态。显而易见,在这里我们有一种倾向,不仅要把心理转换的秘密定位在物质之中,而且与此同时还要把它用作一种"理论"来影响化学变化。

407　正如尼采绝对肯定的那样,谁也不能错误地把超人理解为一种精神的或道德的理想,所以,需要强调的是,这种药剂或圣水绝不仅仅是有疗效的和很昂贵的,它还可能是一种致命的毒药,可以像普纽玛(灵魂)穿透哲人石那样普遍性地穿透其他实体。[1]

408　佐西莫斯是一位深受赫尔墨斯影响的诺斯替教派人士。

1　335,III,vi,8.

图151　在地下世界中的被囚禁者。引自Izquierdo, *Praxis exercitiorum spiritualium*, 198, p.72。

在他写给“尊敬的上帝”(Theosebeia)的信件中，他推荐使用“双耳喷口杯”(Krater)作为转换用的器皿：他说，她应该赶快到神之意志(Poimandres)那里去，以便在双耳喷口杯里接受洗礼。[1]

409 在那篇名为《真实》的论文[2]中，这个双耳喷口杯指的是赫尔墨斯给透特(Thoth)讲述的那种神圣的器皿。在把世界创造出来之后，上帝在这个器皿中装满了努斯(Nous，意义等同于普纽玛)，并把它作为一种洗礼用的水池送到大地上。因为人类希望使自己从其自然的、不完善的、睡眠的状态(或者我们也可以说，不充分的意识状态)中解放出来，于是上帝就给人类提供了一次机会，使人在努斯中浸洗他自己，并由此获得更高级的认知状态，亦即获得启蒙或更高级的意识(图159)。因此，努斯是一种使低贱的物质变得高贵的颜料、染料或药剂。其功能完全等同于从哲人石中提取的万灵药，这也是一种普纽玛，而且，作为墨丘利乌斯，他还具有炼金术的双重意义，亦即，使死人获得超度[3]并生产出水银(图152)。

---

1 335，III，li，8.

2 Scott，502，I，pp.149ff.

3 在这里我们很可能进入了新毕达哥拉斯学派的观念领域。遍布全身的普纽玛(灵魂)的穿透性质，可以在埃奈西德穆(Aenesidemus)那里找到(Zeller，536，III，p.26)。他还谈到过“Aer”(气)，那个与斯多葛学派的普纽玛相对应的原初物质(p.23)。赫尔墨斯的普纽玛的(风)属性(参见图210、图211)是用他的翅膀来表示的，根据亚历山大·波利伊斯托(Alexander Polyhistor)的观点，赫尔墨斯引导灵魂达到至高之处(p.75)，但是不纯净的灵魂被厄里尼厄斯(Erinyes)用不可打开的镣铐囚禁在地下世界里，就像科马里奥斯(Komarios)论文中的那个“被铁链锁在冥府中的”不完善的人一样(参见图151)。

图152　上方：萨图恩在吃自己的孩子，洒下水银之水（即处女之乳，燃烧之酒）。下方：死者在洗浴中获得重生。引自Aquinas，“De alchimia”（手稿，16世纪），20，ix，fol.73。

410 因此，显而易见，佐西莫斯曾持有某种神秘哲学或诺斯替教哲学的观点，他把这种哲学的基本理念投射到物质之中。正如我已经指出的，当我们谈到心理投射的时候，我们必须时刻牢记，这是一个无意识的过程，只要它处在无意识状态，它就会发挥作用。因为佐西莫斯和其他所有炼金术士一样，不仅相信其哲学能够应用于物质，而且相信这个过程也会在其中发生，并使其哲学假设得到证实。因此，他必定曾经在物质本身之中体验到，在物质的行为与他自己心理中的事件之间至少存在着某种同一性。但是，由于这种同一性是无意识的，佐西莫斯也不可能做出比其他人更多的说明。在他看来，这种同一性就在那里，它不仅可以用作桥梁，而且实际上就是桥梁，把心理和物质事件统一成为"一"，这样一来，"内部的东西也就成为外部的东西了"。但是，不能被意识心灵理解的某一无意识事件，或多或少地总会在某个地方自行表现出来，这种表现可能是在梦中、在幻象中或者是在幻觉中。作为上帝之子的普纽玛下降到物质之中[1]，然后把自己从中释放出来，以便使所有的灵魂得到治疗和拯救的这个观念，就具有被投射的无意识内容的特质（图153）。这种内容是一种从意识中分离出来的自主性复合物，在心理的非自我中过着自己的生活，每当它以任何方式

1 上帝以灵魂—火花（scintillae）的形式弥漫在世界上，这一神秘学观念与诺斯替教关于"Spinther"的观念极为类似。

图153　炼金术士把小矮人(哲学之子)从炼金术器皿中取出,并把他举起来。引自Kelley,*Tractatus de Lapide philosophorum*,205,p.108。

聚集起来的时候(即,每当它受到外部世界中某个与它相类似的事物的吸引时),它就会马上把自己投射出去。新毕达哥拉斯学派的人为这种普纽玛的心理自主性提供了证明;按照他们的观点,灵魂被物质吞噬,只有心灵(努斯)残留了下来。[1]但是,努斯在人的外部:努斯就是人的魔鬼。人很难更恰当地阐述其自主性。努斯似乎就等同于神圣的原人(Anthropos)。他和造物主一起出现,是行星天体的对手。他把那些天体的圆环

1　"努斯"和"普纽玛"的概念在哲学理论的综合中被运用得十分杂乱。普纽玛最古老的意思是指风,这是一种气体现象;这可以解释为什么"Aer"(气)等同于普纽玛(Zeller, 536, III, p.23)。而在阿那克西米尼(Anaximenes)那里,原初物质就是"气"(Ibid., I, pp.713ff.),在阿那克萨戈拉(Anaxagoras)的学生,米利都的阿凯劳斯(Archelaus of Miletus)那里,上帝就是气和努斯。在阿那克萨戈拉看来,创造世界的就是努斯,他在混沌之中创造了旋涡,从而使以太与气产生了分离(Ibid., I, pp.687ff.)。关于在哲学理论综合中的普纽玛概念,请参见Leisegang, 449, pp.26ff.。

扯断，并且向下沉到土和水中（即，他想要把自己投射到元素之中）。他的阴影落在土地上，他的意象却在水中反射出来。这激起了他对这些元素的喜爱，而且他是如此迷恋这种神圣的美反射出来的意象，以致他很乐意和它居住在一起。不过，当菲西斯（Physis）充满激情地拥抱他时，他却很难把脚踏到大地上。从这种拥抱中诞生了七个雌雄同体的存在。[1]这七个存在显然就是对那七颗行星的隐喻，因而也是对金属的隐喻（图154、图155；也参见图21、图79），按照炼金术的观点，这些金属源自雌雄同体的墨丘利乌斯。

图154、图155　国王和六颗行星或六种金属在一起；获得新生的国王（哲学之子）正在接受六颗行星的崇拜。引自Kelley, *Tractatus de Lapide philosophorum*, 205, pp.122, 125。

1　Schultz, 501, p.64; Reitzenstein, 485, p.50. 按照新毕达哥拉斯学派的观点，雌雄同体是神的一种属性，参见Nicomachus, in Zeller, 536, III, p.107。

411 在这些幻觉意象中，当原人瞥见他自己的反射时，表达的就是自主内容的无意识投射这个整体现象。这些神话图像就像梦一样，既告诉我们发生了某种投射，还告诉我们什么东西被投射出去了。当代的证据表明，这就是努斯，那个神圣的魔鬼、原人、普纽玛等。就分析心理学采取的现实主义立场而言，即，假设心理内容就是现实，那么所有这些人物代表的都是人格的无意识成分，这种人格可能具有更高级的意识形式，可以超越普通人的意识。经验表明，这些人物表达的必定是还没有成为意识的那些更高级的洞见或属性；能否在这个词的恰当意义上把其归因于自我，这确实是非常值得怀疑的。对于外行来说，这个归因问题可能只是一个吹毛求疵的问题，但在实际工作中它具有非常重要的意义。错误的归因可能会导致危险的膨胀（inflation），这种膨胀对外行来说无关紧要，但这只是因为他对可能出现的内部或外部灾难还一无所知。[1]

412 实际上，我们在这里处理的是一种内容，到目前为止，人们还很少把这种内容归因于人的任何人格。一个最大的例外就是耶稣基督。作为太阳之子，亦即作为上帝之子，他是上帝—人类的具体体现，作为通过“普纽玛”而受孕的逻各斯的化身，他也是神圣努斯的一个化身。

1 膨胀效应是指，一个人不仅会“膨胀起来”，而且有点“膨胀过头”的意思，这可能会导致轻率的攻击，或者导致从楼梯上掉下去，扭伤脚踝，被椅子绊倒，等等。

413 所以，基督教的投射是在人一无所知的事情上发挥作用的，或者是在一无所知的人身上发挥作用的，人也就成为“可怕的而又听不到的秘密”的承载者。[1]另一方面，异教的投射则超越了人，在物质世界的未知事物上发挥作用，就像被上帝选中之人一样，在这个未知的物质中或多或少地充满了上帝。正如在基督教中上帝把自己密封在较低级的人身上一样，在哲学中，它则把自己隐藏在不恰当的石头之中。[2]在基督教的投射中，“神圣灵魂的下降”最终会停留在那位被选中之人的活着的身躯上，这个被选中之人马上就变成了那个人和那个上帝，而在炼金术中，这种下降要直接抵达无生命物质的黑暗之中，根据新毕达哥拉斯学派的观点，那片区域是由邪恶控制的。[3]邪恶和物质共同构成了“二联体”(Dyad)，即二元性(图156)。在本质上这就是女性，就是世界灵魂，就是渴求拥抱“一”和“单子”(Monad)，拥抱善和完美的女神菲西斯。[4]诺斯替派的尤斯廷把它描述为恶魔猎手(Edem)，其上半身是处女而下半身是蛇(图157)。[5]她之所以报复性地与普纽玛争斗，是因为后

1 Berthelot, 335, IV, xx, 8.

2 “无用的、难看的石头。”

3 Zeller, 536, II, p.152.

4 Ibid., III, pp.99, 151.

5 Hippolytus, 186, V, 26, 1. 炼金术将恶魔猎手这个主题应用于墨丘利乌斯，因为后者同样表现为上半身是处女，下半身是蛇。在帕拉赛尔苏斯那里，这就是美人鱼梅露西娜的起源(参见Jung, 424)。

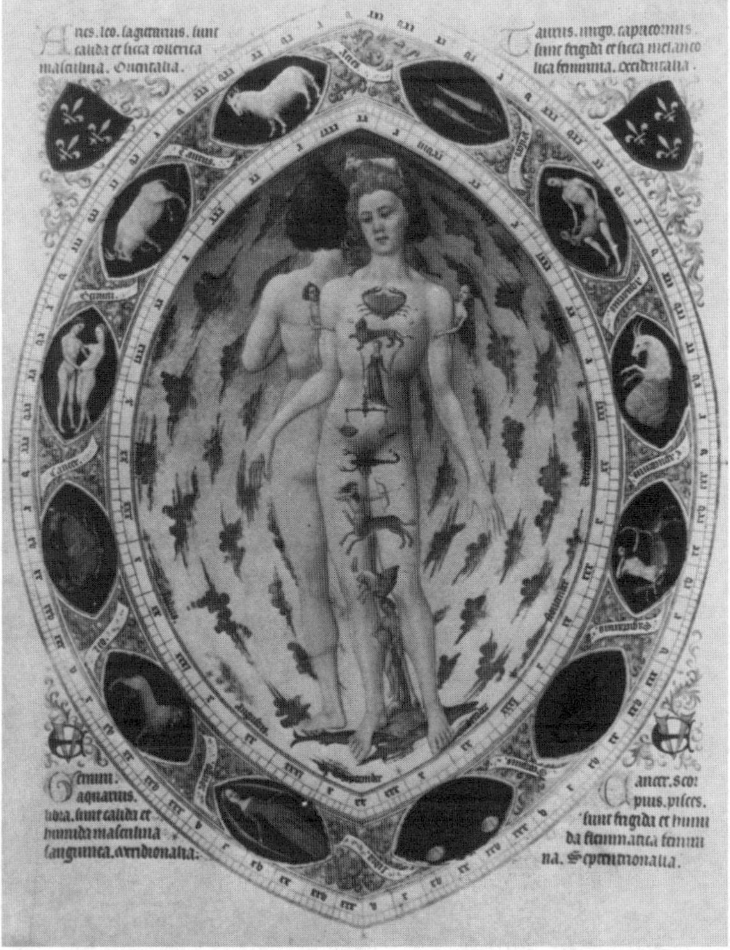

图156　二元性(白天和黑夜):人与星座之间的对应关系的象征性表征。引自Chantilly,“Très riches heures du Duc de Berry”(手稿,15世纪),fol.14v;参见Durrieu,370,Plate 13。

图157　墨丘利乌斯精灵。引自“Figurarum Aegyptiorum secretarum”（手稿，18世纪），30（b），p.1。

者曾以造物主的形式，即上帝的第二种形式，不忠诚地抛弃了她。她是“被囚禁在元素之中的神圣灵魂”，炼金术的任务就是把这一灵魂拯救出来。[1]

第三节　拯救工作

414 现在，所有这些神话图片代表的是深层意识内部上演的一出关于人类心理的戏剧，表示人既是被拯救者也是拯救者。第一个对此进行详尽阐述的主题是耶稣基督，第二个则是炼金术。在第一种情况下，人把对拯救的需要归因于他自己，而实施拯救的行为，即实际的操作过程，则留给那个自主的神圣人物；在第二种情况下，人承担起实施拯救工作的职责，而把遭受的痛苦和对获得拯救的需要归因于被囚禁在物质中的世界灵魂。[2]

415 在这两种情况下，拯救都是一种行为或一项工作(图158)。在基督教中，作为一种独一无二的牺牲，上帝之子的生和死会导致人的和解，因为人渴望获得拯救并且和上帝一起沉降到物质之中。广义地讲，上帝之子的自我牺牲这种神秘效应会扩展到所有的人，尽管这种现象只对那些通过信仰而顺从的

1　关于拯救神圣灵魂的主题，可参见Book of Sophe(Berthelot，335，III，xlii，1)。

2　后期的诺斯替教人士形成了一种与炼金术的观点非常类似的观点。参见Gaugler，390，pp.279ff。

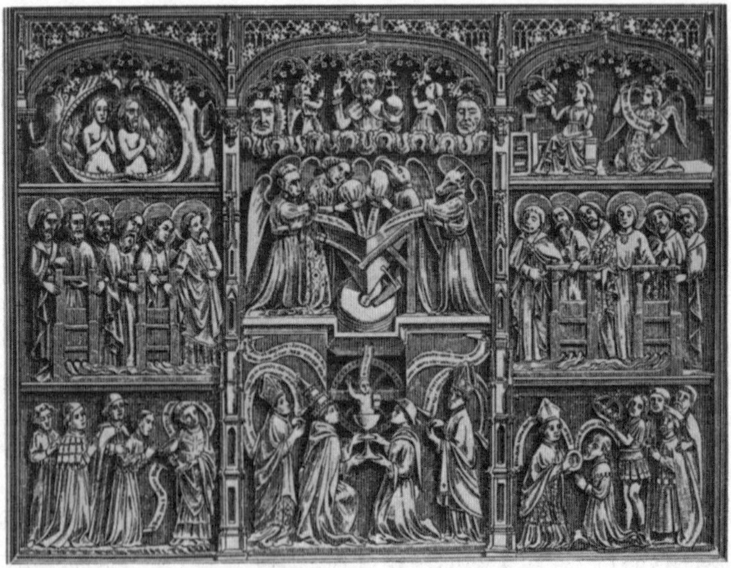

图158　“主的磨坊”(Mill of the Host)。以画卷形式展现的主的话语,被四个福音传教士倒进一个磨盘中,话语变身成婴儿耶稣基督后在圣杯中现身(参见《约翰福音》,1∶14:“这句话被制作成肉身……”)。引自Molsdorf,467,Plate 8,fig.108。

人或那些被神圣恩泽选中的人才是有效的;但是在使徒保罗的承诺中,这种现象看起来像是一种复原(apoctastasis),而且也可以扩展到一般的非人类造物上,在不完善的状态下,这种非人类的造物,就像纯粹的自然人一样等待着拯救。当上帝之子,作为玛利亚的儿子,进入她的身体,她是“童贞圣母”和以其最高形式表现出来的物质的代表,此时,通过事件之间的某种“共时性”(synchronism),人,即沉浸在肉欲世界中的灵魂的承载者,便与上帝建立了某种潜在的联系;而且,当永恒的上帝之子在经历了牺牲死亡之后重新回到父亲身边时，在这一刻，人至少潜在地得到了完全的拯救。

416 这种神秘主义思想在关于奥西里斯（Osiris）、俄耳甫斯（Orpheus）、狄俄尼索斯（Dionysus）和赫拉克勒斯（Hercules）的神话中已有所预见，在希伯来预言家关于弥赛亚的概念中也已经被预见到。[1]这些预言可以追溯到原始的英雄神话，在这些神话中死亡的征服者已经是一个重要因素。[2]还值得一提的是指向阿提斯（Attis）和密特拉神（Mithras）的投射，与基督教的投射一样，也是或多或少有些当代性的。基督教的投射不同于所有这些拯救和转换的神秘表现，其是借助于耶稣这个历史性人物而进行的。神秘事件是通过上帝的肉身化表现出来的，并且因此作为一种独特和神秘的现象进入了世界史领域。

417 在神圣英雄这类角色中，上帝本人也要与他自己的不完善进行斗争，也要经受痛苦并作为一个生命活着；他甚至把遭

1 这种类似性的要点在于：在奥西里斯那里表现为，他的那种兼具上帝与人的性质，保证了人类的长生不死，他所具有的谷物特点，他的肢解和复活；在俄耳甫斯那里表现为，把猛兽驯服，渔民，好牧羊人，智慧的教师，撕裂；在狄俄尼索斯那里表现为，他喝酒的特点，那些心醉神迷的启示，鱼的象征作用，肢解和复活；在赫拉克勒斯那里表现为，他隶属于欧律斯透斯（Eurystheus）和翁法勒（Omphale），他的劳作（主要是为了把受苦的人性从各种邪恶中拯救出来），通过他的旅行而形成的十字架（参见Eph.，3：18），他在火焰中的死亡和升华是在神性中达到终极的。

2 例如，参见波利尼西亚关于毛伊岛（Maui）的神话（Hambruch，403，p.289）。更多的材料也参见Frobenius，389。

受痛苦的状况强加在他自己身上，通过这种牺牲行为来完成这一伟业，即获得拯救和战胜死亡。对于这种完全形而上学的工作的真实表现，人是无力对此做出任何真正具有决定意义的事情的。他凝望着他的拯救者，充满了信仰和信心，以“模仿”的方式做了他能做的一切；但是这样做绝不可能达到这样的地步，即人自己成为拯救者，或者至少成为他自己的拯救者。不过，对于信仰者来说，进行完全的模仿和重新确立耶稣基督的地位，不可避免地会导向这种结论。但这是绝对做不到的。如果这种事情真要发生的话，那么耶稣基督就会在信仰者身上重新确立他自己的地位，并且取代信仰者自己的人格。如果不是因为教会的存在，我们就会不得不满足于这种说法。教会这一组织机构存在的意义无非是使耶稣基督的生命及其牺牲功能得以永恒延续。在这项“神圣职责”(officium divinum)中，或者用本笃会(Benedictine)的说法，这一“神圣的工作”(opus divinum)，即耶稣基督的牺牲、拯救行为，会以仅保留牺牲的形式重新展现并不断重复，这种牺牲无论何时何地都是由耶稣基督本人完成的，当次如此，再次亦然。这个超自然的过程是以弥撒的仪式为代表的。在仪式行为中，看起来是牧师在把神秘事件表现出来，但真正的执行者是耶稣基督，后者随时随地都在牺牲自己。虽然他的牺牲是即时出现的，但本质上也是永恒的。按照托马斯主义者(Thomist)的观点，弥撒并不是耶稣基督身体的真正牺牲，而是对其牺牲的“重新展现”。[1]要不是考虑到仪式所提供的这些元素（面包和酒）在“变体论”（transubstantiation）中的意义，这样的解释也就足够了，而且也是始终一致的。这种提供意味着它是一种“sacrificium”（牺牲），字面的意思是“使之变得神圣”。意为牺牲的“Opfer”这个德文词的词源还不清楚，无论它是源自“offerre”（提供），还是源自“operari”（产生影响，使之活跃），总之都是一个悬而未决的问题。古语“operari Deo”的意思是服务于神祇或者为他牺牲。但是，如果这种牺牲是指一种工作，那么它就绝不仅仅是一种“奉献”（oblatio），用于提供诸如面包和酒这类简陋的礼物。它必须是一种有效的行为，为牧师在仪式上讲的话提供某种因果关联。所以，我们不仅要把“献祭”这个词看作“变体论”的代表，而且要看作“变体论”的动力因（causa efficiens）。这就是为什么耶稣会神学家莱修斯（Lessius）把献祭时使用的这些词称为“剑”的原因，祭祀羊就是用剑宰杀的。[2]在关于弥撒的文献中，所谓屠宰（宰杀）的理论占据着很重要的地位，尽管由于反对的声音日益增长，这种观点并没有被普遍接受。或许其中表述最清楚的是古希腊的仪式，塞萨洛尼基的尼古拉斯·卡巴希勒斯大主教就对此做过

1 Hauck，409，XII，p.689，35：“这种圣餐的仪式是一种意象，代表着耶稣基督的激情，这才是他真正的献祭。”

2 这一观点在伯龙（Beuron）版本的《弥撒经书》中得到承认（p.x）。

描述。[1]在弥撒的第一部分(即准备阶段),不是把面包和酒放在主祭坛上,而是放在餐具柜上。牧师在那里切下一片面包并且重复以下这句话:“他是一只羊,把他领到宰杀者跟前去吧。”然后,他把面包放在桌子上,又重复说:“上帝的羔羊被牺牲了。”然后把十字标志印刻在面包上,把一个小型的矛状器具刺入它身体一侧,又重述了这句话:“但是其中一个士兵用长矛向他的身体一侧刺去,把长矛拔出来时带出来一些血和水。”在说这些话时,他把水和酒混合在圣餐杯之中。就这样,用牧师拿来的供应之物,经过庄严的程序,便制作成了祭品。(在这里,供应之物,就代表给与者,而献祭的对象耶稣基督同时也是被牺牲者。)所以牧师要重现这个传统事件,而对耶稣基督而言,处在圣礼仪式状态下的他拥有一个真正的身体生命[2],人们可能会说,这里发生的是对他身体的一次物理性杀戮。[3]这

1 Kramp,443,p.114.

2 Cardinal Alvarez Cienfuegos(in Hauck,409,XII,p.693,59):“一种真正的身体生命,被感觉所理解或者依赖于感觉。”

3 Cf. “Vita S. Brendani”, *La légende latine de S. Brandaines*(47),p.12:“圣布伦丹对兄弟们说:‘让我们来做这件神圣的工作吧,把一只洁净的羊献祭给上帝,因为今天是最后的晚餐。’之后他们一直在那里待到复活节前的星期六。他们在那里还发现了很多群同一种颜色的羊,即白色的羊,他们甚至看不见大地,因为羊的数量太多了。这位圣人把兄弟们召集在一起,对他们说道:‘从这些羊群中选出你们节日所需的东西吧。’他们各选中一只羊,当他们抓住羊角时,羊顺从得仿佛是一只家畜,乖巧地跟在他们身后。他说道:‘选一只洁净的羊吧。’当他们按照上帝的命令办完事之后,他们就为后天的任务准备好了一切。”Ibid.,p.34:“他们立刻唱起了三首颂歌‘请赐福于我,哦,上帝’,‘上帝啊,您是我们避难的港湾’,以及‘哦,上帝,我的上帝’;在第三时(terce)还有另外三首歌,‘哦,拍拍你的手,为了你们所有的民族’,‘拯救我,哦,上帝,以您的名(转下页)

种杀戮的发生，是由于牧师讲的那些祭神的话，以及牧师击刺供应之物的行为导致了“变体论”所描述的那种“圣餐化体”。后者是元素的一种转化，从一种自然的、肮脏的、不完善的物质状态转变成一种不可见的身体。用小麦做成的面包代表的是身躯，而酒则代表血液、灵魂。在“圣餐化体”之后，把其中的一块面包混合到红酒中，就产生了灵魂与身体的“化合”（图159），这也确定了耶稣基督身体的复活，即教会的统一。

418 圣安布罗斯（St. Ambrose）把这种转换仪式中的面包称为“药”（medicina）。它是“万灵药”，也是长生不老之药，在“圣礼”（communion）活动中，这种“药”能在信仰者的内心和外部产生其独特效用——把身体与灵魂统一起来。这种效用采取的是使灵魂得到治愈，使身体焕然一新的方式。关于弥撒的文本向我们说明了它的意义：

> 通过这种水与酒的秘密，我们可能会加入到上帝的神性之中，因为上帝承诺要成为我们人性的参与者……

419 或许在这里可以允许我介绍一种个人的观点。作为一个新教徒（Protestant），当我第一次参与奉献仪式（Offertory），

（接上页）义’以及‘我已经恋爱了，因为’，哈利路亚。然后他们献上了洁净的羔羊，他们都来参加圣餐仪式，嘴里说着：‘这就是上帝，我们的救星那神圣的身体，把血液输送到你身上令你获得永生。’”

图159　灵魂与身体的化合：炼金术婚姻洗浴的一种宗教版本。引自“Grandes heures du Duc de Berry”（手稿，1413年），20，xxxv。

以下文字对我确实是一种启发：“哦，上帝啊，是他神奇地创造了人类本性的尊严”，以及“上帝承诺要成为我们人性的参与者”。人性的尊严是多么令人尊敬啊！“一面是天主，一面也是人”（Deus et homo）。那个没有价值的罪孽深重的人在这里没有藏身之地，新教教义在过去经常诽谤他，而现在也随时准备再次对他进行诽谤。另外，人注定会使自己值得成为神性的参与者。在某种意义上说，这正是牧师在表演牺牲的秘密时所做的，他代替耶稣基督成为牺牲品，当全体教徒吃下其神圣化的身体，他们便在物质中分享了其神性。

420 通过宣讲能够带来转换的那些献祭的话语，牧师就把面包和红酒从它们作为被创造物的基本不完善状态中拯救出来。这种观点并不是基督教的观点；它是炼金术的观点。虽然天主教强调耶稣基督确实存在，但炼金术感兴趣的是物质的命运和获得明显的拯救，因为神圣的灵魂就被囚禁在物质之中，等待着拯救的到来，即获得释放的那一刻。此时被捕获的灵魂是以“上帝之子”的形式出现的。对炼金术士来说，需要得到拯救的并不是人，而是那个已经失去了的并且在物质中安睡的神性。只有在进行更进一步的思考时，他才希望自己能够从转换的物质中获得某种类似“万灵药”的好处，就像那些不完善的身体，那些贱金属或“生病的”金属等能从中获得的好处一样。他所关注的并不是通过上帝大发慈悲来使他自己获得拯救，而是想要把上帝从物质的黑暗中解放出来。通过使自己致力于这项创造奇迹的工作，他可以从其有益健康的效果中获益，但这种情况只是偶尔发生。他可能一开始是作为一个需要得到拯救的人而从事这项工作的，但他知道，他获得拯救依赖于这项工作能否获得成功，依赖于他是否能把那个神圣的灵魂解救出来。为了达到这个目的，他就必须沉思、斋戒和祈祷；另外，他还需要得到作为其"父亲"的圣灵的帮助。[1]由于最终必须得到拯救的并不是人，而是物质，因此在转换中表现出来的精灵就不是"人之子"，而是，正如昆哈特非常恰当地指出的，"宏观世界之子"。[2]所以，从转换中产生出来的东西并不是耶稣基督，而是一个被称为"哲人石"的妙不可言的材料，除了具有身体、灵魂、精神和超自然的力量之外，它还表现出一些自相矛盾的性质（图214）。若不是因为它起源于异教，而且要比弥撒更古老得多，人们很可能会倾向于把炼金术转换的这种象征作用解释为对弥撒的拙劣模仿。

421 隐藏着这种神圣秘密的物质俯拾皆是，包括在人的身体中也随处可见。[3]既可以通过请求而被获得，也可以在任何地方被发现，甚至在最令人厌恶的污秽之物中也可以找到（图256）。在这种情况下，炼金工作就不再是一种起仪式作用的行为，而是上帝自己通过耶稣基督这个榜样，在人类身上完成的那种相同的拯救工作，这一点如今已经被哲学家认识到了，因而哲学家把圣灵之礼物（donum spiritus sancti），即神圣艺

1 这里的"父亲"指的是布道的精灵。昆哈特等人都是这样认为的。

2 *Von hylealischen Chaos*, 207, p.59；也参见Morienus（2, xi, p.37）："因为这块石头包含着四种元素，它被世界所同化，同时也是世界的组成部分。"

3 摩利努斯对卡里德国王说（2, xi, p.37）："因为这种物质是从你身上提取出来的，你就是它的矿床（即未加工的物质）；他们在你身上发现了它，我还可以说得更明白些，他们从你身上取走了它。当你对它进行测试时，它的爱将会在你身上增加。而且将会知道，这仍然是真实的和不容置疑的。"

术，作为他自己的个人工作来接受。炼金术士强调的是这种观点："通过另一个人的精神以及借助于他人之手而从事工作的人，他所获得的结果将远离真理；相反，将工作交给在实验室里担任助手的另一个人，他就绝不可能获准得到王后的奥秘。"[1]我们可以引用卡巴希勒斯的话："作为国王，当他们把一件礼物带给上帝时，他们需要自己保存好，不要使它被别人得到。"

422 实际上，炼金术士确实是一些隐士[2]；每个炼金术士都以自己的方式讲自己的话。[3]他们几乎没有学生，直接传承下来的似乎非常之少，也没有多少证据证明他们有任何诸如此类的神秘学会。[4]每个炼金术士都只在自己的实验室里工作，忍受着

---

1 Maier, *Symbola aureae mensae*, 222, p.336.

2 Khunrath, 207, p.410："所以，即使是在实验室里你也要独自一人工作，没有合作者，也没有助手，如此，上帝才不会把这门艺术从你身上撤销，因为他可能并不想把这门艺术传授给你的助手。"

3 Geber, 4, iv, p.557b："因为我们传递的这门艺术是我们自己研究出来的，所以要传递给我们自己，而不是传递给其他任何人……"

4 当然，我需要把佐西莫斯曾谈论过的玫瑰十字会（Rosicrucians）和《赫尔墨斯总集节选》（*Poimandres*）的时代放在一边。在这两个相隔很远的时代之间，我只发现了一段可疑的话（"Practica Mariae Prophetissae", 2, vii, p.323, 参见图78），哲学家阿洛斯（Aros）询问女先知玛利亚："哦，夫人，你服从于'Scoyarus'的社会了吗；哦，女先知，你发现了哲学家的秘密了吗……""Scoyaris"或"Scoyarus"这个词使人想起了在帕拉赛尔苏斯作品中那个神秘的"Scayolus"，在该作品中，这个词意味着"专家"。（"Scayolae"是更高级的精神力量或原则，参见Jung, 424。）这里或许存在着某种联系？不管怎么说，这似乎是对某一社会（societas）的隐喻。但是，先知玛利亚的这篇论文可能太过于古老，甚至可以追溯到诺斯替教的社会。阿格里帕（Agrippa, 93, Ch.XC）曾提到过一种炼金术首创的誓言，这种誓言可能暗指了一些神秘社会的存在。韦特（Waite, 524）则在这一观点上得出了一个消极的结论。更多细节请参见Jung, 424。

孤独寂寞之苦。另一方面,争吵是非常罕见的。他们写出来的东西也基本上不存在争议,他们相互摘引的方式表明,他们对某些主要原则有令人惊奇的一致看法,尽管人们可能无法理解,他们真正一致赞同的究竟是什么。[1]那些如此经常地对神学和哲学造成破坏的争论和“抬杠”在炼金术中几乎没有。其原因很可能在于,“真正的”炼金术绝不是一种生意或职业生涯,而是一项通过默默无闻的、自我牺牲的工作而获得的真正的“艺术”。人们会留下这样的印象,每一个人都想要表达自己独特的体验,只有当那些大师的言论似乎能够提供类比的时候,他们才会引用这些大师的言论。

423 从最早期的时代开始,所有的炼金术士就一致认为,他们的艺术是神秘而又神圣的,而且,他们的工作只有凭借上帝的帮助才能完成。[2]他们的这门科学只提供给少数人,除非上帝或某个大师公开了其经验,否则谁也无法理解它。[3]获得的知识是不可能传递给别人的,除非这些人值得获得这种知识。[4]由于所有的基本知识都是以隐喻的形式表达出来的,所以只

---

1 从这一点上说,《哲人集》是非常有教育意义的。

2 Morienus, 2, xi, p.37:“教育是一种秘密的上帝之荣耀。”“Consilium coniugii”, 1, iv, p.56:“上帝的恩赐与秘密。” *Rosarium*, 2, xii, p.280:“这个神圣的秘密是上帝给与的,在这个世界上,除了理性灵魂之外,再也没有什么东西能比它更高贵了。”

3 2, xii, pp.212, 228.

4 Ibid., pp.219, 269.

能把它们传递给那些拥有理解天赋的智者。[1]愚蠢的人只会因为字面解释和秘方使自己沉迷，并且陷入错误之中。[2]在阅读文献时，一定不要满足于只看一本书，而是必须要拥有好多本书[3]，因为“一本书会把另一本书打开”。[4]另外，一个人也必须认真地、一段一段地阅读；这样他才能有所发现。[5]众所周知，术语是相当不可靠的。[6]有时梦寐以求的物质的本质将在梦中得到揭示。[7]哲人石或许可以通过神圣的启示而被发现。[8]实践这门艺术是一条艰苦的道路[9]，也是最漫长的道路。[10]除了无知者之外，这门艺术并没有任何敌人。[11]

424 毋庸讳言，和在其他文献中一样，在炼金术的文献中既有好作者，也有不好的作者。有些作品是在欺骗读者。这些低劣

---

1 2，xii，p.230. 按照贾比尔的观点，炼金术比所有其他科学都要高级（Berthelot，334，III，p.214）。据说贾比尔是一个基督教徒或信仰真主的塞比教徒（参见Ruska，490，p.38）。席尼西斯（Synesius）也曾求助于理智（Berthelot，335，II，iii，16）。奥林匹奥德鲁斯甚至把这门艺术与神圣理智相比较（Ibid.，II，iv，45），而且求助于他的“公众理智”（Ibid.，II，iv，55）。基督徒也很强调理智（Ibid.，IV，i，4；iii，2）。也参见“Aurora consurgens”，2，v：“人必须非常聪明和巧妙地使理智变得敏锐起来。”

2 *Rosarium*，2，xii，p.210.

3 Hoghelande，4，i-a，p.342.

4 这句话引自Bonus，4，viii，Ch.VIII。

5 *Rosarium*，2，xii，p.230.

6 Ibid.，pp.211，243，269.

7 Sendivogius，4，xiii-a，p.475：“在梦中多次展示给你看的哲学之水。”

8 Figulus，161，Ch.XI.

9 “Tractatus rhythmicus”，74，Part I，p.58.

10 *Rosarium*，2，xii，p.230.

11 Arnold of Villanova，in *Rosarium*，p.210.

的作品可以通过如下方法很容易识别出来：他们的那些无止境的秘方，他们的那种不认真和没有受过教育的文笔，他们那过于刻意的故弄玄虚，他们的极度愚钝，以及他们寡廉鲜耻地坚持制作金子。好书也必然能够通过作者的勤奋、仔细和可见的心理奋斗而被识别出来。

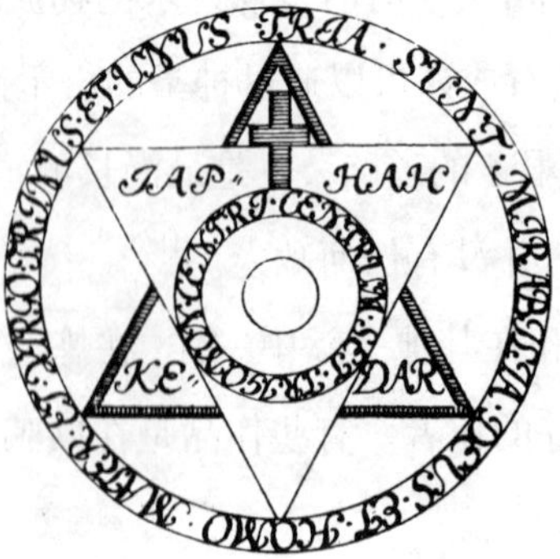

图160　这门艺术是水火统一的象征。引自Eleazar, *Uraltes Chymisches Werk*, 153, p.9。

第四章

原初物质

第一节　物质的同义词

425　炼金工作的基础，即“原初物质”，乃是炼金术最著名的秘密之一。这并不奇怪，因为它代表的是能自主进行心理内容投射的未知物质。我们当然不可能对这种物质做出详尽阐述，因为这种投射是从个体那里发出的，它在每一种情况下都各不相同。由于这个原因，如果认为炼金术士从未说过原初物质是什么，那就错了；相反，他们做过太多次的说明，以致在他们自己当中也始终有矛盾之处。在某位炼金术士看来，原初物质就是水银，而在其他炼金术士看来，它却是矿石、铁、金、铅、盐、硫黄、醋、水、气、火、土、血、生命之水、哲人石、毒药、精灵、云彩、天空、露水、阴影、大海、母亲、月亮、龙、维纳斯、混沌或宏观宇

图161　作为萨图恩的原初物质正在吞噬他的孩子。引自*Mutus liber*,52,p.7。

宙(图162)。卢兰德的《炼金术辞典》给出了不下五十个同义词,而且可能还可以补充更多。

426　除了这些半化学半神话学的定义之外,还有一些具有更深刻含义的"哲学的"定义。所以,在科马里奥斯的论著中我们发现了"冥府"(Hades)这个定义。[1]而奥林匹奥德鲁斯认为,黑色的土地包含"被诅咒的上帝"。《智慧的化合》("Consilium coniugii")中说,金和银的父亲(即"原初物质")是"大地和大海的动物",或者是"人",或者是"人的一部分",例如他的头发、血液等。多恩把原初物质称为"亚当的"(Adamica)以及(基于帕拉赛尔苏斯的观点)"微观边缘"(limbus microcosmicus)。哲人石这种物质"无非就是那个暴躁而完善的墨丘利乌斯"和真正雌雄同体的"亚当和微观世

1　Berthelot,335,IV,xx,8.

图162 在混沌中尚未被解救出来的对立物。"混沌"是原初物质的名称之一。引自Marolles, *Tableaux du temple des muses*, 228, 卷首插画；也参见136。

界"(=人)[1](参见图163)。据说赫尔墨斯·特利斯默吉斯忒斯曾把哲人石称作"孤儿"(orphan)。既然多恩是帕拉赛尔苏斯

1 7, vii, p.578. 在同一处地方，多恩解释说："这个墨丘利乌斯是由身体、精神和灵魂组成的，具有所有元素的本质与属性。所以，他们肯定地认为，他们的石头是一种活生生的存在，他们也称其为他们的亚当，而亚当则把他那个不可见的夏娃隐藏在他的身体之中……" Hoghelande(7, i, pp.178f.)："他们把原初物质与所有的事物都进行了比较，与男性和女性，与雌雄同体的怪物，与天和地，与身体和精神，以及混沌和微观世界；它本身包含所有的颜色，也潜在地包含所有的金属；在这个世界上没有什么东西能比它更奇妙了，因为它是自己生产了自己，让自己怀孕，并生下自己。"

图163　作为原初物质的土，正在吸食哲学之子。引自Mylius，*Philosophia reformata*，239，p.96，fig.1。

的学生，他的观点很可能与其老师关于“原人”的学说观点有联系。为此我必须推荐读者看一看我的那本《帕拉塞尔西卡》（*Paracelsica*）。人和原初物质之间的更多联系曾被很多作者都提到过，但是在这里我无法把它们全部列出来。

427　希腊炼金术中的“墨丘利之龙”，引发人们把原初物质描述为“一”、唯一（Unica Res）[1]和单子[2]，甚至在《论柏拉图的四

1　*Tractatus aureus*，6，i，p.10.

2　Dee，7，xiii，p.218. 参见Aegidius de Vadis（7，x，p.110）：单子就是物质中的有效形式。Khunrath（206，p.203）：“在卡巴拉（Cabala）中，和上帝一起还原为单子的简单性的正是人的统一体；在物理化学中，和宏观世界一起被还原为我们的石头［那样简单的东西］的正是［人的］发酵。”也参见“Confessio”（207，pp.33，204）：在那里，单子更像是完美的哲人石的一种象征。Dorn（7，v，441）：“因为在一当中既有一也没有一；它是简单的，也是在四位一体中组成的。”多恩关于“简单性”的学说深受《论柏拉（转下页）

联剧》中也说过人完全有资格完成这项工作，因为他具有那个“简单的”东西，即灵魂。[1]米利乌斯（Mylius）把原初物质描述为最重要的元素。它是“纯主观的且是一切形式的统一体”，任何形式都可能隐含其中。[2]

428　在《哲人集》第二版中，埃克西敏达斯（Eximindus）[3]说：

> 我要告诉你们，你们这些该学说的追随者们，所有创造物的开端都是某种调和与统治一切的，且基本上是永恒和无限的本性，只有那些被赋予了这门神圣艺术之知识的人，才能知道和认识其积极与消极的方面。[4]

429　在《哲人集》的后文中，埃克西米纳斯（Eximenus）提出了一个创世理论[5]，这个理论既与《圣经》的创世理论相对应（即通过“词语”来创世），又与其相矛盾，根据这个理论，物质的开端是“永恒和无限的本性”。在《哲学玫瑰园》中，原初物质被

（接上页）图的四联剧》的影响。但是在同一段文字中，他也使用了单子这个术语来表示目标：“进展的顺序是从三位一体和四位一体发展到单子。”“哲人石”这个词在整个文献中都被频繁使用，既作为开端也作为目标。

1　7，xxviii，p.130.

2　Mylius，239，p.174.

3　此处的埃克西敏达斯，和下文中的埃克西米纳斯很可能指的是古希腊哲学家阿那克西米尼或阿那克西曼德（Anaximander）。

4　2，i，p.66.

5　Ruska，493，p.116.

称为“它自己的根”(radix ipsius)。因为它植根于自己之中,所以它是自主的,谁也不依赖。

第二节　非被创造物

430　作为“它自己的根”,原初物质是一个真正的基本原则,从这个原则到帕拉赛尔苏斯的观点只有一步之遥,帕拉赛尔苏斯认为,它是一种“非被创造物”(increatum),即,它不是被创造出来的。在其《雅典哲学》(*Philosophia ad Athenienses*)中,帕拉赛尔苏斯说,这种独特的物质是一种与元素没有多少共同之处的重大秘密。它充斥在整个天空之中,是元素之母,也是所有被创造物之母(图163)。没有任何东西能够表达这种秘密,它不是被创造出来的。这个并非被创造出来的秘密是上帝的神迹,未来将不会有任何东西像它那样,它也绝不可能再回到过去的样子。[1]它是那么容易被腐蚀掉,以致根本无法补偿(这很可能指的就是堕落)。多恩的描述与帕拉赛尔苏斯的原文非常接近。[2]

1　Dorn, 7, iii, p.380. 在帕拉赛尔苏斯那里有一段类似的话是这样说的:“所以,那个最高级的艺术家准备了一个非被创造的大秘密,以后将没有任何秘密会和它一样,它也绝不会退回原状,因为,就像奶酪不会再变回牛奶一样,已经发展了的事物也不会再回到其最初的状态。”(Sudhoff, 514, XIII, p.390)

2　帕拉赛尔苏斯(254)说:“这个伟大的神迹(mysterium magnum)一直就是所有元素的母亲,这些元素还有一位祖母,她是所有星辰、树木和创造物的祖母;(转下页)

431 在帕拉赛尔苏斯那里，原初物质的自主性和永恒性暗示了存在一条与神性相等的原则，这条原则与“母神”（dea mater）相对应。至于帕拉赛尔苏斯是怎样设法把这种观点与他的基督教专业相等同的，则是他自己的私事了；这绝不是一个孤立的例子。在《智慧之鱼》（“Aquarium sapientum”）中包含的这些解释[1]（考虑到它们确实具有荒谬的特点，即便是《曙光乍现》也难以胜过，这是很有趣的）使帕拉赛尔苏斯的深思熟虑更深入了一步，虽然这本书没有标明作者。例如，以下文本就可以应用在原初物质上：“他的运行源自开始，源自永恒的时代”（《弥迦书》，5：2）以及“在亚伯拉罕被造出来之前，我就存在了”（《约翰福音》，8：58）。可以认为，这表明哲人石是没有开端的，是整个永恒之中的“第一存在者”（Primum Ens），而

（接上页）因为一切有生命和无生命的创造物，以及其他诸如此类的事物，都是从这个伟大的神迹中诞生出来的，就像所有的孩子都是由母亲生出来的一样。它是一个伟大的神迹，是所有生命的母亲，且他们全都起源于她”，等等（Sudhoff，514，XIII，p.390）。“现在，所有生命形式都是从‘非被创造的神迹’（mysterium increatum）中产生出来的并起源于它，没有任何创造物能够更早、更晚或者更特殊地被创造出来，而是同时且平等地被创造出来。因为最高级别的奥秘和造物主的伟大宝藏都被用来塑造‘非被创造物’中的万物了，这里不是指在形式上，也不是在本质上，更不是在特质上，而是指他们都在‘非被创造物’之中，就像意象在树林中一样，虽然只有把其他树木都砍倒，才能看到这一意象：这就是那个被识别出来的意象。它也不是以任何其他方式被理解的‘非被创造的神迹’，尽管通过其分离，物质的和无生命的物体都分别采用了属于它们自己的那种形式。”（Ibid.，p.391）

1 4，xv. 在这里我必须要纠正一个在我那本《帕拉塞尔西卡》（424a）的原版中犯下的错误。那里提到的那位作者（pp.173f.）以及《智慧之鱼》探讨的都是异端邪说的历史，而且都是以同样消极的方式。

且它也是没有终点的，将一直存在于整个永恒之中。要想恰当地理解这种观点，我们就必须睁大灵魂和心灵的眼睛，借助于内心世界的光亮来精确地观察和辨别。上帝从一开始就点燃了存在于自然本性和我们心中的这盏灯。[1]该作者以同样的方式继续说道，哲人石，连同其原初物质一起，有上千种名称，因而被称为“奇迹”（miraculous），所有这些名称都显然能够断言上帝的存在[2]，作者也是由此开始这种应用的。一个基督徒简直难以相信他的耳朵，但这个结论只是重复了在《论柏拉图的四联剧》中已经相当明确地说过的话：“事物升华之处就是不可见和不可移动的上帝。”[3]这句话中的“事物”就是这门神圣艺术的主题。确实，几乎没有多少哲学家会强行得出这种“明示的”结论，但是，能使他们的暗示和隐喻变得更加透明，确实是它的一个重要方面。另外，这种结论必然是心理学的，因为不为人知的无意识无论在哪里，都必定会与它自己相一致：由于缺乏能够被识别出来的属性，因此任何无意识的内容都不可能从其他事物中被分辨出来。这并不是某种符合逻辑的诡辩，而是一种具有重大实践意义的非常真实的现象，因为它会影响社会生活中关于同一性和认同感的问题，这些问题都是以无意识内容的公共的（和不可区分的）性质为基础的。这些内容一

1 “Aquarium”, 6, iii, pp.106f.

2 Ibid., p.111.

3 7, xxviii, p.145.

旦扎根在某些个体身上，就会不可抗拒地通过相互吸引而把其他个体聚集在一起，把它们编织成或大或小的群体，这些群体可以很容易地就膨胀起来，并导致灾难性的后果。

432 上述例子清楚地显示，炼金术士甚至开始把最高价值（上帝）都投射到物质之中了。把这个最高价值就这样安全地嵌入物质之中，一方面为现代化学的发展提供了一个出发点，另一方面也为较近期的哲学唯物主义的发展提供了一个出发点，当这幅世界图画一百八十度大旋转时，所有的心理学结论就必然会随之变化。对当今时代的我们来说，无论炼金术看似多么的遥远，我们都不应该低估其对中世纪文化的重要性。今天这个时代也是中世纪的孩子，他不可能断绝与其父母的联系。

第三节　普遍存在与尽善尽美

433 原初物质具有普遍存在的性质：人们可以随时随地发现它，也就是说，投射可以随时随地发生。英国炼金术士乔治·瑞普利（George Ripley）写道："哲学家们告诉那位探索者，鸟和鱼为我们带来哲人石[1]，每个人都可以拥有它，它存在于每一个地方，在你身上，在我身上，在一切事物之中，

1　参见Grenfell, 399, pp.15f.："耶稣说道，（你问的是，如果）王国在天堂中，那么（是谁）把我们领到王国去的呢？……是空中的鸟，地下和地上的所有野兽，以及大海中的鱼……"

在时空之中。[1]它以低级形式展现出自己。我们的永恒之水就是从那里喷涌出来的。”[2]根据瑞普利的观点，原初物质就是水；它是所有实体[3]，包括水银[4]的物质原则。它是通过创世这种神圣行为，从作为黑暗天体[5]的混沌中产生的原初物质（参见图34）。[6]混沌是诞生了哲人石的巨大混沌（参见图125、图164）。作为原初物质的水中含有一个隐藏着的元素火。[7]在《论硫黄》中，“地狱之火”（ignis gehennalis）被作为其内部对立物而归因于土这种元素。[8]根据霍尔图兰努斯（Hortulanus）的观点，哲人石是从混沌中产生出来的，它本身包含所有的元素（图162）。[9]就像世界产生于混沌一样[10]，

---

1 Ripley，288，p.10.

2 Ibid.，p.130.

3 Ibid.，p.369.

4 Ibid.，p.427.

5 Ibid.，p.9.

6 参见“Ripley Scrowle”，20，xviii：水球也表现为龙的翅膀（图228）。也参见“Verses belonging to an emblematicall scrowle”（8，iii，376），里面的精灵墨丘利说道：“在我身上的血和水中，人们发现了它的恩典：在世界上到处都是。在这个世界上它到处奔跑，它流淌在每一寸土地上；像个球一样转个不停。”

7 Ripley，288，p.197.

8 6，xiii，p.606.

9 “Hortulani commentariolus”，in 5，iii，p.366.

10 参见Aegidius de Vadis（7，x，p.101）：“混沌就是混乱的物质。对这门艺术来说，这种原初物质是必需的。四种元素混合在原初物质中，处于无序状态，因为土和水比其他元素重，可以到达月球，而火和气比其他元素轻，所以沉降到大地的中心；也由于这个原因，这种物质被正确地称为无序的。这种无序的物质只有一部分保留在世界上，而且这是人人皆知并且公开宣扬的。”

图164　墨丘利乌斯，站在圆形的混沌之上，拿着象征重量和度量的秤。圆孔（rotundum）是金子的预兆。引自“Figurarum Aegyptiorum secretarum”（手稿，18世纪），30（b），p.45。

哲人石也产生于此。[1]关于旋转的水球这个观点使我们回想起新毕达哥拉斯学派的观点：在阿契塔（Archytas）看来，世界灵魂是一个圆圈或圆球[2]；在菲洛劳斯（Philolaos）那里，它推动着世界和它一起自转。[3]原初的观念可以在阿那克萨戈拉那里找到，在他看来，努斯导致混沌中产生了一个旋涡。[4]恩培多克勒（Empedocles）的"天体演化论"（cosmogony）也是非常重要的：在这里，"球体"产生于不相似事物的联合。这个球体就是"最尊贵的上帝"，这个定义为哲人石的那种完美无缺的、"圆形的"本质带来了特殊的启示，哲人石产生于，并且构成了这个原初的球体；因此原初物质经常被称为哲人石（图164、图165）。[5]第一种状态是被隐藏的状态，但是通过这门艺术和上帝的恩典，它就可以被转换成第二种外显的状态。这就是为什么原初物质有时候与这个过程的最初阶段，即黑化的观念相一致的原因。这时它就是黑土，而金子或哲人石就像小麦一样播种其上（参见图48）。它是黑色的、有魔力的、肥沃的土，是亚当从乐园中带出来的，也被称为锑（antimony），并被描述为"黑中之黑"（nigrum nigrius nigro）。[6]

---

1 Hortulanus, 5, iii, p.371.

2 Zeller, 536, III, p.120.

3 Ibid., pp.102, 154.

4 Ibid., p.687.

5 Cf. "Allegoriae super librum Turbae", 2, ii, p.141.

6 Maier, 222, pp.379f.

图 165 “机遇”(L’occasione)：站在圆球上的墨丘利乌斯。旁边是双蛇杖和象征着富有的丰收号角。引自 Cartari, *Le imagini de i dei*, 130, p.400。

第四节　国王与国王之子

434　当谷物（grain）被密封在原初物质之中时，国王的儿子也躺在大海的黑暗深处，就像死人一样，但还活着，而且在大海深处呼喊着[1]（图166）："无论是谁，只要把我从水中救出来，把我领到干燥的土地上，我就会让他永远富有。"[2]

435　这显然与《阿里斯莱的幻想》[3]中的"海之王"有联系。阿里斯利乌斯（Arisleus）[4]讲述了他和海之王的冒险，在后者的王国中，任何事情都不可能成功，也不会产生任何东西，因为那里没有哲学家。只有相似的东西与相似的东西混合在一起，因此

1　"ex profundo clamat"，Maier，222，p.380. 在这里，梅耶单纯是把国王的儿子与国王相等同了。

2　Cf."Aurora consurgens"，Part I，14，Ch.XII："你全身心地变成我，不要把我抛弃，之所以我是黑色和棕色，是因为太阳改变了我的颜色（Cant.，1：5f.），深渊已经把我困住（Jonas，2：6），土地受到了污染（Psalm，105：38），在我的工作中，所有地方都被黑暗笼罩（Luc.，23：44），因为我陷在深深的泥潭里无法前进（Psalm，68：3），而我的物质并没有被打开。我在深处喊叫着（Psalm，129：1），我的声音从大地的深处传出，你们听到了却没有在意。注意，看看我吧，如果对我感到有任何的悲伤（Lam.，1：12），我将把晨星送到他的手上（Apoc.，2：28）。"

3　2，iii，p.146.

4　Cf. Ruska，493，p.23. 由于这是阿拉伯语的手抄本，阿里斯利乌斯可能指的就是阿凯劳斯。阿凯劳斯可能是8世纪或9世纪拜占庭的一位炼金术士。他给我们留下了关于这门神圣艺术的一首诗。而据说是由阿里斯利乌斯所写的《哲人集》一书就可以追溯到阿拉伯的传统，（正如鲁斯卡指出的）我们必定会得出假设认为，阿凯劳斯生活的年代要更早得多。因此，鲁斯卡认为他是阿那克萨戈拉的学生（493，p.23）。炼金术士们对他的观点可能会很感兴趣，即"精神是由气混合而成的"（Stobaeus，306，I，p.56）。

图166　背景：大海的国王在呼救；前景：他以圆球和神圣白鸽的形式表示其获得了新生。引自Trismosin，“Splendor solis”（手稿，1582年），其复制品也参见316，Plate VII。

也就没有生殖繁衍。[1]国王必须听从哲学家的忠告，让塔布里提乌斯（Thabritius）[2]和贝雅结成配偶，他们是从国王脑袋里生出来的两个孩子[3]（图167）。

436 当我们被告知，这个国王是个“亡灵”，他没有生命或者他的国土毫无生机，这就相当于说，这种隐藏状态是一种潜在状态。大海的黑暗和深处象征着不可见的被投射内容的无意识状态。这种内容属于完整的人格[4]，只有通过投射才能明显地使之与其脉络隔断开，因此在意识心灵和被投射的内容之间必然会存在某种吸引力。它通常采取的是一种很让人着迷的形式。在炼金术的隐喻中，这是通过国王在其无意识深处呼救而表达出来的，这也暗示了一种失去联系的状态。意识心灵应该对这种呼喊做出反应：人应该去工作，去向国王提供服务，因为这不仅是明智的行为，而且也是一种拯救。[5]不过，这样会导

1 关于相似物与相似物的匹配早在赫拉克利特那里就可以发现（Diels，363，I，p.79[10]）。

2 塔布里提乌斯的名字还存在其他几种称法：Gabricus（加布里库斯，这个称法在本书中也多次用到），Cabricus，Cabritis，Kybric；在阿拉伯语中这个名字意味着“硫黄”。贝雅的名字也一样：Beja，Beva，Beua；在阿拉伯语中这个名字意味着“纯白”（Ruska，493，p.324）。

3 2，iii，p.147. 在梅耶看来，这是一个关于母子乱伦的问题，因为加布里提乌斯（Gabritius）在那里与他的母亲伊西斯（Isis）结了婚，也因为他们是唯一符合这种类型的一对（Maier，222，p.343）。显然，神祇们在地府中的神秘配对（象征着潜藏在原初物质中的对立物）是在庆祝“神圣婚姻”。

4 “整体”或“自性”组成了意识和无意识内容（Cf. Jung，427）。

5 文献中有大量的证据表明，“财宝”和“健康”是精神的真正未来，即灵魂的拯救和身体的健康。我们千万不要忘记，炼金术士丝毫不关心那些可能困扰他们（转下页）

致它必须沉降到无意识的黑暗世界之中，这是一种仪式，也是一种危险的冒险，类似于在夜晚的大海上旅行（图69、图170、图171），其终点和目标是恢复生命、复活，以及战胜死亡（图172、图174、图177）。阿里斯利乌斯及其伙伴勇敢地进行了这次探险，但结局是灾难性的，塔布里提乌斯死了。他的死是对乱伦这一“对立物化合”（coniunctio oppositorum）的惩罚（图223、图226）。兄弟—姐妹的配对代表着对整个对应物概念的隐喻。这些对立物有大量不同的变式：干燥—潮湿、热—冷、男性—女性、太阳—月亮、金—银、水银—硫黄、圆形—方形、水—火、易挥发—稳固、物质的—精神的，等等。[1]国王之子是父王变得年轻的一种形式。这个年轻人经常用剑来表示，代表

（接上页）的道德顾忌，因为他们依据的假设是，人是一个有罪的非实体，他要通过其无懈可击的道德行为来遵从上帝的拯救工作。炼金术士发现自己扮演的就是“拯救者”的角色，其“神圣职责”与其说是一种为防止在“最后审判”之时可能受到的伤害而采取的预防措施，倒不如说是拯救这项神圣工作的延伸。

1　这种对立性质几乎就是一个普遍观念。在中国，对立物是阳和阴、偶数和奇数、天和地等；它们也可以在雌雄同体中统一起来（Cf. Hastings，408，IV，p.140）。恩培多克勒也提到过元素中的火（宙斯）和气（赫拉）的对立。在创造的第二个时期可以看到“混血种”（hybrids）的诞生，类似于北欧神话中的尤弥尔和布利（Herrmann，410，p.574）。新毕达哥拉斯学派的观点认为：单子（Monad）= 男性化，二元（Dyad）= 女性化（Zeller，536，III，p.98）。在尼科马霍斯（Nicomachus）那里，神是偶数和奇数，因而既是男性也是女性（Ibid.，p.107）。赫尔墨斯·特利斯默吉斯忒斯认为：努斯是雌雄同体的。巴得塞尼（Bardesanes）认为：被钉在十字架上的是雌雄同体的人（Schultz，501，p.lv）。巴西尔·瓦伦丁认为：世界的创造者既是母亲也是父亲；而在马克安（Marcion）那里，原始的父亲就是雌雄同体的。在奥菲提斯（Ophites）那里，普纽玛既是男性也是女性（Ibid.，p.171）。

CONIVNCTIO SIVE
Coitus.

**O Luna durch meyn vmbgeben/vnd ſuſſe mynne/
Wirſtu ſchön/ſtarck/vnd gewaltig als ich byn.
O Sol/du biſt vber alle liecht zu erkennen/
So bedarfſtu doch mein als der han der hennen.**

图 167　关于对立物之精神统一的隐喻。(图下方的文字:“哦,月亮啊,让我把你拥抱吧,愿你和我一样强壮,面容可爱。哦,太阳啊,把最明亮的阳光照耀在人间吧,但是你需要我,就像公鸡需要母鸡。”)引自 *Rosarium*,60(a)。

的是精神，而父亲则代表身体。在《阿里斯莱的幻想》的某一个版本中，塔布里提乌斯的死亡是通过在化合过程中被贝雅吸收进身体里而表现出来的。在另一个版本中他被其父亲吃掉了（图168），或者太阳被淹没在墨丘利乌斯之中，或者被一只狮子吞下去了（图169）。塔布里提乌斯代表男性、光明的精神原则和逻各斯，就像诺斯替教的努斯一样，他会沉沦于自然本性（即菲西斯）的拥抱之中。因此死亡代表着精神下降到物质中这一过程的完成。炼金术士以多种方式描述过这种现象的犯罪性质，但是，由于他们似乎并不太理解这件事，他们把那种其本身就如此令人厌恶的乱伦行为进行了合理化或模糊化处理。[1]

第五节　英雄神话

437 由于听从了哲学家们的忠告，国王之子的死亡自然而然地成为一件微妙和危险的事情。通过下降到无意识之中，

1 Maier, *Symbola aureae mensae*, 222, p.344："德尔菲纳斯（Delphinas），一位哲学家，曾匿名在《最伟大的秘密》这篇论文中非常清楚地说道，母亲必然会根据自然的需要而与儿子相结合。因为，如果在这个世界上只有一个男人和一个女人，而且她就是他的母亲，那么，为了能使人类得以繁衍，难道他们不会结合吗？同样的道理，在这门化学艺术中，既然有两个主体，其中一个是另一个的母亲，那么他们必定要结合起来……"梅耶的书中还记载了另一篇类似内容的文章（p.515），其开篇就写道："不要认为母亲与他的儿子在婚姻中结合就是乱伦。因为这确实是自然的命令，所以，这也是尊敬的（养育了我们的）命运法则所要求的，这样的事情不会使上帝不高兴。"

图168　作为原初物质的国王，正在吞噬他的儿子。引自Lambspringk，“Figurae et emblemata”，fig.XIII，in 6，vii，p.367。

图169　吞噬太阳的绿色狮子。引自*Rosarium*,60(a)。

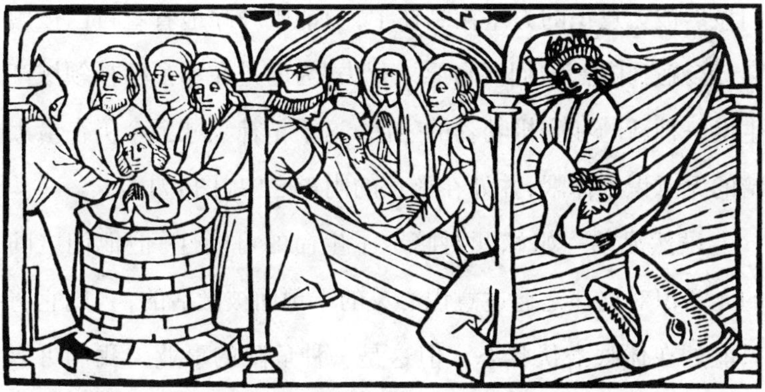

图170　在夜晚的大海上旅行；约瑟在水井里，耶稣基督被安置在墓地里，约拿被鲸吞噬了。引自*Biblia pauperum*(1471),17(b),fig.170。

意识心灵便使自己处在了危险之地，因为它显然是想消灭它自己。这就是那个被龙吞噬掉的原始英雄的处境。由于所有这一切都意味着意识的减少或衰减，精神水平的降低（abaissement du niveau mental）就等同于“灵魂的冒险”，这也是原始人最害怕的东西（即，怕鬼[1]），导致这种状态的蓄意而且确实有点肆无忌惮的挑衅是一种亵渎神圣的行为，也是对禁忌的破坏，应该受到最严厉的惩罚。因此，国王把阿里斯利乌斯及其同伴囚禁在一个三重的玻璃房子里，和国王之子的尸体在一起。这些英雄被囚禁在海底的地下世界中，在那里遭受着各种各样的恐怖情景，他们连续八十天都处在极度的闷热之中。在寻找阿里斯利乌斯的时候，贝雅也被关了进来（《阿里斯莱的幻想》的另一个版本把监狱解释为贝雅的子宫[2]）。他们显然被无意识的力量控制住了，只能眼睁睁地看着自己被抛弃，这就意味着，他们要自愿地死去，为的是在那个精神领域产生出一种新的和生机勃勃的生活，这个精神领域至今仍在最黑暗的无意识中休眠，并处在死亡的阴影之中（图171）。

438 虽然兄弟—姐妹配对暗示了生命的可能性，但他们之间的无意识对立却是通过意识心灵的干预而被激活的，否则它将只能处在休眠潜伏状态。但这是一种危险的事业。我们可以

1 从心理学上讲，怕鬼意味着意识被无意识的自主性内容的力量所控制。这也等同于精神错乱。

2 2，xii，p.246.

图171　赫拉克勒斯乘坐着太阳器皿，于夜晚在大海上旅行。这是一个雅典花瓶的基座（公元前5世纪），收藏于伊特拉斯坎（Etruscan）博物馆，Vatican，Alinari 35831；引自Doelger，368，IV，Plate 163。

理解在《曙光乍现》中的这种焦虑的恳求:“清除掉我们心灵的可怕黑暗,点亮我们的感觉之光吧!”[1]我们也可以理解,为什么梅耶发现很少有人愿意沉降到大海之中。[2]阿里斯利乌斯处在屈服于忒修斯(Theseus)和庇里托俄斯(Peirithous)命运的危险之中,他们曾下降到冥府并很快就变成了地下世界的岩石,也就是说,进入到精神的未知领域的意识心灵,被古老的无意识力量控制住了:这是对努斯和菲西斯的拥抱情境的一种重复。在关于英雄的神话中,这种沉降是一种普遍现象,其目的是想要表明,只有在危险的领域中(水底深渊、洞穴、森林、岛屿、城堡等)一个人才能发现“难以获得的宝藏”(钻石、处女、生命的药水、战胜死亡)(图172)。

439 当每一个自然的人类存在过分深入地探究他自己的内心世界时,他所体验到的胆怯和抗拒,归根结底,就是对下降到阴曹地府的恐惧。如果他只是觉得有所抗拒,那还不算太坏。但实际上,这个精神的最底层(substratum),即那个未知的黑暗领域[3],散发出一种迷人的吸引力,如果他更进一步深入其中,这种吸引力

1 14, Part I, Ch.IX, Parable IV. 这段话显然源自圣诞节前的四个星期中的第三个礼拜日的祷告词。

2 《哲学玫瑰园》中说道:“有不少人在我们的工作中毁灭了。”《哲人集》中也强调过遭受折磨这个元素(2, ii, pp.139ff.):“选取一个人,为他整理仪表,把他拴在石头上……直到他的身体死去……”

3 作为心理领域的正方形围墙,也参见《炼金术之梦》。根据毕达哥拉斯的观点,灵魂是一个正方形(Zeller,536,III,p.120)。

图172 约拿从鲸腹里出来。夜晚在大海上旅行的目标等同于有棱角的哲人石或奠基石。引自“Speculum humanae salvationis”(手稿,15世纪),20,xxxiii。

就会具有更大的控制力。[1]由此而产生的心理危险是,把人格按其功能分裂成不同的部分,即意识的不同功能。这种分裂(有时可能是功能性的,有时则是真的精神分裂)就是压倒了(在《哲学玫瑰园》那个版本中)加布里库斯的那种命运:他在贝雅的身体里被溶解成了原子[2],这也是“死亡”的一种形式(图173)。

---

1 以女巫(sorceress)或行为不检的女孩为象征,就像在《波利菲尔之梦》(*Songe de Poliphile*)中那样。参见图33,以及Béroalde de Verville,117。在《炼金术之梦》中也有类似的主题。

2 2, xii, p.246:“这时贝雅爬到加布里库斯身上,并且把他封闭在她的子宫里,这样人们再也看不到他的一点痕迹了。而且,她用这么多的爱来拥抱加布里库斯,以致她把他完全吸收到她自己的本性之中,把他变成不可分离的部分。因此墨丘利努斯(Merculinus)说道:他们是通过自己而被溶解的,他们是通过自己而结合在一起的,这样,原本是两个人的他们,现在变成了一个人,仿佛是一个身体似的。”和国王(转下页)

图173　杀害国王。引自Stolcius de Stolcenberg, *Viridarium chymicum*, 307, fig.101。

440　在这里我们再次看到了对努斯和菲西斯之结合的一种重复。[1]但是，这种结合是一次宇宙进化事件，而且也是由于哲学

（接上页）的儿子一样，国王也是被用各种不同的方式杀死的。他可能是被击倒在地，或者他也可能喝了过多的水，以致生了病并且消解在水中（Merlinus, 2, ix, pp.392ff）。

1　Valentinus, 6, ix, p.394. 在关于吞噬这个主题的另一个版本中。战神玛尔斯（Mars）把国王的身体喂给非常饥饿的狼，它是萨图恩（铅）的儿子。对国王来说，狼象征着原初物质对国王的欲望，而国王经常会取代其儿子（图175；也请参见图168、图169）。

家的干预所导致的一种灾难。只要意识不采取行动，对立物就会在无意识中保持潜伏状态。一旦它们被激活，国王之子（精灵、逻各斯、努斯）就会被吞到菲西斯的肚子里去；也就是说，代表菲西斯的身体和器官就会控制住意识心灵。在英雄神话[1]中，这种状态就是众所周知的被吞进鲸或龙的肚子里[2]（图174）。那里的热度通常是如此强烈，以致这位英雄连头发都掉光了[3]，也就是说，他作为婴儿再生时是没有头发的（图176）。这种热就是"地狱之火"，即耶稣基督下降到的那个地狱，目的是把死亡作为其"工作"的一部分而予以征服。

图174　在鲸腹里的约拿。早期基督教的陶灯，收藏于马赛（Marseilles）博物馆；引自 Eisler，374，Plate XLVII。

441　哲学家是作为"拯救者"而开始其地狱之行的。那个"隐藏的火"就和大海的寒冷潮湿形成了内部的对立。[4]在《阿里斯

1　Jung，429.

2　Espagnet，4，xvii，p.655，LXVIII.

3　Frobenius，389.

4　*Turba philosophorum*，78（Sermo LXVIII）.

图175　作为原初物质的狼，在吞噬死去的国王。背景：原初物质的升华和国王的再生。引自Maier，*Scrutinium chymicum*，221，Emblema XXIV。

莱的幻想》中，这种热无疑就是指孵化期的温暖[1]，即，沉思的“自我孵化”状态。在印度的瑜伽中我们发现了类似于“苦行”(tapas)的观念，即“自我孵化”。[2]而“苦行”的目的和《阿里斯莱的幻想》一样，都是得到转换和复活(参见图177)。

1　Cf. Lambspringk，“Figurae”，6，vii，p.369，fig.XIV. 我们确切地发现，炼金工作与蛋的孵化拥有同样的理念，参见Nicephorus Blemmydes：πεεὶ τῆς ὠοχενσοποιίας (Berthelot，335，VI，xx)。

2　Cf. Jung，429，par.589(429a，p.415；1921 edn.，p.229).

图176　约拿在鲸的肚子里。引自Khludov Psalter, 43; in Tikkanen, 517, p.24, fig.22（拜占庭，9世纪末）。

图177　复活：参孙（Samson）拿着非利士人（Philistines）的城门，耶稣基督从坟墓中站起来，约拿被鲸喷吐出来。引自*Biblia pauperum*（1471），17（b），fig.170。

第六节　隐藏的宝藏

442　“宝藏是难以获得的”，人们猜想它可能存在于黑暗的原初物质之中，炼金术士曾以多种方式表达过这种象征。例如，巴黎的克里斯托弗（Christopher of Paris）说过，（作为原初物质的）混沌是拥有全部智慧的自然本性的杰作。我们的理智在

"上天的炽热精神"的帮助下，必须把这种自然的艺术杰作（混沌）转变成上天的精华本性，转变成天国的那种"赋予生命"的本质。这种宝贵的物质就作为统合了所有元素的混合体而潜藏在这种混沌之中，人必须把他的心灵勤奋地应用于此，这样"我们的天国"才有可能变成现实。[1]

443 约翰内斯·格拉西乌斯（Johannes Grasseus）曾引用过以下观点：原初物质是哲学家的铅（plumbum），也被称为"空气中的铅"[2]（是内在对立物的一种隐喻）。这种铅中含有闪耀的白色鸽子（图178），后者也被称为"金属的盐"。这只鸽子就是隐藏在白色之中的纯洁、智慧，以及富有的示巴女王，她只愿意把自己奉献给所罗门国王，而不是其他任何人。[3]

444 根据巴西尔·瓦伦丁的观点，（作为原初物质的）土并不是死去的身体，其内部居住着一个精灵，这个精灵就是它的生命和灵魂。所有的被创造物，也包括矿物质，都是从土地精灵中吸取力量的。这个精灵就是生命，它是由星辰孕育的，而且它还把养分提供给隐藏在其子宫中的所有生物。通过这个来自上天的精灵，土就在它的子宫里把金属孵化出来（参见图

1 Christopher, "Elucidarius", 7, xxxii, p.228. 参见密特拉（"通过力比多那唯一的热"）从石头中诞生的神话传说。

2 Sendivogius, "De elemento aeris"（6, xiii, p.612）："在外部，它是明亮的但无法被看见的，而在内部，它是沉重的、可见的和固定的。"

3 Johannes Grasseus（7, xxxiii）：这是对"智慧"的一种明显暗示，就像在《曙光乍现》中那样。

图178　从四种元素中飞升起来的鸽子，是把精灵从菲西斯的拥抱中解救出来的象征。引自“De summa et universalis medicinae sapientiae veterum philosophorum”（手稿，18世纪），20，xxvii，fig.18。

163)，就像孩子的母亲那样。这个不可见的精灵，就像是镜子里的反射，是无形的，但与此同时它又是所有物质的根源，这些物质是炼金过程或由此而引起的其他过程所必需的。[1]

445 同样的观点也可以在梅耶那里发现[2]：太阳，经过其数百万年的"革新"，把金子旋转成了土。太阳一点一点地将其意象印刻在土地上，这种意象就是金子。太阳是上帝的意象，心脏[3]是太阳在人身上的意象，就像金子是太阳在土地上的意象一样（也被称为土中的上帝），而且上帝就在黄金之中，这是人们早已熟知的。上帝的这种黄金意象很可能就是指"黄金灵魂"（anima aurea），当普通的水银获得了生命的气息时，它就变成了金子。

446 瑞普利的观点认为，火必然是从混沌中提取出来的，而且是可见的。[4]这种火就是圣灵，是他把父亲和儿子结合在一起的。[5]他常常表现为有翅膀的老人[6]，即以启示之神的形象为代表的墨丘利乌斯与赫尔墨斯是同一个人[7]，他与国王和国王的儿子一起，形成了炼金术的三位一体（图179、图180）。上帝在

---

1 6，ix，pp.403f.

2 220. 也参见Emerson，375，I，pp.301ff。

3 心脏和血液是灵魂的住所。

4 288，p.146.

5 Cf. Lambspringk，"Figurae et emblemata"，6，vii，p.371.

6 类似的概念也可以见于印度传说中"天鹅"（hamsa）作为信使的主题。

7 Scott，502，I，II.

土地的内部创造出了这种火，就像他创造出在地狱中起净化作用的火焰一样，而且在这种火[1]里，上帝自己也焕发出神圣的爱情之火。[2]

图179　炼金术的三位一体：国王和他的儿子，赫尔墨斯坐在他们之间（赫尔墨斯在这里就代表着精灵墨丘利）。引自Lambspringk，"Figurae et emblemata"，fig.XV，in 6，vii，p.371。

1　也被定义为生石灰（calx viva）。

2　"Gloria mundi"，6，vi，pp.246f.

图180　基督教的三位一体，圣灵是一个有翅膀的男子。引自Molsdorf，467，p.3，Plate I。

图181　作为上帝象征的太阳。引自Boschius, *Ars symbolica*, 127, Symbol. CXII, Class.I, Tab.VII。

第五章

哲人石与耶稣基督的比较

第一节　生命的复活

447　上一章提供的案例表明，原初物质中有一个隐藏着的精灵，就像在奥斯坦尼斯的尼罗河石头中存在着精灵一样。根据古代关于努斯的传说，这个精灵最终被解释为圣灵，努斯是被黑暗吞噬掉的，而又处在菲西斯的拥抱之中——但是，由于这种差别，吞噬者并不是那个超级的女性原则，土，而是以墨丘利乌斯或咬尾蛇的形式表现出来的努斯（图147）。换句话说，吞噬者就是作为一种原初物质的土地精灵，是具有男性精神和女性身体的一个雌雄同体（图183；参见图54、图125）。原始的诺斯替教神话已经发生了某种奇怪的转换：努斯和菲西斯在原初物质中是不可分辨的一，而且已经变成了一种隐藏的本性。

图182　作为灵魂救世主的耶稣基督。布朗维勒修道院教堂中的壁画；引自 Clemen，352，p.397。

448　在心理上与这个主题相对等的事物就是非常迷人的无意识内容的投射，和所有这些内容一样，这个主题表现出一种精神的（“神圣的”或“神秘的”）性质。炼金术给自己提出的任务是，获得这种“难以获得的宝藏”和以可见的形式把它生产出来，即，生产出自然的金子或万应灵药或者正处在转换中的染料，为了达成这一目标，这门艺术一直在实验室里忙碌地工作着。就实际情况而言，这一化学研究工作从未完全从操作者的无意识内容中被释放出来（这些内容只有在无意识内容里才能找到其表达方式），同时它也是一种心理活动，我们完全可以把它比作我们所谓“积极想象”的方法。[1]这种方法可以使我们对事物有某种积极的领悟，而这种领悟也可以在梦境中找到其表达方式。在这两种情况下，这个过程都是通过无意识来对

1　我在其他地方曾解释过这种方法，参见 Jung，427。

图183　雌雄同体的神，其左边是与太阳在一起的公蛇，右边是与月亮在一起的母蛇。巴比伦王朝晚期的宝石；引自Lajard，445，p.161。

意识心灵进行思想灌输的，它与炼金术的观念世界有如此紧密的联系，以致我们完全可以合理地假设，炼金术所处理的这些过程与包含在积极想象中或梦中的过程相同或非常相似，即，归根结底，它与自性化过程是相同的。

449 早先，我们曾把阿里斯利乌斯及其同伴，连同贝雅及死去的塔布里提乌斯，都留在了三重的玻璃房子里，他们被海之王囚禁在里面。他们遭受着炽热的痛苦，就像被尼布甲尼撒（Nebuchadnezzar）投入到炽热的火炉中的那三个人一样（图184）。尼布甲尼撒国王此时产生了关于第四个人的幻象，"（他）就像是上帝的儿子"（《但以理书》，3：25）。这个幻象并非对炼金术没有影响，因为在这个文献中有很多段落说道，这个石头就是三位一体的（图185；也参见图1）。它由四种元素组成，而火代表密封在物质中的精灵。这是第四种元素，既存在又不存在，它总是出现在火炉那炽热的痛苦之中，象征着神圣的存在（对这项工作的救助和完成）。而且，在他们需要时，阿里斯利乌斯及其同伴就会在梦中见到他们的老师

图184　在炽热火炉中的三个年轻人。早期基督教的石棺装饰；引自Ehrenstein,372,p.818。

毕达哥拉斯，并请求得到他的帮助。后者把其门徒哈尔福利塔斯（Harforetus）派给他们，哈尔福利塔斯代表着“提供营养的人”。[1]这项工作就这样得以完成，塔布里提乌斯又一次复活

1　Ruska,493,p.324. 按照鲁斯卡的观点，哈尔福利塔斯代表着拜占庭皇帝希拉克略，但是这个神秘角色在《阿里斯莱的幻想》中的表现又显示出，他可能与哈波奎特斯（Harpocrates）有某种联系。

图185 下方：作为一个统一体的三位一体；上方：站在双子星上的四位一体。引自 Valentinus，“Duodecim claves”，6，ix，p.415。

了。[1]我们可以假设，哈尔福利塔斯给他们带来了产生奇迹的食物，尽管这只是通过鲁斯卡的一个发现才搞清楚的，鲁斯卡使我们了解了《柏林抄本》(Codex Berolinensis)的文本。在《阿里斯莱的幻想》的印刷版本已经遗失了的导言中[2]，我们可

1 “Visio Arislei”(2，iii，p.149)：“他们对国王说：你那个据说已经死去的儿子还活着。”Codex Berolinensis(in 493)：“我们传(话)给国王：你的儿子已经‘移’(commotus)走了。”(注意：“commotus”这个词在这里清楚地表示出，他再次“移动”了，即，他还活着。)

2 我使用的是1593年的版本，参见*Artis auriferae*，2，iii。

图186　大海中的珊瑚树。引自Dioscorides，"Livre des plantes"，20，lv；in Koemstedt，441，fig.79。

以读到这样一段话："毕达哥拉斯说：'你们为子孙后代写下了这棵最宝贵的树是怎样种下的，以及他吃了其果实将怎样再也不会感到饥饿。'"[1]既然写作《阿里斯莱的幻想》是为了表达这种目的，即为炼金者的子孙后代留下一个榜样，那么它处理的

1　Ruska，493，p.324. 也参见*Artis auriferae*（2，iii）："古老的果树将迎来不朽。"

当然是种树的问题，而设计这一传奇故事的目的就是要表明果实所具有的那种奇迹般的再生效果。当阿里斯利乌斯处在困境之中，而塔布里提乌斯躺在死亡的睡眠之中时，这棵树[1]显然仍在不断地成长并结出了果实：阿里斯利乌斯在玻璃房子里所起的作用是完全被动的。起决定作用的行动来自毕达哥拉斯（一位传奇大师），他派人送来了“生命的食物”。

450 我们被告知，只有通过神圣的启示或者大师的口头传授，一个人才能接收到这种神秘的知识，而且，除非凭借上帝的帮助，否则谁也不可能完成这项工作。[2]在《阿里斯莱的幻想》之中，正是那位传奇的大师，那位神圣的毕达哥拉斯[3]，取代了上帝的地位[4]，并且完成了再生这项任务（图187）。或许我们可以大胆地说，这种神圣的干预是在梦中出现的，当时阿里斯利乌斯看见了这位大师并且恳求得到他的帮助。根据一位炼金术士的观点[5]，如果塔布里提乌斯和贝雅所代表的对立物（心灵与身体）的统一，使之死去并且在火炉中火化，就等同于在弥撒中的奉献仪式，那么我们就会发现，这种情况类似于在“记

---

1 这棵树常常是指珊瑚，因此，是一棵“海树”（图186）。参见“Allegoriae super librum Turbae”，2，ii，p.141。类似的概念还有“大海中的天堂之树”，参见Paracelsus，250，p.529。

2 因此经常会出现诸如“天主保佑”（Deo adiuvante）、“遵从上帝”（Deo concedente）之类的主题。

3 新毕达哥拉斯学派把毕达哥拉斯视为上帝的化身。参见Zeller，536，III，p.130。

4 就像《赫尔墨斯总集节选》所指出的那种替代。参见Scott，502，I，II。

5 Cf. pars.480ff.

图187　在喝了雅典娜准备的毒药之后，龙把伊阿宋（Jason）吐了出来。雅典花瓶（公元前5世纪），收藏于伊特拉斯坎博物馆，Vatican；引自Laignel-Lavastine，441，I，p.148。

忆生者”（memento vivorum）仪式中那种为生者祈福，以及在纪念烈士时的那种为死者祈祷，两者均早于《弥撒规程》（*ordo missae*）中的圣餐变体。祈福语是这样说的，“为了使他们的灵魂获得拯救，希望他们健康并拥有福祉”，而记住这些圣人的目的，既是为了感谢他们的功绩，也是为了祈祷者，因为上帝可能会赐福给他们，“我们在您的保护之下所有的一切都得到庇佑”。这种祈祷以祝圣祷词（epiclesis）作为结束，并会导致圣餐的变体：“对我们来说它可能会变成身体和血液”，即，变成创造奇迹的食物。[1]在《阿里斯莱的幻想》中，它是带来拯救的那棵不朽之树的果实（图188—190）。但是，当教会谈到“fructus sacrificii missae”（在弥撒中作为祭品的果实）时，指的并不完全是同一码事，因为导致道德后果和其他后果的，并不是奉献给神的这些物质本身，更不用说这些物质同样是依赖于“神恩”而产生的。

451 我们要在这里结束对这些方式的叙述了。基督徒接受这种弥撒的食物既是为了他个人，也是为了在最广泛意义上的他自己生活其中的那些环境。另一方面，炼金术士接受了不朽之树上的果实，这不只是为了他自己，也是为了国王或国王的儿子，为了那个令人垂涎之物质的完善。他可以在完善过程中发挥某种作用，这一过程给他带来了健康、富有、启示和拯救；但是，既然他是代表上帝的拯救者，而不是那个被拯救的人，那么他更关心的是使那种物质得到完善，而不是使他自己完善。只

---

1 引自Alphidius（Maier，222，p.65；“Aurora consurgens”，I，14，Ch.I）：“发现这门科学的人将使它成为一种永恒且合理的食物。”“Aurora consurgens”，I，14，Ch.XII，Parable VII：“因为生命的食物是从这种作物的果实中制作出来的，且这种生命的食物是从天堂降临下来的。如果有人吃过这种食物，他将活着且不再感到饥饿。穷人吃到那种面包，他们将会心满意足，他们将会赞美上帝，［他们］在寻找他，他们的心将永远活着。”

图188　哲学之树，被炼金工作的象征包围着。引自Mylius，*Philosophia reformata*，239，p.316。

有当道德性质能够帮助或者阻碍炼金工作时，他才会认可它们的存在，并对它们进行考虑。我们可能会说，他把强调的全部重点都放在行善者本人的德行上，其程度当然要比教会的那种高得多，因为他占据的是那位在弥撒中牺牲了自己的耶稣基督的地位。我们根本就不应该假设，他是从自大的宗教视角来构

图189　与守护金苹果树的仙女在一起的龙。引自Boschius, *Ars symbolica*, 127, Symbol.LVII, Class.III, Tab. IV。

图190　与蛇在一起的玛雅仪式树。引自Dresden Codex, 166, Plate XXVI。

建这个拯救者角色的。他这样做甚至还不如那个主持仪式的牧师，后者以隐喻的方式牺牲了耶稣基督。炼金术士总是强调他的谦卑，并且以向上帝祈祷的方式开始写作其论著。他并没有梦想以耶稣基督自居；相反，被炼金术士比作耶稣基督的，正是那个令人垂涎的物质，那块哲人石。这确实根本就不是一个关于“认同”的问题，而是一个关于圣经注解学意义上的“如同”（sicut）的问题，后者也具有类比的特点。但是，对行医的人来说，类比并不像神秘的认同那样，是一种逻辑的推演，一种仍然非常活跃的原始思维的残余。这方面的一个富有教益的例子就是，在复活节前的礼拜六点燃神圣之火的那种仪式（图191）。[1]这种火“如同”耶稣基督。从中擦出火花的那块石头就是“基石”，这是另一种意象；而从石头中溅出的火花则是一种基督意象。按照奥斯坦尼斯的说法，把普纽玛从石头中提取出来这种类比是强行施加给我们的。我们早已熟悉了这种观念，即把普纽玛视为火，把耶稣基督视为火，把火视为土的内在对立元素；但是，我们也可以把擦出火花的那块石头比作石头坟墓，或者摆放在坟前的石头。耶稣基督躺在这里就像是一个人在睡觉，或者是在他

1　祈求“新火”（the New Fire）的这种仪式似乎起源于法国；不管怎么说，早在8世纪，那里的人们就已经熟知此事了，虽然在罗马还没有实践过，正如扎加利教皇（Pope Zacharias）写给圣卜尼法斯（St. Boniface）的一封信中所证明的。看起来这封信直到9世纪才到达罗马（参见“Feuerweihe”，in Braun，341）。

图191 圣灵以“裂开的舌头”的形式降临。引自*Perikopenbuch*（12世纪）；in Springer，508，II，p.194，fig.254。

下降到地狱的这三天里为他暂时戴上的死亡枷锁，在这三天里他下降到地狱之火中，并再次作为新的火而从那里升起来（图234）。

452 炼金术士在不知不觉中把“模仿”这个观念向前推进了一步，并且得出了我们先前提到的那种结论，即，把自己完全同化为拯救者，会使他（那个被同化的人）在自己的心灵深处继续这项拯救工作。这个结论是无意识的,因此,炼金术士绝对不会觉得他是被迫做出这种假设的,他会自然而然地认为这是耶稣基督的功劳。正是借助于他自己获得的,或者上帝赋予他的智慧和技艺,他才能为了人类的利益,而把迷失在世界的物质性之中的那个创造世界的努斯或逻各斯解救出来。炼金术士本人与耶稣基督并没有联系;相反,他是在那块奇妙的石头中看到他与那位救世主的联系的。从这种观点出发,炼金术似乎就像是在无意识的神秘黑暗之中进行着的基督教神秘主义的后继者——有些神秘主义者确实把耶稣基督这个人物的物质性强行联系到“圣痕”(stigmata)之类的表面现象上。但是,这种无意识的持续性从未达到表面,只有达到表面,意识心灵才能应对它。在意识中出现的一切都是无意识过程的象征症状。如果炼金术士成功地形成了关于其无意识内容的任何具体观念,那么他就会被迫承认,他已经取代了耶稣基督的地位,或者更确切地说,他,不是作为自我(ego)而是作为自性(self),接手了拯救这项工作,不是拯救人,而是拯救上帝。[1]此时他已经不得不承认,不仅可以把他自己比作耶稣基督,而且耶稣基督就是自性的

1 虽然我利用一切可以利用的机会指出自性这个概念,正如我给它定义的那样,它与意识的、经验的人格是不一样的,但我总是会遇到一些误解,比如把自性等同于自我。由于人格具有基本上不可定义的性质,所以必须坚持把自我作为一个边界概念,表达的是不可能设置任何限制的某种现实。

象征。这个惊人的结论并没有被中世纪的心灵所领悟。对于欧洲的基督徒来说仿佛是洪水猛兽般的观点，却是对印度《奥义书》(*Upanishads*)精神的不证自明。因此，现代人必须承认自己无比幸运，不必去面对那些来自东方的思想和经验，除非他的精神太过于贫瘠，以致都无法察觉他到底在面对什么！现在他可以在相当不充分的因而也是无害的理智水平上来应对东方的智慧了，或者说，他可以把所有的事情都留给梵文专家们来处理了。

第二节　关于哲人石的宗教解释之证据

1. 雷蒙德·卢利

453 把哲人石与耶稣基督相类比，最早是从中世纪拉丁文作者那里开始出现的，这并不奇怪，因为炼金术的象征作用在基督教会的寓言中俯拾皆是。虽然教会神父们的寓言确实丰富了炼金术的语言，这毋庸置疑，但在我看来格外令人怀疑的是，以各种不同形式表现出来的炼金工作究竟在多大程度上被视为基督教会的仪式(洗礼、弥撒)和教义(耶稣基督的概念、出生、激情、死亡和复活)之变形。不可否认，有很多内容一而再再而三地借自教会，但是，当我们讨论炼金术最初的基本观念时，我们发现了派生于异教的元素，尤其是源自诺斯替教的元素。诺斯替教的根源丝毫也不存在于基督教之中，更确切地说，基督教是通过诺斯替教而被同化的。[1]除此之外，我们还有一个来自中国的文本，其时代可追溯到公元2世纪中叶，它表现出与西方炼金术基本相似的东西。无论中国与西方之间的联系可能是怎样的，毫无疑问的是，在基督教领域之外，在基督教的影响根本不可能涉足的地方，也存在着类似的观念。[2]韦特（A. E. Waite）[3]认为第一位把哲人石与耶稣基督相等同的作者是帕拉赛尔苏斯学派的海因里希·昆哈特，他的那本《智慧的竞技场》（*Amphitheatrum sapientiae*）是在1598年问世的。稍晚期的雅各布·伯麦经常使用炼金术的术语，在他的作品中，哲人石已经成为对耶稣基督的一种隐喻（图192）。韦特的假设无疑是错误的，因为我们有更早得多的证据表明，在耶稣基督与哲人石之间存在着联系，迄今为止我所能发现的最古老的证据就包含在13世纪的作者雷蒙德·卢利的《笔记》（*Codicillus*）之中。即便许多据说与他有关的论著是他的西班牙和普罗旺斯学生写的，但这丝毫也不会改变其主要作品的大致日期。不管怎么说，据我所知，还没有一位权威作者认为，这本论著的日期晚于14世纪。书中说道：

1 例如，请参见被认为是诺斯替教起源的西门·马古斯（Simon Magus），他属于使徒时代，而且已经拥有了一套丰富发达的体系。

2 我指的是魏伯阳，526。

3 524.

图192　十字架在黄道十二宫中的四位一体，被六颗行星包围着。墨丘利乌斯相当于太阳与月亮之间的十字：这是对符号“☿”的一种解释。引自Böhme，*Alletheosophische Wercken*，120。

就像作为大卫后裔的耶稣基督为了解放和拯救人类而担负起人(由于亚当的违禁而使人与罪孽联系在一起)的本性,在我们的这门艺术中,被一件事情错误地玷污了的东西已经被其对立物赦免了;从那个玷污中被清洗干净并传递出来了。[1]

2.《论黄金》

454 若论直接提到耶稣基督之名的话,那么一个更加古老的根源肯定就是《论黄金》(*Tractatus aureus*),此书据说是赫尔墨斯所写,并被认为是起源于中世纪的阿拉伯国家。我引用这篇文献是因为它所描述的事情与在复活节过程中发生的一些神秘之事有惊人的相似之处,不过前者被包裹在另一种完全不同的语言之中。这段话的大意如下:

我们的那块被扔到大粪上的宝贵石头,已经变得非常肮脏不堪了……但是,当我们让头戴王冠的国王与那个红颜色的女儿结婚时,她将在温柔的火中怀上一个儿子,并将通过我们的火来抚养他……他就是这样被转换的,他的颜色就像肉体一样鲜红。我们的这位皇家之子在火和死亡中改变了颜色,即黑化,而水分都跑走了。龙喷射出太

1 4,vi,p.884,2.

阳的光芒，我们的儿子将活下来。国王来自火中，而且在婚姻中感到欢欣鼓舞。隐藏的宝藏被封存起来，处女的奶是白色的。儿子变成了勇士之火，超越于这种颜色之上，因为他自己就是宝藏，他自己就是在哲学的物质中被盛装打扮的那位。到这里来吧，智慧的儿子，高兴吧，死亡的支配地位已经结束，儿子登上王位；他穿着红色的衣服[1]（图193），又穿上了紫色的。[2]

455 我们可以把这个文本看作上帝与人的传奇故事以及他战胜死亡的一种变式，因此可以作为基督教戏剧的一种类比。由于这个炼金术文本的年代和起源尚未可知，我们还无法确定基督教的影响是否在这里起过作用。很可能没有。我们没有理由怀疑，在每一种古代文本中都存在着基督教的影响，例如在科马里奥斯的文本中（这些手稿的基督教序言都是被拜占庭修道院的抄写员擅自添加的）。[3]不过，正是该文本包含了“神秘复活”的所有特点，虽然在这里从死亡中复活并不是受拯救者影响，而是受“永恒之水”影响（参见图194），基督教的水的象

1 参见复活节前的星期三的圣言诵读（《以赛亚书》，62：11；63：1—7）。“你的装扮为何有红色，你的衣服为何像踹酒榨的呢？”而且……“他们的血溅在我的衣服上……”（《以赛亚书》，63：2，3）参见其他作者所说的“血红色的披肩”（pallium sanguineum）。

2 1，i，pp.21/22.

3 Berthelot，335，IV，xx. 该文本很可能写于公元1世纪。

图 193　白玫瑰和红玫瑰是国王和王后转换的最后产物。引自“Trésor des trésors”(手稿,17世纪),20,xxviii,fig.11,12。

征作用,完全可以形成一种准确无误的类比,即“水”就象征着“真理精神”,以及基督教仪式中的洗礼和圣餐。

3. 佐西莫斯与原人学说

456　但是,在一些据说是佐西莫斯晚期所写的文本中,我们发现了“上帝之子”与僧侣艺术有着确实的联系。参见以下翻译自希腊语文本的相关段落:[1]

1　参见Berthelot, 335, III, xlix, 4—12;吕埃勒(Ruelle)把它从希腊文翻译成了法文。鲁斯卡(Ruska, 492, pp.24—31)也翻译了该文本的第2到第19自然段。(转下页)

图194　硫黄是太阳，水银是月亮，它们在“永恒之水”的河上搭建了桥梁。引自Barchusen，*Elementa chemiae*，114，fig.9。

4：……如果你在人类社会中静修和生活，你将会发现，上帝之子为了那些虔诚的灵魂而变成了世间万物：为

（接上页）对这段文本的评论，也参见Scott，502，IV，pp.104ff。更多内容也请参见Bousset，340，pp.190ff。我在这里提供的译文是我自己翻译的，并得到了玛丽—路易丝·冯·弗朗茨（Marie-Louis von Franz）的帮助，有几处地方的翻译不同于吕埃勒和鲁斯卡的版本。

的是把灵魂从海玛门尼[1]的支配下解救出来，使其进入非物质的精神[领域]，你瞧，他是怎样变成一切的——上帝、天使和人都可能会遭受苦难。[2]因为只有拥有了统治一切的力量，他才能随心所欲地成为一切；他遵从的是上帝的旨意，因为他渗透在[3]所有的身体之中，并且照亮了每一个灵魂的心灵，激励着[4]后者追随他一直到达那个赐福的领域，早在开始出现有身体的事物[5]之前他就在那里了[6]，而那些心灵渴望着被他领进光明之中。[7]

5：请考虑一下比托斯(Bitos)[8]也写过的那种内容，以

---

1 该词意为"命运"(fate)，即自然的需要。

2 这段话从"你瞧……"开始的部分，因为宗教原因而被删减掉了。参见Reitzenstein，485，p.103；也参见Ruska，492，p.25。

3 Ruska，p.25："居住在每一个身体之中。"希腊语中的这个词更多是指"渗透"的意思。参见Bousset，340，p.191。

4 吕埃勒和鲁斯卡的译文："所以他(即上帝之子)升天了……"

5 鲁斯卡的译文："在他长出肉之前。"但是，这一翻译是有问题的，这句话的意思应该是在表达"在创世之前"。也可参见该文本的第9自然段。

6 Cf. 485，p.103，note 11.

7 司各特(Scott，502，p.119)把这一整段话都移到了第8自然段的末尾，因为按照他的观点，该内容并不适合炼金术的学说。但是，它构成了以前那种论点的证据，即人不应该向外奋斗来对抗他的命运，而是应该向内争取获得自知之明；上帝之子的这种向外的屈服就是这种论点的一个例子。

8 参见Reitzenstein，485，pp.107—108。此人可能指的是杨布里科斯(Iamblichus，194，VIII，4)提到过的先知毕提思(Bitys)，参见194，X，7。根据迪特里希(Dieterich，365，p.753)的观点，可以把该人物与帖撒罗尼迦的皮提斯(Pitys)相等同(Wessely，527，pp.92，95，98)。还是根据迪特里希的观点，也可以把他与普林尼提到的迪尔拉奇乌姆的比萨斯(Bithus of Dyrrhachium)相等同(Book XXVIII)。

及最最伟大的柏拉图[1]和无限伟大的赫尔墨斯也都说过，据说第一个写下文字的人是“透特”(Thoyth)[2]，他是世间万物的解释者，也是给所有实体事物起名字的人。[3]迦勒底人、帕提亚人、米堤亚人和希伯来人都把他称作亚当，这个名字可以解释为“处女地”、“血红色(或有血的)土地”、“暴躁的”或“世俗的”大地。[4]这些都可以在托勒密的图书馆里找到。他们把它[5]放在每一个神圣场所，尤其是在塞拉皮雍神庙之中，当阿森纳思(Asenas)[6]达到了耶

1 Cf. *Philebus*, *Phaedrus*.

2 在腓尼基神话中，是塔特斯(Taautus)发明了第一个文字。在鲁斯卡的译文中，又把塔特斯称作“Thoythos”，该词的更常见形式是“Thoyth”，意指埃及神话中的透特(Thoth)。参见Bousset，340，p.191。

3 Cf. *Philebus*. 在柏拉图那里，透特(即塔特斯)并不是作为“第一个人”，而是作为“神圣之人”出现的，他是为万物命名之人。

4 参见Scott，502，IV，p.121：“把亚当解释为‘处女地’，该词显然是从希伯来语和希腊语衍生而来的。”也参见Berthelot，p.89(335，iv，p.32)：“人类(亚当)都是从四种元素中诞生的。”

5 根据莱岑施泰因(Reitzenstein)和鲁斯卡的观点，这里有可能指的就是第一个人，即，在每一个神圣场所中他们都将其视为奥西里斯。也参见Lydus，*De mensibus*，218，IV，53：“在神学家当中，对于被希伯来人所崇拜的上帝，有许多相冲突的观点。因为埃及人认为赫尔墨斯就是奥西里斯，那个最高的存在，柏拉图在《蒂迈欧篇》中说到过他：‘他就是那个不知源于何处的存在。’”关于犹太观念是如何向埃及传播的，参见Reitzenstein，485，p.185。

6 根据莱岑施泰因和鲁斯卡的观点，阿森纳思与埃及的托勒密王存在联系。另一方面，吕埃勒则把阿森纳思视为未知的人物。实际上，对于这位名叫阿森纳思的大祭司，人们一无所知。司各特(Scott，502，p.122)认为，其意思是指亚西纳(Asenath)，她是安城(即古埃及圣地赫里奥波里斯)祭司波提非拉的那个漂亮女儿。根据《创世记》(41：50)记载，在约瑟被困于埃及期间，她为约瑟生了两个儿子。在经过基督教修订的一本讲解《圣经》的布道书中，我们发现了这个与约瑟坠入爱河的亚西纳的传(转下页)

路撒冷的大祭司[1]，他派出了赫尔墨斯，那个将所有的希伯来文翻译成希腊文和埃及文的人。

6：所以我们把第一个人称为透特，而他们称为亚当，这是用天使的语言命名的；但是考虑到他的身体[2]，他们参照整个天堂之球的四种元素[3]，并以象征的方式为之命名（图195）。因为A代表"上升"（希腊语中的东方），或者"气"；D代表"下降"（希腊语中的西方）……[4]因为它（土）比较沉；A代表"北极"（希腊语中的北方）；M代表"子午线"（希腊语中的南方），即这些身体的正中间，而火就在第

（接上页）奇故事，当时约瑟是作为法老的管家出现的；但是他拒绝了她，认为她是一个没有信仰之人。然后她就成了皈依者，并进行了忏悔，一个来自天堂的男性信使给了她一个天堂的蜂巢让她吃下，从而使她可以长生不死。他宣布，约瑟将要来迎娶她，而且从现在起她将被称为"庇护之地"。也参见Batiffol，329；Reitzenstein，484，pp.248ff.；Oppenheim，474；Wilken，531；Kerényi，438，pp.104ff。这位来自天堂的信使，其原型很可能就是赫尔墨斯。因此，对于我们的文本可以进行如下解读："当时，亚西纳到耶路撒冷的大祭司那里去寻求帮助，他把赫尔墨斯派给了她……"司各特则建议用"以利亚撒"（Eleazar）取代亚西纳，根据《亚里斯提书信》（*Aristeas Letter*）的观点，是他开启了希腊文《圣经》译本（也称七十士译本）的翻译工作；这也导致了，人们不得不把信使赫尔墨斯改为"翻译者"。但是，更有可能的是，这只是完全不相关的两个传奇故事。

1　也参见莱岑施泰因、鲁斯卡和司各特的译文。

2　这里也可以理解为"身体语言"，与前文提到的"天使语言"形成对照。

3　也参见《亚里斯提书信》。

4　文本中的这一部分缺失了，但我们完全可以假设这里包含"土"，或者包含"土"和"水"这两种元素。鲁斯卡认为应该删去关于"气"的部分，而司各特选择了保留并在缺失的部分加入了关于"土"的内容，我认为后者是正确的，因为此处明确表达出了要将四个方位与四种元素联系起来。

图195　以人的形象出现的造物主、宏观宇宙和微观宇宙，微观宇宙的四周被元素包围着。引自St. Hildegarde of Bingen，“Liber divinorum operum”（手稿，12世纪），20，xvii。

四区域的中间燃烧着。[1]因此，根据他的那种向外的和可见的形式，这个有身体的亚当就被称为透特，但是他身上的那个精神有着另一个恰当的名字，这个名字与前一个名字同样恰当。但这个恰当的名字，我还不知道：因为只有尼科西奥斯(Nikotheos)才知道，而他并未被找到。[2]但他通常的名字是"人"，也是"光明"，由此而来的人则被称为"光明之人"。

7：现在，当那个光明之人[3]在天堂中坚守的时候，从那里吹来的[4]是海玛门尼的气息，它们(那些元素)[5]说服他，他过去并不邪恶，也没有参与他们的活动，去和[6]亚当为伴，后者是由海玛门尼的四种元素创造的(参见图82、图117)。[7]天真的他并没有转过脸去；但他们接着夸耀说，他是他们的奴隶。(由此)赫西俄德(Hesiod)把这个外部的人称为宙斯用来捆绑普罗米修斯的锁链。[8]在这之

1 鲁斯卡的译文："位于这些身体正中间的就是成熟的火，它指向第四区域的中间。"莱岑施泰因的译文则省略了所有这些内容。

2 在莱岑施泰因的译文中，也是把这个名字理解为"未知的"，但在原文中，这部分文字的字面义是指"与前文有关的"。

3 这是一个双关语，参见Ruska。

4 莱岑施泰因的译文："从天堂那里吹来的是命运的气息。"

5 莱岑施泰因在进行解释时补充了"掌权者"(archons)这个词。但是，这更有可能指的是前面提到的那些元素。例如，请参见《加拉太书》(4：9)。

6 莱岑施泰因、司各特和鲁斯卡的译文："和他们在一起的亚当。"

7 Cf. Bousset, 340, p.193.

8 Hesiod, 183, 614(cit. Scott).

后，宙斯又送出了另外一个礼物：潘多拉，希伯来人称之为夏娃。因为，根据寓言所说，普罗米修斯和厄庇米修斯（Epimetheus）只不过是同一个人，即灵魂和身体。有时候他[1]很像是灵魂，有时候则很像是精灵，而有时候又很像是肉体（图196），这是由于厄庇米修斯的不服从所致，厄庇米修斯不听从普罗米修斯的忠告，即不听从他自己的心灵。因为我们的心灵[2]说："上帝之子啊，拥有统治万物的力量，他能随心所欲地化作万物，也能出现在每一个人身上。[3]耶稣基督使他自己与亚当成为一体，并在那光明之人曾经居住的地方把他生了下来。"[4]

8：他看起来甚至是一个非常虚弱的人，就像是一个可能遭受过苦难和蹂躏的人。在他暗中偷走了那些实际上属于他自己的光明之人后[5]，他才知道，实际上他并没有真地遭受苦难，死亡已被踩在脚下并被驱逐出局了。到这

---

1 原文中这里写的是"普罗米修斯"，但在莱岑施泰因的译文中被省略掉了，因为此处可能指的是"完整的人"。

2 此处，莱岑施泰因把"努斯"拟人化了。

3 鲁斯卡和司各特使用的是"出现"一词。可能是因为下面那句话确定了"人之子"的基本意思？

4 莱岑施泰因的译文中把这一整句话都删除了，认为这句话是源自基督教信徒的篡改。佐西莫斯后来是在基督教的意义上对其进行解释的，参见Photius，265，170。司各特的译文则把"耶稣基督"一词去掉，只采用"上帝之子"作为主语。

5 鲁斯卡的译文："把他自己的人性放到一边。"关于偷窃，请参见Hegemonius，177，XII："由于这个原因……他从他们（即王子们）那里偷来了他们的灵魂（或'他的灵魂'）。"

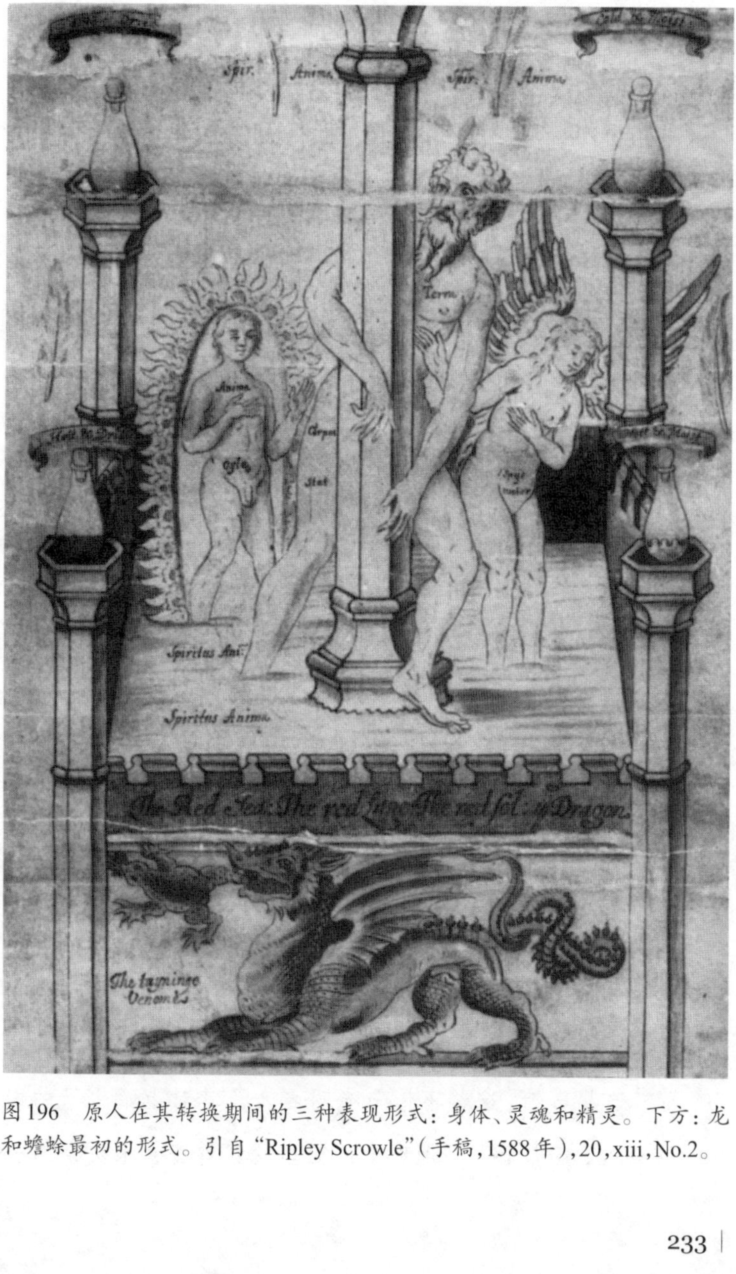

图196　原人在其转换期间的三种表现形式：身体、灵魂和精灵。下方：龙和蟾蜍最初的形式。引自“Ripley Scrowle”(手稿,1588年),20,xiii,No.2。

一天以及到世界末日，他会在很多地方出现，他秘密地和公开地与他自己的心灵相会，甚至还通过他们自己的心灵秘密地向他们咨询，和与他们相伴的亚当一起遭受着混乱之苦，以致把他从他们那里打跑并且把他杀死，这个瞎眼的饶舌之人妒忌这个拥有精灵的光明之人。（所以）他们就把亚当杀了。

9：这些事情一直就是如此，直到魔鬼安替米莫斯（Antimimos）到来，那个嫉妒之人，想要像以前一样把他们引入歧途，宣称他就是上帝之子，虽然他的身体和灵魂都是无形的。但是，自从真正的上帝之子占据了他们的心灵之后，他们就变得比以前聪明了，把他们自己的亚当给了魔鬼，使他被处死，并把他们闪光的精灵安全地带回到在世界开始之前他们所在的地方。不过，在安替米莫斯这个嫉妒之人做这件事之前，他就已经从波斯派来了先驱者，这个先驱者使错误的传言得以传播，并且通过海玛门尼的力量把人引入歧途。如果你坚持发出这个双元音，那么他的名字的字母就是九个，与海玛门尼的模式相对应。后来，大约在七个时代结束之时，他将以他自己的形象出现。

10：只有希伯来人和赫尔墨斯的那些圣书[才讲述了]这些事情，这些事情与光明之人及其对上帝之子的引导有关，与那个来到地球上的亚当及其对安替米莫斯的引导有关，安替米莫斯亵渎神明地把自己称为上帝之子并把人们引入歧途。但是，古希腊人把这个来到地球上的亚当称为厄庇米修斯，他是因为来自他自己的心灵、他的兄弟的劝告，而没有接受宙斯的礼物。但是，由于他犯过错误而且此后会感到后悔，在寻找“福佑之地”的过程中，他[1]把一切都弄明白了并且全面地忠告了那些具有精神听觉的人。但是，那些只有身体听觉的人都是命运之神的奴隶，因为他们既不理解也不承认任何别的东西。

11：所有那些在抓住最有利的时机使物质的颜色发生改变这件事情上获得成功的人，他们不会考虑别的事情，他们脑中只有那本关于火炉的伟大著作，因为他们并不尊重这门艺术，他们也不理解以下这位诗人说的话：“但是诸神并没有平等地对待人们。”[2]他们也没有观察和发现人的生活方式：甚至在同一门艺术中，人们是怎样以不同的方式达到目标的，是怎样以不同的方式进行实践的，又是怎样根据其不同特点和天上的星座，来从事这同一门艺术的；一个工人为何不活跃，另一个工人为何独自一人，一个人为何渎神地提出太多要求，而另一个人过分胆怯，

1 莱岑施泰因和鲁斯卡认为此处的“他”与普罗米修斯有关联，但这是不必要的，因为厄庇米修斯完全可以通过自身的命运来告诫那些拥有精神听觉之人该做什么。

2 根据司各特所说，这很可能是关于《奥德赛》(*Odyssey*, VIII, 167)的一个不确切的引语：其中描述了不同的个体是怎样得到了诸神给予的不同的礼物。佐西莫斯则进一步解释了，在所有艺术中，每个个体都有其独特的工作方法。

因而没有取得任何进步（在所有的艺术中事情都是如此），还有，那些从事同一艺术活动的人是怎样使用不同的方案和程序的，是怎样对其中的精神概念及其真正实现持不同态度的。

12：和所有其他艺术相比，这门神圣的艺术是更需要多加思考的……

457 从各种表面现象来看，佐西莫斯的上帝之子是一个诺斯替教的基督形象，更多地与伊朗关于原牛和原人迦约马特（Gayomart）的概念相类似，而不是与四福音书中的耶稣相类似。作者与基督教的联系并不清楚，因为他无疑属于炼金术的赫尔墨斯教派，从关于双耳喷口杯的那段话中就可以明显看出来。[1]就像在晚期的基督教炼金术中一样，在这里上帝之子是升华的一种范式，即，把灵魂从命运之神海玛门尼的控制中解救出来的一种范式。在这两种情况下，都可以把他等同于亚当，亚当是一个由四种不同的土组成的四位一体。他是原人，是第一个人，以四种元素为象征，就像那个与他有相同结构的哲人石。他也以十字为象征，其终端与四个基本点相对应（图197；也参见图82、图192）。这个主题常常用相对应

1 Berthelot, 335, III, li, 8.

图197　位于天堂、福音传道者、教会神父、美德这四条河流中间的耶稣基督。引自Peregrinus,“Speculum virginum”(手稿,13世纪),20,xlix。

的旅行来代替，例如奥西里斯的旅行[1]、赫拉克勒斯的冒险[2]、以诺（Enoch）的旅行[3]和在梅耶书中象征四个方位的"异域人"（peregrinatio）[4]（参见图97）。这些旅行也与赫尔墨斯·特利斯默吉斯忒斯有关[5]，这可能启发了梅耶的"异域人"概念，虽然更有可能的是，他把炼金工作想象为一种徘徊游历或奥德赛式的旅行，而不是阿尔戈英雄（Argonauts）寻找炼金术士们如此喜爱的"金羊毛"，这是一个在不止一篇论著中描述过的主题。在一部据说是大阿尔伯特（Albertus Magnus）撰写的论著中提到了亚历山大的征服之旅，其旅程以发现了赫尔墨斯的坟墓而结束，在那里有一只鹳栖息在树上，而不是一只凤凰。[6]

458 亚当与透特，即埃及的赫尔墨斯相对应（参见图68）。亚当

1 Diodorus，148，I，p.27.

2 克里特公牛引导赫拉克勒斯走向南方；狄俄墨得斯（Diomedes）的那些吃人的牝马引向北方（色雷斯）；希波吕托斯引向东方（塞西亚）；革律翁（Geryon）的公牛则引向西方（西班牙）。赫斯帕里得斯花园（西方的死亡之地）引向第十二件功绩，一场通往冥府（地狱三头犬刻耳柏洛斯）的旅行。

3 《以诺书》（*Book of Enoch*，17—36），参见Charles，351，Vol. II，pp.199ff。这些旅行指向大地的四个方位。在西方他发现了一个四重的地下世界，其中有三重是黑暗的，一重是光明的。

4 这场寻找墨丘利乌斯和凤凰的旅行开始于欧洲，指向美洲、亚洲，最后则指向非洲，参见*Symbola aureae mensae*，222，pp.572ff。

5 参见Marius Victorinus（Halm，402，p.223；引自Reitzenstein，485，p.2653）。

6 7，xvi，p.527："亚历山大发现了赫尔墨斯的坟墓，在坟墓的外面有一种树，树的内部是荣耀的绿色。上面坐着一只鹳，它自称是月亮的圆环。他在那里修建了金色的座位，为他的旅途画上了一个合适的句号。"这只鹳是一只赫尔墨斯鸟（avis Hermetis），很像鹅和鹈鹕（图198）。

的那个内部的拥有精神的人被命名为“光明”。尼科西奥斯知道光明之人的神秘名字，他在佐西莫斯那里作为一个神秘的要人出现过两次[1]，在一个埃及科普特人的诺斯替教文本中也把他作为上帝的独生子而提到过。波菲利（Porphyry）生活在普罗提诺（Protinus）时代，因此他把普罗提诺说成《启示录》（*Apocalypse*）的作者。[2]摩尼教（Manichees）认为他是预言家，类似于闪（Shem）和以诺。[3]

图198　鹅或者赫尔墨斯的天鹅（cygnus Hermetis）。引自*Hermaphroditisches Sonn- und Mondskind*，37，p.54。

459　普罗米修斯和厄庇米修斯代表的是那个内部和外部的人，就像耶稣基督和亚当一样。上帝之子所具有的那种“成为一切”的能力，不仅是普纽玛的一种属性，也是墨丘利乌斯的一种属性，后者那无限的转换力量，以及其在占星术领域的多样性（图24），都受到了人们的赞美。[4]他就是作为原初物质的

1　Cf. Berthelot，335，III，xlix，1.

2　Baynes，331，pp.84ff. 也参见Bousset，340，p.189；Schmidt，498，pp.135ff.；Turfan Frag，in Henning，409a，pp.27f。

3　Puëch，481，pp.197f.

4　Philalethes，6，xv，p.771：“他随心所欲地把自己进行转换，假设了各种形象（面具）。” Aegidius de Vadis，7，x，p.118：“因为他的那种把自己进行转换的奇妙能（转下页）

哲人石，具有转换力的卓越物质，据说可以渗透到所有的身体中[1]，就像毒药[2]一样（图150）。

460 那位模仿者和代表邪恶的安替米莫斯是作为上帝之子的对手出现的：他也认为自己是上帝之子。在这里，隐含在神性中的对立物显然被区分开了。我们在许多地方都曾遇到过这个魔鬼：他会作为黑暗中的精灵在人的身体中被发现，他强制后者的灵魂来满足他全部邪恶的倾向。[3]炼金术中与这种敌对力量相类似的是墨丘利乌斯的双重性，这在咬尾蛇现象中最清楚地表现出来，他就是把自己吞噬、供养、生出、杀死，并且使自己获得再生的那条龙。作为雌雄同体的存在，他是由对立物组成的，同时也是这些对立物统一的象征（图148）：例如致死的毒药、毒蜥、蝎子、万灵药和救世主（图199）。

461 佐西莫斯在炼金工作的神秘意义和诺斯替教关于拯救的秘密之间发现了很多相似之处，他实际上以此揭示了炼金术的所有深奥难懂之处和其独特的炼金术神学。这表明，学术型的

（接上页）力，他才被称为墨丘利乌斯。”

1 “Tabula smaragdina”，71：“他将要渗透到每一个固体物质之中。” *Rosarium*，2，xii，p.259：“他是渗透到身体中的最纯洁的油。” “Rosinus ad Sarratantam”，2，vi，p.302：“一个活着的精灵，不是在别处，而是在这个世界上，就像他那样；而且他渗透到所有的身体中。”

2 参见Geber，170。也参见Lambspringk，“Figurae”，6，vii，p.352：“然后，他散布了他的毒药。” Flamel，6，v，p.173：“有毒的气体。” Ripley，288，p.24：“神圣的毒药。” “Gloria mundi”，6，vi，p.250：“致死的水银。”

3 Pistis Sophia，参见Schmidt，497，pp.46，207。

图 199　站在有翅膀的混沌球体上面的雌雄同体，还有七颗行星和龙。引自 Jamsthaler, *Viatorium spagyricum*, 199, p.75。

炼金术士把哲人石与耶稣基督相等同的做法，早在诺斯替教的时代就有先驱者做过类似的事情了，所以这根本就不只是中世纪的一种特例。

4. 佩特鲁斯·博努斯

462 专门处理石头与耶稣基督之间联系的最古老的线索看起来是《高贵的珍珠》(*Margarita pretiosa*)这本论著，这是佩特

鲁斯·博努斯于1330—1339年间写成的。[1]我摘录了如下这段话：[2]

> 这门艺术部分是自然的，部分是神圣的或超自然的。在升华结束之际（图200），通过精灵的中介，那里生长出一个闪光的白色灵魂，他和精灵一起飞向天堂（参见图134）。这显然就是那块石头。迄今为止这个程序确实有点神奇，但仍在自然的框架之内。就升华结束时灵魂与精灵的固化和永恒化而言，这件事情发生在那块神秘的石头被添加上之际，它不可能被感官所把握，而只能被理智把握，通过灵感或神圣启示，或者通过某种教诲。亚历山大说，有两种类型：通过眼睛看到和通过心脏理解。[3]这块神秘的石头是上帝的一份礼物。如果没有这块石头，就不可能有炼金术。它就是金子的心脏和颜色，对此赫尔墨斯认为："在世界末日，天堂和大地必须统一起来，这是个哲学

---

1 Cf. *Bibliotheca chemica curiosa*, 4, viii. 盖斯纳（Gessner）提出，博努斯和雷蒙德·卢利是同时代人，但是马祖凯利（Mazzuchelli, 1762）认为博努斯生活在大约1494年。弗格森（Ferguson, 380, I, p.115）对这个问题没有给出确定答案。因此我在此给出的日期是有所保留的。其文本中引用到的所有作者都生活在14世纪之前，文中也没有任何证据能证明该文本的创作晚于14世纪上半叶。

2 4, viii, Ch.VI, pp.29ff.

3 在心理学上与这两个范畴相对等的是以感知觉为基础的意识认知，以及无意识内容的投射。就此内容而言，"心脏"是一个合适的称呼，因为心脏区域（图149）代表的是意识的一个更原始的位置，甚至在更高水平上，仍然包含着情绪思维，即，那些深受无意识影响的内容。

图200　鹰和天鹅是升华了的精灵的象征。前景中的人是萨图恩。引自Mylius, *Philosophia reformata*, 239, p.126, fig.13。

词语。”[1]毕达哥拉斯在《哲人集》中也说:“上帝把它隐藏起来不让阿波罗知道,这样世界就不会遭到毁灭。”所以炼金术位于自然本性之上,而且是神圣的。这门艺术的全部困难就在于这块石头。智者不可能理解它,所以必须相信它,就像神迹和基督教信条的基础一样。因此上帝本身

1　我觉得我不得不把这个短语翻译成上面这样,因为后来的炼金术在耶稣基督和哲人石之间做了区分,耶稣基督是“写下的文字”而哲人石是“说与做”(“Orthelii Epilogus”, 4, xiv, p.526)。

就是操作者，而自然本性是消极被动的。正是通过他们对这门艺术的理解，古代的哲学家才知道了世界末日的到来以及死者的复活。这时灵魂将要永远地与其原初的身体结合在一起。身体的外表将完全改变，不会腐烂，几乎令人难以置信的精细，而且它将渗透在所有的固体之中。其自然本性将会等同于精神和肉体。当这块石头分解成粉末时，就像一个人在坟墓里那样，上帝会把灵魂和精灵恢复到它身上，把所有的不完善都拿走，此时那种物质便得到加强和改进，犹如复活之后，人变得比以前更加强壮和年轻一样。古代哲学家们从这门艺术中理解了最后的审判日，即，在这块石头产生和诞生之际，因为等待得到赐福的灵魂与其原初的身体，就是在这个过程中结合成了“永恒的荣耀”。所以，连古人们都知道，一个处女也必然会怀胎和生孩子，因为在他们的艺术中，石头也会怀胎和把自己生出来。[1]这种事情只有通过上帝的恩泽才会发生。因此，阿尔费迪乌斯（Alphidius）[2]谈到过这块石头，认为其母亲是一个处女，而其父亲则从来就不知道女人。此外，他们还知道，在从事这门艺术活动的最后一天[3]，当这项工作完成之际，上帝就会变成人；而且那个生孩子的人和被生

1 作为对上帝的一种类比。

2 被尊奉为生活在12世纪的阿拉伯哲学家。

3 在炼金术的工作中人们可以这样想象，其程序类似于创世和世界末日。

出的人，那个老男人和小孩，父亲和儿子，都将变为一体。现在，既然除了人之外，没有任何其他创造物能够与上帝结合在一起，考虑到他们的差别，上帝就必须变得和人相似。而且这是直到耶稣基督和他的处女母亲身上才发生的。[1]所以巴尔古斯（Balgus）在《哲人集》中说："哦，多么伟大的自然奇迹啊，竟然把那个老男人的灵魂变成了一个年轻的男孩，把父亲变成了儿子。"（参见图166、图167）。柏拉图也曾以类似的方式写了一本福音书，他是在福音传道者约翰写完之后很久才完成的。柏拉图写的是开头的几段话，从"一开始是这样说的"到"有一个从上帝那里送来的人"。[2]上帝向这位哲学家展示了这个奇妙的例子，他可以实施这个超自然的杰作。摩利努斯说，上帝把这个权力委托给哲学家或预言家，上帝已经在天堂里为他们的灵魂准备了一个居住之地。[3]

463 这个文本至少比昆哈特的文本早一个世纪，该文表明，在耶稣基督的秘密和哲人石的秘密之间毫无疑问有一种联系，这种联系如此明显，以致这个哲学的炼金工作似乎就像是神圣的

1 参见"Liber de arte chimica"，2，x，pp.581，613。

2 此处指的是一个更古老的伪柏拉图文本，对此我还没能追溯到其来源。该文本显然认为，哲人石与耶稣基督是类似的事物。就像在《论黄金》中论述过的那样。

3 摩尼教对于摩利努斯的影响并不难想象。

拯救工作的一种类比和模仿,或许甚至就是一种延续。

5.“火神安哥拉”和关于智慧的学说

464 另一个来源是《曙光乍现》[1],可见于一个15世纪的手抄本。遗憾的是,这部手稿残缺不全,而且只是从第四个寓言才开始的。我是通过下述事实才意识到这一点的,即印刷这本书的人只出版了《曙光乍现》(1593)的第二部分。他在序言中给读者写了一个简短的注释,他说,他是有目的地省略了关于寓言的全部文本,因为,按照反启蒙主义者处理《圣经》的方式(特别针对《箴言》和《诗篇》,但主要是针对《雅歌》),会让读者认为,神圣的经文只是为了炼金术的荣耀才写的。他说,作者甚至通过把它变成哲人石的秘密,从而亵渎了化身和耶稣基督死亡这个最神圣的秘密——当然,这样做并不带有任何邪恶的想法,就像那位印刷工康拉德·瓦尔德基希(Conrad Waldkirch)乐意承认的那样,这是反启蒙时代的人们的普遍期待。瓦尔德基希的意思是指宗教改革之前的时代的那些关于人和物质世界的观念,关于在物质秘密中有神圣存在的经验,已经完全从他自己所处时代的新教徒的视野中消失了。

465 这篇文章完整地保存在《拉丁抄本》(Codex Parisinus

1 有一本正在准备出版的书(386b)将要以拉丁文和德文重现这个文本,由玛丽—路易斯·冯·弗朗兹翻译和编辑。《曙光乍现》(14)是炼金术之神秘方面的一个极具特点的例子,对炼金术不同寻常的心理状态提供了非常有意义的启示。

Latinus 14006）之中。在约翰内斯·瑞纳努斯（Johannes Rhenanus）的收藏[1]中也有。这本书据说是圣托马斯·阿奎那（1225—1274）写的，其年代或多或少可以从下述事实中判断出来，其中引用的最近代的作者是大阿尔伯特（1193—1280）。在15世纪到处被引用的一些作者，如维拉诺瓦的阿诺德和雷蒙德·卢利却都没有提到。因为托马斯在1323年被正式宣布为圣徒，正处在其名望的高峰，从那时起人们就认为这些文本是他写的，这一点非常重要。如果我们把日期确定在14世纪上半叶，我们很可能也不会太过时。这位作者显然是一个神职人员，他对拉丁文《圣经》了然于胸。他的全部语言都来自《圣经》之中，就像他的心中充满了炼金术哲学一样。对他来说，炼金术绝对等同于天主智慧。他在其论著一开始写的那些话摘自《所罗门的智慧》（7：11）和《圣经》中的《箴言》（1：20—21）：

> 所有的好事都和她一起降临到我身上[2]，南风将智慧带到人间；她在大街上发出她的声音[3]，在众人前面呼喊着，在城市大门的入口处说出这样的话："到他跟前来吧，

---

1 柯普（Kopp, 442, II, p.343）指的就是这件收藏品，《无法探知的和谐》（*Harmoniae imperscrutabilis*, 285），在其中可以找到《曙光乍现》（Decas II, pp.175ff.）。

2 拉丁文《圣经》（7：11）："现在所有的好事都和她一起降临到我身上，通过她的手带来了无数的财富。"

3 拉丁文《圣经》，《箴言》（1：20—21）："智慧传向人间：她在大街上发出她的声音，在众人面前呼喊出来，在城市大门的入口处说出……"

你将受到启示，你的操作活动将不会发生混淆。[1]所有渴求我的人，将充满了我的财富。[2]来吧，孩子们，听我说，我要把上帝的科学教给你。谁有智慧，(谁就会)理解这些事情，在谈到这些事情时阿尔费迪乌斯说，男人和孩子是在公路和大街上把它们传递下来的，它们每天都被拉车的动物和牛踩进泥土之中……"

466 这里的智慧女神(Sapientia)指的就是圣灵的智慧。[3]在我们的作者看来，智慧女神就是"南风王后"[4]，据说她来自东方，就像曙光一样(图201)。[5]

467 在没有提到上述论著的《哲学玫瑰园》中有这样一段话：[6]

这个[智慧女神]是我的女儿，为了她，男人们说，这

---

1 拉丁文《圣经》,《诗篇》(33：6)："你到他这里来并接受启蒙吧：你的脸面将不会被混淆。" 还是拉丁文《圣经》,《德训篇》(24：30)："他听了我的话就不会发生混淆：在我身边工作的他们就不会犯罪。"

2 拉丁文《圣经》,《德训篇》(24：26)："到我这里来吧，所有渴求我的人：你将充满了我的果实。"

3 Eucherius, 157; Rabanus, 280; 参见拉丁文《圣经》,《哈巴谷书》(3：3)："上帝将从南方来，而神圣之人将从巴兰山来。"

4 拉丁文《圣经》,《马太福音》(12：42，在11：31处有几乎相同的话)："南方的王后将在审判中和这一代人一起升起，并将对它进行谴责：因为她来自大地的末端，想要倾听所罗门的智慧。在这里她比所罗门更伟大。"

5 拉丁文《圣经》,《雅歌》(6：9)："她就是那个在早晨升起，像月亮一样美丽，像太阳一样明亮的人……"

6 2, xii, p.294.

图201　智慧女神是智者之母。引自Aquinas, "De alchimia"(手稿,16世纪),20,ix,fol.53。

个南方的王后来自东方,就像初升的曙光,为的是听见、理解和看见所罗门的智慧;权力、荣耀、力量和统治权都被交到她的手上;她头戴有着七颗闪闪发光的星星的皇冠,就像一个为了丈夫梳妆打扮的新娘,在她的长袍上用金色的字母书写着,用的是希腊文、阿拉伯文和拉丁文:"我是智慧的唯一的女儿,愚蠢的人对此一无所知。"

468　毫无疑问这是一段摘自《曙光乍现》的引文。原文是十二颗星星,而不是七颗,后者显然指的是《启示录》中的七星,"就像人之子一样"(1: 13, 16; 2: 1)。这些星星代表的是七个教会中的七个天使和上帝的七个精灵（图202）。在历史上，七还指代七位古代行星之神，它们后来居住在炼金术的七种金属中（图21、图79、图154）。在过去的一百五十年里它们只是被科学排除在外了。即便是在帕拉赛尔苏斯的《伟大的神迹》中，代表原初物质的“诸神”仍然当上了执政官，“这是它们自己的毁灭，也是我们的毁灭”。[1]

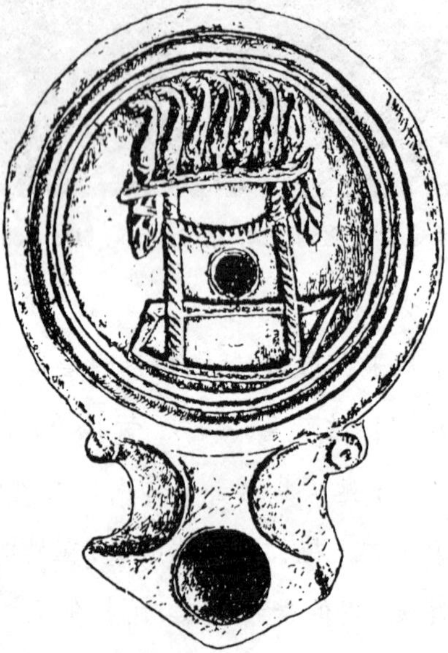

图202　圣餐仪式桌子上的七条鱼。基督教的迦太基（Carthage）陶器灯；引自Eisler，374，Plate LIX。

1　Sudhoff，514，XIII，p.403.

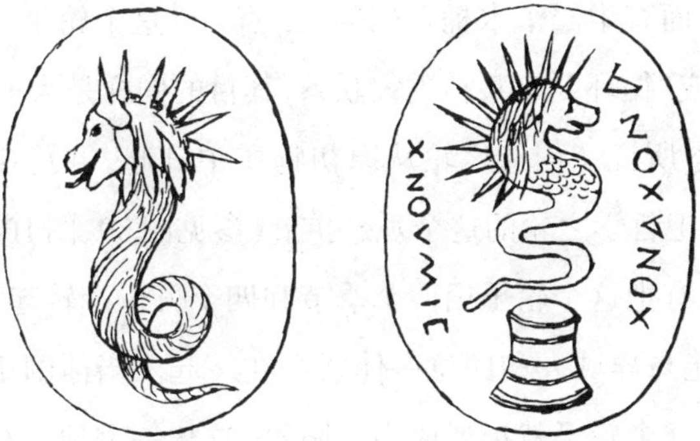

图203，图204　左：头戴七道光束皇冠的狮头蛇；右：有十二道光束的狮头蛇，在一块祭坛石的上方。诺斯替教的宝石和护身符；引自King, *The Gnostics and Their Remains*, 439, Plate III, figs.7, 2。

469　原文中的十二颗星星指的是黄道十二宫的十二种标记和十二使徒（图92、图100）。诺斯替教宝石上的好运之蛇，在其头部周围也有七或十二道光束（图203—205）。在克莱门特（Clement）的第二次讲道中（141），人们观察发现，使徒的数量与十二个月份相对应。[1]在摩尼教体系中，救世主为了灵魂的升华建造了一个太

图205　命运女神（？）是长着七个头的蛇。马斯特里赫特圣瑟法斯大教堂的图章；引自King, 439, p.119。

1　Cumont, 358, I, p.356.

空轮，上面有十二个水桶（黄道十二宫）。[1]这个轮子与炼金术的“轮”或“循环”[2]有某种重大联系，其目的同样是为了升华。[3]正如多恩所说：“创造之轮从原初物质中升起，并传递给单一元素。”[4]把哲学之轮的这个观念扩展（参见图80、图104），瑞普利说，只有把这个轮子用四个季节和四个方位翻转起来，这个象征才能与异域人和四位一体联系在一起。当他围绕着天国转动时，这个轮子就扩展成为太阳轮，这样一来他就与太阳—神或太阳—英雄相等同了，这个太阳—神或太阳—英雄顺从地从事着艰苦的劳动，听命于自我焚烧的激情，就像罗马神话中的大力神赫拉克勒斯那样，或者顺从地被囚禁在邪恶原则手中，被分割和肢解，就像奥西里斯那样。一个堪与太阳战车相类比的著名类似物就是那辆火热的战车，以利亚就是乘坐

---

1 Hegemonius，177，pp.12f.：“但是，当这位活着的父亲看到，灵魂在身体中遭受折磨时，他就（因为他仁慈和富有同情心）把他亲爱的儿子送来拯救灵魂。儿子来到之后，变成人形，在人类面前使自己表现为一个人，虽然他并不是人，而且人们认为他是被生出来的。当他到来时，他提出了一个拯救灵魂的建议，并建造了一架有十二个水桶的机器，它是通过球体的旋转来发动的，它把死去的灵魂抬升起来；这些灵魂被更明亮的光束，即太阳，照耀着，得到净化并传到月亮那里，这就是我们通常所说的那种满月圆盘。”同样的一段话可以参见*Panarium of Epiphanius*，154，Haer，LXVI。

2 乔治·瑞普利描述了土变成水，水变成气，气变成火的转换过程（288，p.23）：“因而你转动了元素的轮子。”

3 炼金术与摩尼教之间有一些神秘的联系，或至少有一些惊人的类似，但还需要调查。

4 “Philosophia chemica”，7，vi，p.492；也请参见Mylius，239，p.104：“所以，位于大地之上的天国必须多次进行重新生产，直到大地变得像天国一样富饶，天国变得像大地一样，并且加入大地之中；此时这项工作才得以完成。”

那辆战车升上天堂的（图206、图207）。[1]因此，伪亚里士多德说：“带上那条蛇，把它放在有四个轮子的战车上，让他再次回到大地上，直到它沉没在大海的深处，除了最黑暗而又死寂的大海之外，什么也看不到。”[2]这里使用的意象当然是沉向大海的太阳，在这里太阳被那条水银之蛇所取代，也就是说，被有待转换的物质所取代。迈克尔·梅耶实际上把“循环”视为太阳之旅的象征：

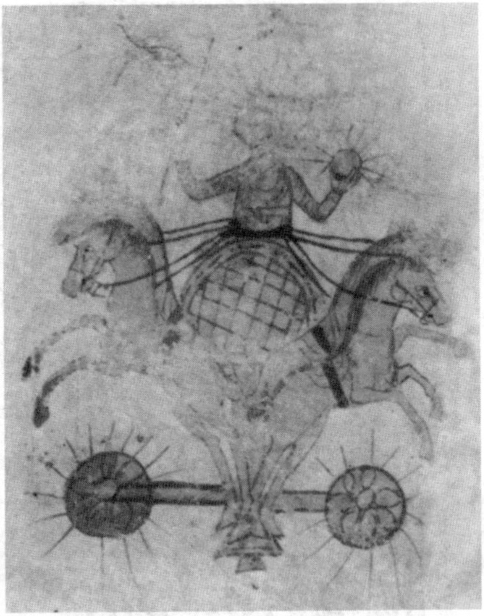

图206　坐在一辆四匹马拉的马车上的太阳神赫利俄斯。引自Theodore Psalter，20，xv；也参见Tikkanen，517，p.25，fig.25。

虽然这位英雄就像一个快乐的巨人一样[3]，在东方升起，又急匆匆地落下，他可能会永远地返回东方，他使这些

1　Cumont，358，I，p.178.

2　7，xxix，p.885.

3　参见拉丁文《圣经》，《诗篇》（18：6—7）：“他已经在太阳中设置了他的临时住所：他是一个从新郎卧室里走出来的新郎，很高兴能像个巨人那样走路。他是从天国的末日中走出来的。”

图 207　以利亚的升天。早期基督教壁画；引自 Ehrenstein，372，p.699。

循环动起来，在这个闪光的水银物质中，就像在镜子中一样，通过人类的努力或许可以找到金子，从不纯洁中得到净化，受到火和水的检验，并使之得到应用，使上帝这个造物主感到高兴。

470 太阳描画的这个圆圈就是"又回到它自身的那条线"（就像那条咬住自己尾巴的蛇一样），梅耶说，在这种情况下或许可以感知到上帝。他称之为“闪光的泥土”，是“通过轮子和最至高无上且全能的窑匠之手”制作出来的土属性物质，太阳的光束就是在那里被收集和聚集起来的。这个物质就是金子。[1]在那篇名为《打开通往封闭王宫之门》（“Introitus apertus ad occlusum Regis palatium”）的著作中，菲拉利西斯[2]详尽阐述了梅耶的观点：他说，在“我们的”水银当中有一种炽热的硫黄或硫黄般的火。这种火是“精神的种子”，是我们的圣母玛利亚[3]在她自己身上收集的，因为，根据知晓炼金术奥秘之作者的观点和经验本身所示，只有未受玷污的处女才被允许有“精神之爱”。[4]要注意，这个“未受玷污的”处女，显然可以和圣母玛利亚相类比，她是因一粒种子而怀孕的，这粒种子并非来自任何圣灵，而是来自一种“硫黄般的火”，即，一种“炼狱之火”。[5]这个处女就是墨丘利乌斯[6]（图208），由于硫黄这个活跃的男

1 Maier，220，pp.15f.

2 一位匿名的英国作者，大约写作于1645年。其著作可参见*Musaeum hermeticum*，6，xiv。

3 “Nihilominus intemerata remanens”（但是，一直保持纯洁）。参见拉丁赞美诗中的“mater amata，intemerata”（敬爱的母亲，纯洁无瑕）；也请参见*Acta Archelai*，177：“virgo pulchra，ornata，ad persuadendum valde apta”（美丽的处女，梳妆打扮，非常适合于说服人），作品中的这个角色时而是男，时而是女。

4 6，xiv，p.661.

5 这种类似性表明了，尽管有很多相反的证据，但从基督教的观点来看，炼金的工作在多大程度上是一种不可探索的奥秘。当然，从客观的观点来看，它只是冥府的一种秘密，正如我在《炼金术之梦》中所表明的，这个秘密起源于无意识的转换过程。

6 墨丘利乌斯的女性本质与月亮有关。

性原则的存在，他是雌雄同体的。[1]硫黄是“易挥发的黄金”(图209)，一种“精神的”黄金，是《哲学玫瑰园》里的“哲学家的黄金”，同时也是“使轮子和轴在圆圈中转动的原始驱动力”。

471 劳伦修斯·文图拉[2]不可能阻止人们把轮子与以西结(Ezeliel)的幻想联系起来。所以，在谈到哲人石的时候，他说，以西结“在它的形象中看到了轮子内部的轮子和位于轮子中间的那个活的创造物之灵”(图109、图207)。[3]他说，“因此，这种秘密被有些人称为‘神之领地’。”[4]看起来，该想法并不是文图拉的一个幻想，而是，正如他所说，来自“莉莉姆”(Lilium)的一条语录，其来源我还没有查明，虽然一定可以把它追溯到14世纪或者更早。[5]

472 关于循环的炼金工作和旋转的神秘物质的观点早在科马里奥斯那里就曾以不同的方式表达过，科马里奥斯曾谈到过

---

1 在狄奥多勒(Theoderet)的作品中“男性的处女”也是一个摩尼教的观念。

2 他的著作(*De ratione conficiendi lapidis philosophici*, 318)是1571年在巴塞尔印刷的。

3 拉丁文《圣经》,《以西结书》(1: 15):“现在当我正观看这些活物时，见这些活物的四张脸旁各有一个轮子在大地上。(16)这些轮子的形状及其做法就像是大海的样子：那四张脸看起来全都一个样式。它们的形状和做法就像是轮中套轮。(20)因为生命之灵就在这些轮子之中。”

4 7, xiv, p.259.

5 实际上，就我所知，有两篇论文的题目里包含“Lilium”，参见Grasseus,“Lilium inter spinas”, 173；以及Guilhelmus Tecenesis,“Lilium de spinis evulsum”, 174。“Lilium”或“Lilius”也参见《哲学玫瑰园》。

图208　作为“世界灵魂”的墨丘利乌斯。引自*Turba philosophorum*, 20, xxxiv。

图209　有翅膀的球体(aurum aurae),是这项工作的最终产物及其在生命之泉中的反射,也是这项工作与其属性(树木,代表行星的山等)的象征。引自Balduinus,*Aurum hermeticum*,113,卷首插画。

“以轮子的方式表现出来的旋风的秘密”。[1]也参见拉丁文《圣经》,《撒迦利亚书》(9:14):“……上帝将吹响号角,乘着南方的旋风而行。”佐西莫斯的神秘箴言很可能会在这里有某种关联:“‘征服自然的自然’和‘它得到完善并且变得像风一样’,

1　Berthelot,335,IV,xx,17.

这句话是什么意思呢？”[1]这种转换中的物质是对旋转的宇宙，对宏观宇宙的一种类比，或者是把它印刻在物质的心脏之中的一种反映。从心理学上讲，它是反映在无意识之中的旋转的天国，一个被炼金术士投射到他自己的原初物质之中的世界意象（imago mundi）。但是，这样一种解释多少有些片面，因为关于神秘物质的观念本身就是一个原型，在灵魂的“闪光”和“单子”中就已经最简洁地表达出来了。

473 在《所罗门的智慧》中对“智慧”的拟人化手法，显然是把她与“南方的王后”相等同了。在炼金术中她总是以智慧女神的面目出现，在教会神父的作品中，南风是对圣灵的一种类比，这很可能是因为它既热又干燥。由于同样的原因，在阿拉伯的炼金术中升华的过程是以“伟大的南风”而为人所知的，指的是蒸馏器的加热。[2]圣灵也是很暴躁的，而且会使人兴奋。可以说，和它相类似的就是那个隐藏的火，居住在墨丘利乌斯之中的精神之火，其对立的两极就是火和水银。因此，当阿布·卡西姆（Abul Kasim）把那种火说成是“伟大的南风”时，他与古希腊人的观点是一致的，认为赫尔墨斯是一个风神（图210、图

1 Berthelot, 335, III, i.

2 Holmyard, 412, p.43:“……但是，赫尔墨斯所说的‘当伟大的南风刮起来时，会使云彩升起来，会把大海里的云彩带上来’，这句话是什么意思呢？他说，如果力量的聚集不成功的话，复合物将不会上升到蒸馏器的顶端，即便它确实升上去了，它也不会进入到接收器里。在它上升到蒸馏器的顶端之前，有必要把第一遍水和第二遍水与它相混合。他说：‘这就是伟大的南风吗？’他说：‘是的，国王。’”

211)。[1]

474 我曾相当长时间地思考《曙光乍现》的那些开场段落，因为它们是对作为一个整体的组成部分的绝妙例证，在语言和主题方面都是如此。但是，由于《曙光乍现》的第一部分在后来

图210 “风把它携带在肚子里”(《翠玉录》)。那个分离出来的胎儿就是新生的墨丘利乌斯。引自 Maier, *Scrutinium chymicum*, 221, Emblema I。

1 Roscher, 488.

图211　大气之神(Aër)是全部和谐的制造者；在内环中：阿里昂(Arion)、毕达哥拉斯、俄耳甫斯；在外环中：九个缪斯女神；在角落里：四种风。引自“Recueil des fausses décrétales”,20,xlix。

是作为宗教炼金术的一个例子而出版的，因此我只在这里才提及一些哲人石与耶稣基督的类比。

475 《曙光乍现》第一部分第二章把科学（指炼金术）称为上帝的恩赐和圣礼，是智者会用比喻手法隐藏起来的一种神圣的东西，看起来，炼金工作注定就等同于神圣的礼拜或弥撒（参见下文）。在第一部分第六章，哲人石是用《雅歌》的话语描述的，“我们钟爱的儿子”[1]，以及用《诗篇》的话语来表述的，“你瞧瞧他，他的漂亮远在人类之子之上，他的美丽受到太阳和月亮的赏识”。[2]“哲学之子”在这里与“新郎”相等同，就我们所知，可以把他解释为耶稣基督。在第二个寓言里（《曙光乍现》第一部分第七章），我们看到这句话：“但是，当完成的时辰已到，上帝就按照其承诺把他的儿子送来[3]，他把其儿子任命为万物的继承者，他也凭借他的儿子创造了世界[4]，他曾对他的儿子说：‘你是我的儿子，今天我把你生出来。’[5]那些东方的智者也给他带来了三件宝贵的礼物”，等等。在这里还是把耶稣基督等同于哲人石。在第四个寓言里（《曙光乍现》第一部分第九章的开头）把他比作三位一体（参见图179、图180）：“这个人就是父亲，这个人就是儿子，这个

1 拉丁文《圣经》,《雅歌》(5：16)：“这就是我钟爱的……”

2 拉丁文《圣经》,《诗篇》(44：3)：“你的美丽在人之子之上。”

3 Gal.（D.V.）4：4.

4 Heb.（D.V.）1：2.

5 Heb.（D.V.）1：5，5：5.

人就是圣灵，而且这三者是一体的：身体、精神和灵魂；因为所有的完美都是建立在“三”这个数字上的，也就是度量、数量和重量。”（图212）

图212　有三个头的三位一体。引自“Speculum humanae salvationis”，68（a）。

476　第六个寓言（《曙光乍现》第一部分第十一章）说：

在《哲人集》中是这样写的：大地承载着万物，因为它很重[1]；它是全部苍穹的基础，因为它看上去很干燥[2]，这

1　Ruska，493，p.148.

2　Espagnet，4，xvii，p.656，par.lxxiii：“哲人石的生产是以创造世界的模型为基础的。因为它必须要有自己的混沌和原初物质，元素在其中波动、混合，直到它们被暴躁的精灵分离开。水聚集在一个［地方］，干燥的土地便出现了。”

是在元素分离之时观察到的。[1]这时，在红海中出现了一条畅通无阻的路，因为这个伟大而宽广的海[2]把岩石撞碎[3]，那些含有金属的水[4]便流了出来（图213），河水被吸干[5]，虽然它曾使上帝的城市感到快乐。[6]当这种终有一死的东西穿上了不朽的服装，当这种可能会腐烂的东西变得不会腐烂时，这种说法才会真正得到实现：死亡被胜利吞灭——哦，死亡，你的毒钩在哪里？[7]在他们的罪孽大量存在之

1　4, xvii:"最后［在黑色中］石头被分离成四种混合在一起的元素，这是通过星辰的退行运动而产生的。"这里指的是太阳和月亮的化合，这之后他们被死亡所战胜（图223）。参见《哲学玫瑰园》中的那一系列象征，2, xii, p.254。"在黑色出现后就是白色"，这种白色的"硫黄"就是哲人石。

2　哲学家们的"大海"，以及"智慧之海"（这是赫尔墨斯的众多名称之一，参见Senior, 323, p.31），显然都是对摩西的一种隐喻。

3　当碰撞出普纽玛的火花时，加热的水也从石头中流出。在后来的炼金术文献中，人们也常常把这块石头比作耶稣基督（在教会的雌雄同体中也可以看到），创造奇迹的水就是从那里流出来的。也参见Justin Martyr（引自Preuschen, 478, p.129）："作为来自上帝的一眼活水泉，在对上帝的全部知识一无所知的异教贫瘠的土地上，这个耶稣基督出现了（参见图213），他甚至在你们这些人的身上出现，并且治愈了你们的疾病，那从出生之日起就伴随着你们的肉体上的残疾，如瞎子、哑巴和跛子……而且他醒来时是死亡的状态……这样做是为了使那些准备信仰他的人相信，即便一个人承载着任何身体上的疾病，只要其还坚守着上帝给与的戒条，当耶稣基督使他不朽、不会腐烂和没有悲伤之后，他就能在没有残疾的身体中醒来。"

4　常见的意象包括水银之水等。

5　就像是使干渴的大地湿透，并给大地提供营养的"大雨"。炼金术寓言中，有一位国王很口渴，他喝水一直喝到把自己分解掉。参见Merlinus, 2, ix, p.392。

6　拉丁文《圣经》，《诗篇》（45：5）："这条河流使上帝的城市很快乐。"

7　《哥林多前书》（15：53f.）："这必朽的总要变成不朽的，这必死的总要变成不死的。当这个终有一死的人拥有了不朽性之后，经上所记的那句话就应验了：死亡被胜利吞灭。哦，死亡，你的胜利在哪里？哦，死亡，你的毒钩在哪里？"

图213　摩西把水从岩石中击打出来。引自Bible Moralisée，16；参见Ehrenstein，372，p.384。

地，现在要赋予他们更多的恩典。因为就像在亚当那里一样，所有的一切都死去了，即便如此，在耶稣基督那里所有的一切都会复活。正是因为有了人，死亡才降临到这个世界上，正是因为有了人，死者的复活才成为可能。因为第一个亚当和他的儿子们是从终有一死的元素中生出来的，因此，已经组成的东西必然会产生分解；但是，那个被称为哲人的第二个亚当，是从纯元素中产生出来的，并因此成为永恒。因为构成简单和纯粹物质的东西在永恒中一直不会腐烂。[1]西尼尔也说过:“有一种东西永远不会死亡,因为在最后的审判日,当身体在死者复活仪式中被变得高尚和理想之时,它就会处在持续的增长中。信仰也会由此目睹到肉体的复活和死后的永恒生命。”[2]这时第二个亚当将会对第一个亚当和他的儿子们[3]说:“来吧,你来接受我父亲的恩赐吧,把从这项活动一开始就为你准备的王位继承下来,吃掉我的面包,喝下我混合好的红酒,因为所有这一切都是为你准备的。”[4]他有耳朵能听见,就让他听一听这个学说的精灵就大地的亚当和天国的亚当而对科学的儿子们说的话吧,哲学家们以下面这段话来暗示:当你从土中取得水,从水中取得气,从气中取得火,从火中取得土时,你就掌握了我们的艺术,彻底且完美。[5]

---

1 Cf. Ruska, 493, pp.182f., 115f.

2 这是赫尔墨斯的一段语录,参见*De chemia Seniores antiquissimi philosophi libellus*, 322, p.71(也参见4, xi, p.227a):“他是那个更小的世界[即微观世界=人]。只要这个世界存在,有一个东西就不会死去,它会使任何死去的东西复活。”这段话指的是“哲人之水”。

3 哲学家们。

4 《马太福音》(25: 34);我们的文本写的不是“世界的基础”,而是“炼金工作的开始”。

5 引自伪亚里士多德的一段语录;参见2, xii, p.286。

477 这段话中特别有趣的是，在哲人石或智慧之水与第二个亚当之间进行的那种类比，通过西尼尔所引用的赫尔墨斯语录，他把耶稣基督与炼金术关于原人的学说联系起来了：把耶稣基督与“哲人”，与微观世界（图214），与那个“不会死的人和使死人复活的人”相等同。“哲人”似乎有两层意思：他就是那个“一”，也就是，那种长生不老的药剂或万应灵药，但他也是那个永恒的内在之人，等同于原人或至少与原人有联系（参见图117、图195）。这个学说是由帕拉赛尔苏斯详尽阐述的；参见我对帕拉赛尔苏斯的研究。[1]《曙光乍现》仍然在以同样的方式继续着，并且在第七个寓言中给我们讲述了“confabulatio dilecti cum dilecta”（路德的《圣经》把它解释为“耶稣基督与其教会的相互之爱”），在结尾是这样说的：“瞧，它们两个居住在一个之中是多么好。多么愉快啊；我们还是建造三个居室吧，一个让你来住，第二个归我，第三个给我们的儿子，因为把三股绳拧在一起不易折断。”[2]作者把这三个居室与卡里德的《三句话之书》（“Liber trium verborum”）联系在一起。[3]“全部科学就隐藏于其中”的那三句话要“往下传递给虔诚的人，即穷人[4]，从他们中的第一个人传到最后一个人”。这三句“话”

1 424.

2 《曙光乍现》，第一部分，14，第十二章。

3 2，viii. 不过我们有充分的理由相信，这本书根本就不是他写的（参见Lippmann，451，II，p.122）。

4 炼金术研究者的另一个名字。参见“Les poures hommes évangélisans”，in Rupescissa，294，p.31。

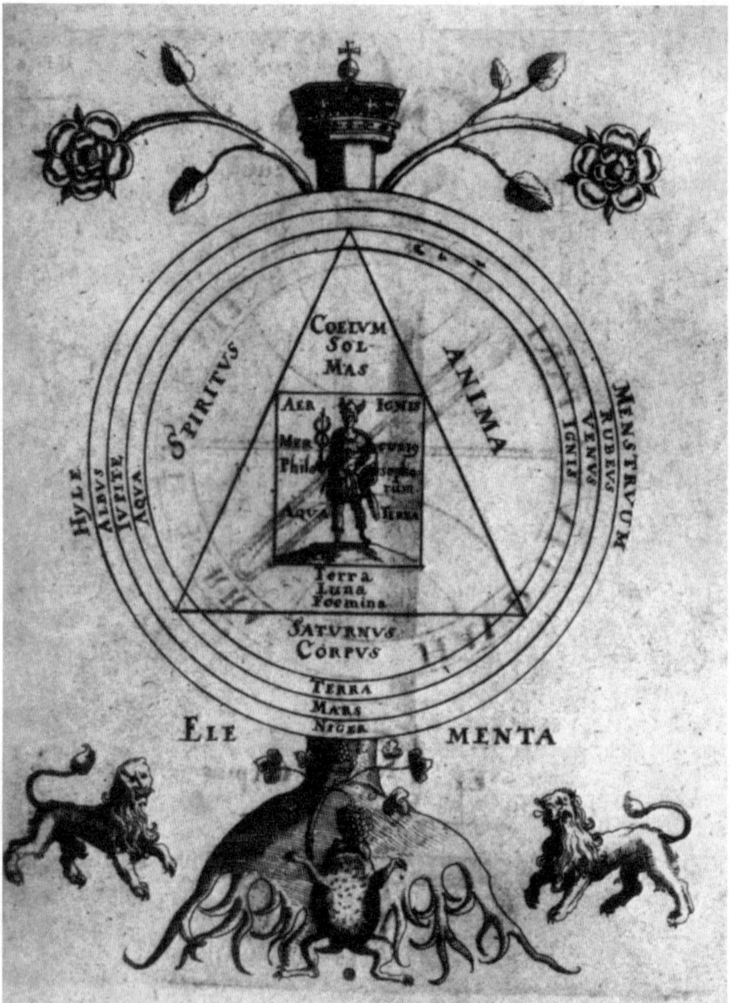

图214　炼金术转换的象征：那个哲学之子是墨丘利乌斯。引自Norton, *Mercurius redivivus*, 243, fig.2。

就是:“水在子宫里用三个月保护着胎儿；气用三个月温暖着它；火用同样长的时间护卫着它。”“而且”，卡里德又补充说，“这些话和这种教育方式以及这个模糊的目标将始终保持开放，这样所有的人都能看到真理。”

478 根据前文的观点，虽然建造这三个居室的意图是为了作为未婚夫的耶稣基督，而且我们可能会认为，这也是为了作为未婚妻的智慧女神，但最后智慧女神自己开口说话，并且把其中的两个居室给了熟练的能手和哲学家，即智慧之子。那“三条拧在一起的绳子”(图215)主要指的是智慧女神与智者之间的联系，但是，正如卡里德的那“三句话”所示，它的意思也指三个一组的过程，这个过程把转换物质的身体、灵魂和精神都聚集在不朽的统一体之中(参见图185、图196)。[1]这个混合物或综合体就是炼金工作的最终结果，即，“哲学之子”或“哲人石”，在某种意义上可以把它比作教会的“神秘身体”(图234)：耶稣基督是葡萄树(整体)，徒弟们是树枝(部分)。人们确实会留下这样的印象，这篇论文的匿名作者把《圣经》与炼金术的凯旋战车联系在一起，因此人们并没有错误地指责他。我们惊奇地发现，他是以完全自主的意识做出了这些最耸人听闻的恐怖解释，但一点也没有意识到自己在

1 在这里，这个过程有三个部分，与古希腊炼金术中的四个部分有所不同。但是，这或许只能归因于上文中与九个月的怀孕期的类比。参见《炼金术之梦》；以及Kallid，2，viii，pp.358ff。

图215　这个过程的完成。铭文:“有了眼睛,你可以走自己的路。”赫尔墨斯作为原人,通过那三股绳与创造物和炼金术姐妹联系在一起。下方:赫尔墨斯,一种与其工作非常一致的合适象征。背景:一架不再需要的梯子。引自 *Mutus liber*,52,p.15。

做什么。正如我在对帕拉赛尔苏斯的研究中已经说明的，我们在大约两百年以后的帕拉赛尔苏斯那里发现了一种类似的态度，而且在《智慧之鱼》的作者那里也发现了。[1]我们的作者背叛了他已经具备的这种对拉丁文《圣经》的熟悉，因此我们可以怀疑他是否担任着圣职。另外，我们还有人文主义者帕特里奇（Patrizi）的证据，人们并未觉得炼金术哲学对教会的基督教信仰有任何的不利。相反，人们认为它是基督教信仰的主要依靠。因为这个原因，帕特里奇向教皇格里高利十四世提出一个请求，希望由赫尔墨斯代替亚里士多德的位置。[2]

479 关于《曙光乍现》文本具有的历史重要性，在这个意义上说，它一定比昆哈特（1598）和伯麦（1610）要早两百多年。令人好奇的是，伯麦的第一本著作的题目就是《奥罗拉，或初升的曙光》（"Aurora, oder die Morgenröte im Aufgang", 120）。有没有可能伯麦知道《曙光乍现》，或至少知道这个书名呢？

6. 梅尔基奥尔和炼金术对弥撒的解释

480 把哲人石与耶稣基督相等同的另一个根源是来自16世纪

1 424.

2 Patrizi, 256.

初的一份有趣的文献，正如其标题所示，这是写给匈牙利和波西米亚国王拉斯洛（Ladislaus）的。作者的名字是赫曼施塔特的梅尔基奥尔（Melchior of Hermannstadt）。[1]他以弥撒的形式阐述了炼金过程（图216）。[2]

481 在这里我将只强调少数几个最重要的地方，在阅读了福音书和信经之后，梅尔基奥尔介绍了一首颂歌，但他只提到了"Ave Praeclara"[3]这两个词，没有再继续下去。"Ave Praeclara"是向圣母玛利亚唱赞美歌的一个开场白，包括大阿尔伯特在内的很多炼金术作者都被怀疑是其创作者。雷·德·古尔蒙（Rémy de Gourmont）在其著作《拉丁奥秘》（*Le Latin mystique*）[4]中引用了以下这个传奇故事：一个身穿皇室服装的处女在梦中出现在大阿尔伯特面前，指责他没有为圣母玛利亚的赐福表达足够的感激。正是因为这个梦，大阿尔伯特才创作了这个开场白。炼金术士会从中发现诸多迷人的典故：

欢呼，大海上闪耀的星星，圣母玛利亚，其神圣的诞生

1 与布雷萨诺内（Brixen）的红衣大主教梅尔基奥尔不是同一个人。此处的梅尔基奥尔是一位活跃于16世纪初的炼金术作者，赫曼施塔特是罗马尼亚的锡比乌市的德文名。英语中一般称其为梅尔基奥尔·锡比能西斯（Melchior Cibinensis）。

2 7，xvii，p.853.

3 或许他是指"生命之水"，或者更有可能是指某种"药"。

4 397，pp.129f.

图216　炼金术士就是牧师。左方：大地母亲给儿时的墨丘利乌斯喂奶(《翠玉录》)。参见Melchior,*Symbolum*;引自Maier,222,p.507。

是为了使国民得到启蒙……

圣母玛利亚，世界的点缀，天国的女王，像太阳一样被上帝选中，像月光一样可爱……

让我们怀着庄重的信仰吸收从沙漠岩石上流下来的甜蜜溪流，用绳子束紧我们那已经用海水洗过的腰，凝视着那条黄铜色的被钉死在十字架上的蛇(图217)。

哦，圣母玛利亚，圣火和上帝的话语已经使你成为母亲，你就像燃烧的灌木丛一样生育万物，让我们仿佛有着环形斑点的小牛一样，用我们的双脚，用纯洁的嘴和心向

图217　被钉死在十字架上的墨丘利乌斯蛇，摩西的黄铜色的蛇。引自Abraham，“Figures hiéroglifiques”（手稿，16世纪），20，xxxix。

你靠近。[1]

482 虽然梅尔基奥尔的文本留下了一个悬而未决的问题，即"praeclara"是否指的是他早先提到过的"生命之水"，但他毫无疑问指的既是圣母玛利亚，也是对她进行赞美的圣歌，因为他继续说道："我们必须要唱这首献给圣母玛利亚的赞美歌，它将被称为'艺术的圣约'，因为全部的化学艺术就形象地隐藏在其中，人们通过理解这一程序而得到赐福。"

483 这道程序，一首给圣母玛利亚唱的赞歌，很有可能就是我们在上文中引用的那一首，因为从梅尔基奥尔接下去的话中可以清楚地看出来。不管怎么说，认为圣母玛利亚等同于这门艺术的秘密，很可能是参照了雷蒙德·卢利的说法（216）。我在科马里奥斯的论著中也遇到了一个类似的观点："奥斯坦尼斯及其同伴对克莱奥帕特拉（Cleopatra）说：'那个可怕而令人惊奇的秘密就隐藏在你身上。'"[2]

484 现在梅尔基奥尔对唱给圣母玛利亚的赞歌做了炼金术的解释：

多么好看的天国之灯啊，闪耀着世界的光芒[3]！你

1 Cf. Gen.30：32ff.

2 Berthelot，335，IV，xx，8.

3 指太阳。

在这里和月亮结合在一起，在这里升起了战神玛尔斯的纽带[1]，以及墨丘利乌斯的结合。[2]从这三者之中，通过这门艺术的权威，在河床上诞生了那个强壮的巨人[3]，经过数千次的寻觅，当这三者将要溶解的时候，不是溶解到水中，而是溶解到水银之水中，溶解到我们被赐福的树胶[4]之中，后者会自行溶解，且被命名为哲学家的精子。现在他[5]赶紧起誓要和这位处女新娘订婚，想要在文火的洗浴中使她怀上孩子（图218）。但是，这个处女并没有马上怀孕，而是直到她在反复多次的拥抱中被亲吻之后才怀孕的。她的身体怀上了胎儿，那个代表好兆头的孩子就是这样按照自然的秩序生下来的。这时，在器皿的底部将出现那个强有力的埃塞俄比亚人，经过焚烧、煅烧和脱色，完全是死的、没有生命的（图219）。[6]

1 与维纳斯和玛尔斯的传说有关，玛尔斯被火神伏尔甘（Vulcan）设下的罗网所捉。

2 墨丘利乌斯的结合，问题是和谁呢？或者，这是两个墨丘利乌斯的结合，一个是男的，另一个是女的？看上去像是太阳与月亮，玛尔斯，以及墨丘利三者的结合。

3 Ruska，492，p.2："他是所有力量中，指代强壮［或勇猛］的那个力量。"

4 这就是女先知玛利亚·普罗费提莎特别关心的那种物质。参见2，vii，p.320："在真正的婚姻之中，是使树胶和树胶相结合。"

5 可能是指太阳，即那个巨人；或许是以"树胶"的形式。太阳和月亮在洗澡时结合，是炼金术中的一个核心神话主题，而且在无数的图画中都有这种仪式的表现（参见图159、图167、图218）。

6 象征着奥西里斯那死去的头颅，且处于黑化状态。"埃塞俄比亚人"的形象据说源自大阿尔伯特所写的另一部论著（参见7，xvi）："……直到长得很像埃塞俄比亚人的黑色头颅被清洗干净而且开始变白的时候……"也参见《曙光乍现》第一部分第六章的第一个寓言。

图218 “哲学家的洗浴”。引自Mylius, *Philosophia reformata*, 239, fig.4, p.224。

他请求对他进行焚烧，用他自己的水洒在他自己身上并慢慢地煅烧[1]，直到他以燃烧的形式从烈火中升起……瞧，这是一种多么令人惊奇的埃塞俄比亚式复活或新生啊！因为这次再生的洗浴，他有了一个新的名字，哲学家们称之为自然的硫黄和它们的儿子，这就是哲人石。瞧吧，它就是一件东西，一个根源，一种本质，没有添加任何

1　这里很可能指的是炼金术中的“焚化”(incineratio)过程，其运作原理很可能是源自女先知玛利亚(2, vii, p.321)。也参见Ruska, 493, p.348。

图219 “埃塞俄比亚人”象征着“黑化”。引自Trismosin，“Splendor solis”（手稿，1582年），参见316，Plate VIII。

外部的东西，许多多余的成分都被这门艺术的权威排除了……它是宝藏中的宝藏，最高级的哲学药剂，古人的神圣秘密。上帝的赐福让他发现了这样一件东西。

看到过这件东西的人将公开地书写和宣讲，我知道他的证据是真实的。永远赞美上帝吧！

485 仪式本身就到此结束。接下来是对主要部分的一些概括。梅尔基奥尔把向上帝奉献面包和酒的仪式与那块石头联系起来，那块石头虽然被匠人抛弃却成为房角的头块石头。“这就是上帝的所作所为，在我们看来这是不可思议的。”这时那个“秘密”出现了，即炼金术献给上帝的供品。这一供品就是炼金术工作，即，“我们被赐福的炼金艺术”，其“通过我们的主耶稣基督，被奉献给上帝这个光荣的名字，奉献给教会的那场挽救性的改革，阿门”。

486 埃塞俄比亚人的再生实际上等同于物质变化。梅尔基奥尔把这种物质变化放在了这首献给圣母玛利亚的赞美歌的开场白之中，作为在圣母玛利亚保护下的一个秘密。这个观点受到了传统的支持，正如西尼尔的话所示：“满月是哲学之水和科学之根，因为她是水的女主人，那块完美的圆石头和大海，因此我知道，月亮就是这门隐藏的科学之根源。”[1]

---

1 *De chemia*, 322, pp.35f.

487 作为水之主，月亮和伊西斯一样，是以水的形式表现出来的原初物质，是“水生岩”（水之石）的母亲，其另一个名字是哲人石，因而也是耶稣基督。既然“科学”和“原初物质”这些术语仿佛是作为同义词来使用的，而“科学”和“智慧”在这里等同于月亮，即女性原则（图220），所以诺斯替教关于索菲亚的教义就把索菲亚当作耶稣基督的母亲或新娘。

488 最后进行的是圣餐仪式后的祷告：“把光荣献给我们的国王，他来自烈火，他被照亮并戴上了王冠，永远永远，阿门。”[1]可以看出，这个祷告仪式是为了加强基督教信仰的力量。

489 除了一些体现了作者恶趣味的地方之外，这个文本对我们的主题具有很大的启发作用。梅尔基奥尔显然已经认识到这两件“作品”之间的类似性，在万般无奈之下，天真地用由来已久的弥撒的话语来代替这种个体的炼金工作。他生活在宗教改革的时代，不久以后，弥撒就在欧洲的很多领域中被各种不同的传道士用那些根本就不神圣的话语所取代了，这些传道士都以自己的方式宣称，自己说的就是上帝的话语。梅尔基奥尔所做的就是诸如此类的事情。如果我们认为他有权利提出一种主观的信条，那么他的观点也就变得比较容易被接受了。

---

1 Cf. *Tractatus aureus*, 1, i, p.22. 应该提一下，梅尔基奥尔建议在阅读信经之前要先读一下《路加福音》的第十章。除了下述事实之外，这一章和他的主题看起来并没有关系，这一章的结尾写着这句意义重大的话：“但是有一件事是很有必要的。玛利亚已经选择了那个最好的部分，这是绝不可能从她身上拿走的。”

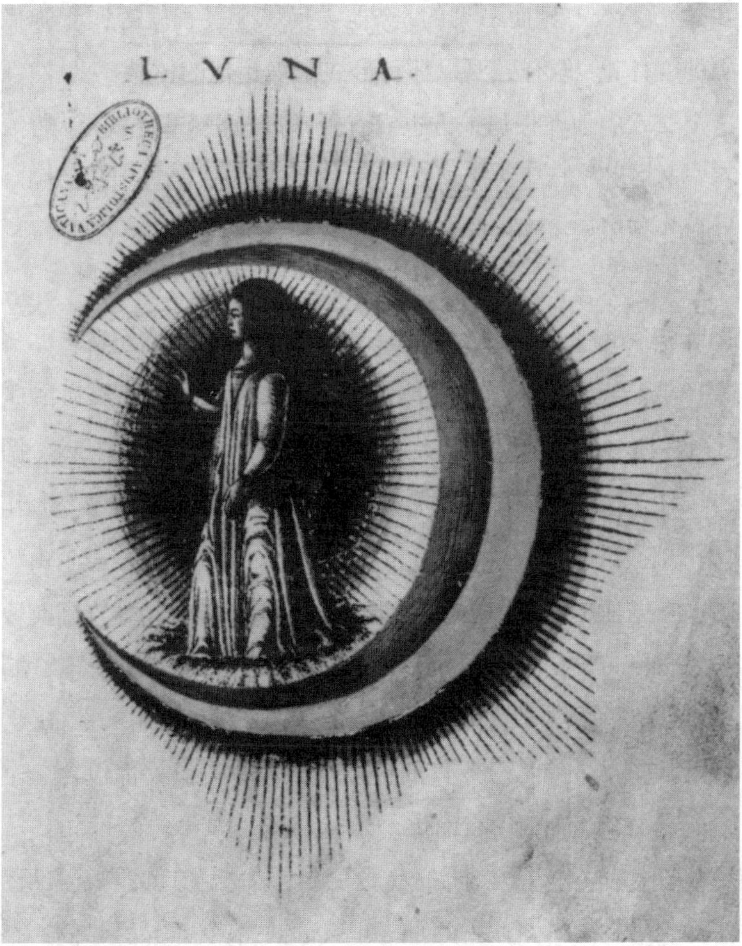

图220　代表月亮的人物。引自Codex Urbanus Latinus 899（15世纪），20，li，fol.68r。

在这个文本中显而易见的是，他觉得炼金过程就等同于弥撒中的变体论，他有必要以那种形式来表达他的体验。[1]虽然在这个文献中他在任何地方也没有提到过，耶稣基督就是“哲人石”或“药”，但是从这个文本的大意来看，这两者之间的同一性显然是压倒一切的。

7. 乔治·瑞普利爵士

490 韦特的另一个证据是由他的同胞乔治·瑞普利爵士（1415—1490）提供的（参见图30、图92、图196、图228、图251、图257），他是布里德灵顿大教堂的咏礼司铎，其主要著作《十二门书》（“Liber duodecim portarum”）[2]开篇就是一个由波图·阿奎他努斯（B. à Portu, Aquitanus）制作的介绍哲学对应物的表格。[3]这个表列出了七种金属和化学物质与所谓“类型”（types）之间的类似之处，“类型”的意思是指炼金术的象征，例如，颜色、人的年龄、罗盘的符号等。这些类似物都包含着金子所具有的七种秘密，而炼金术就等同于物质转换（图221）。小麦就是拥有这种秘密的粮食类作物。波图很可能与博纳图斯·乔治·佩塔图斯（Bernhardus Georgius Penotus）是同一个

---

1 这种体验的主观特点就体现在作者的那句不经意的话上：“我知道他的证据是真实的。”

2 4，xii.

3 7，xi.

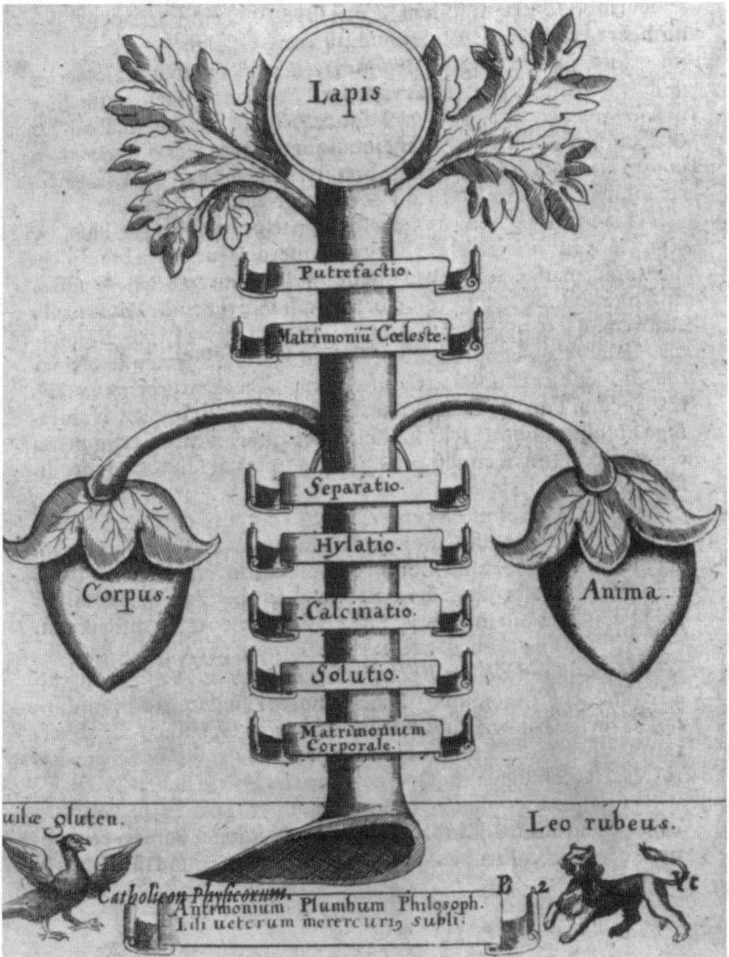

图221　哲学树：这棵树是转换过程诸阶段的象征。引自Norton，*Catholicon physicorum*，242。

人，后者是帕拉赛尔苏斯的信徒，于1519年生于法国的吉耶纳（旧阿基坦盆地的一部分），并于1617年在瑞士的伊韦尔东莱班贫民区里逝世。他晚年时已不再对帕拉赛尔苏斯的乐观主义抱有幻想，虽然当他在巴塞尔学习时，这种乐观主义曾给他带来过启发。有些人因为缺乏足够的幽默感而无法理解这些爱嘲弄人的古代大师，认为关于"哲学家的黄金"的这些秘密教义简直是太过于神秘了，他和这些人的观点相同，因而不可避免地也和他们有着类似的命运。不过他的这份表格表明，这个工艺流程和弥撒之间的类似性在帕拉赛尔苏斯学派的圈子里也是有效的。帕拉赛尔苏斯是梅尔基奥尔的同时代人，但他们完全可能是各自独立地得出类似结论的，因为这些观点在当时还有争议。迈克尔·梅耶深受梅尔基奥尔的类比的影响，在其《圣坛符号》（*Symbola aureae mensae*，1617）中把它作为第十一个象征（图216）来使用，其中有一句格言："哲人石，就像婴儿，由处女之奶哺育。"

491 我们在《坎蒂莱纳》（"Cantilena Riplaei"）中发现了下面这个传奇故事：[1]

> 从前有一个尊贵的国王，他没有子孙。他对自己无法生育而深感伤心，而且他最终得出结论认为，在他身上一

1 Ripley, 287. Cf. "Aurora consurgens", Part I, 14, Ch.X, Parable V.

定产生了一个根本性的缺陷，虽然他是“在太阳的翅膀下抚养长大的”，没有任何天然的身体缺陷。他用自己的话这样说道：“哎呀，我很担心，我也明确地知道，除非我能立即获得物种层面的帮助，否则我将绝不可能拥有孩子。但是我已经惊讶地听说，我将要通过耶稣基督之树（图222）而获得新生。”因此他希望回到母亲的子宫里，使自己溶解在“原初物质”之中。他的母亲鼓励他进行这种冒险，而且立刻把他藏在她的罩袍中，直到她使他再次被赋予人的身体。现在她怀孕了。在怀孕期间她吃过孔雀肉，喝过绿狮子的血。最后她终于把孩子生出来了，这个孩子很像月亮，然后变成了太阳的光辉。这个儿子再次成为国王。文本中说道：“上帝把辉煌而光彩夺目的四元素宝库给了你，得到拯救的圣母玛利亚就在它们中间。”一种奇妙的香脂从她身上流出，她那美艳的脸上因装饰着宝石而闪耀着光芒。但是在她的大腿上躺着那个绿狮子[1]，有血从绿狮子身体的一侧流出（参见图242）。她戴上了王冠，并被安置在最高的天国中成为一颗星星。这个国王成了至高无上的胜利者，成为治疗疾病的伟人和所有罪孽的拯救者。

1 绿狮子也被作为独角兽的同义词来使用。

图222　生命之树上的耶稣基督，旁边是他的象征物，即鹈鹕。Cristoforo，*Il Sogno della vergine*（1350年），收藏于费拉拉美术馆；引自C. A. Meier，Zurich。

492 除了《坎蒂莱纳》以外，瑞普利还在其他地方写道：

> 耶稣基督说道："如果我从地上升起，我将把所有的人都引来我身边。"[1]从那时起，当这两个部分被钉在十字架上死去后将相互结合，男人和妻子将被埋葬在一起（图223），再通过生命的精灵得到复活。然后他们必然会被提升到天国，这样身体和灵魂就可以在那里变形，并在云端之上登基；此时他们将把所有的身体都提升到和他们自己一样高（图224）。

493 如果我们认识到，这位作者不是外行，而是博学的大教堂咏礼司铎，我们就很难设想，他没有意识到其文本与基督教教义的某些基本观点的相似性。认为哲人石就是耶稣基督，这种说法可能还不够明显，但是，以国王和圣母玛利亚的形式作为伪装的那些神圣人物是可以很容易辨认出来的。瑞普利必定曾对这些类似性做过深思熟虑的选择，且并没有意识到这是亵渎。巴塞尔的出版商康拉德·瓦尔德基希本来也会因此而遭受地狱之苦。瑞普利处在这样一个时代，当时上帝及其秘密还都存在于自然之中，关于拯救的秘密在每一层次的存在中都曾发挥过作用，因为无意识现象仍然处在与物质一样不受干扰

1 John., 12: 32.

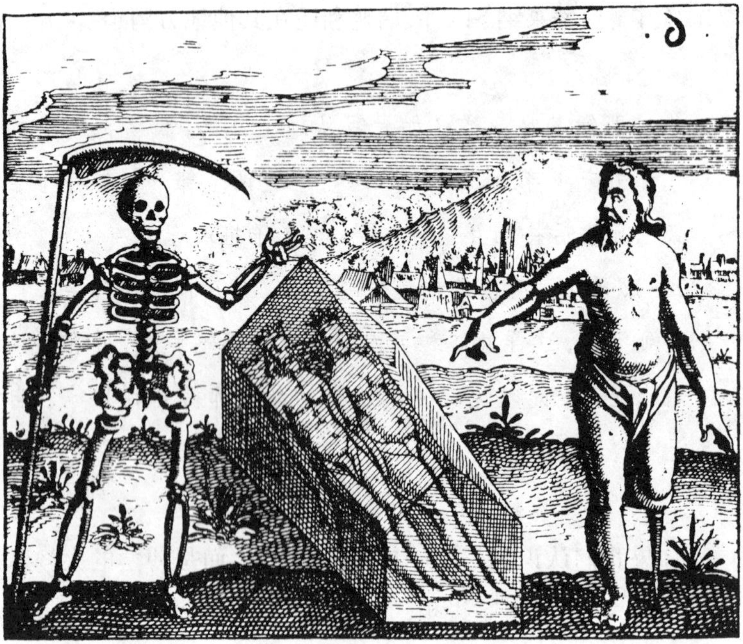

图223 “死亡”,或者说是“黑化”和“腐化”。太阳和月亮在结合之后被死亡所战胜。引自Mylius,*Philosophia reformata*,239,fig.6,p.243。

的、天堂般的状态下,而且能够在那里被体验到。

494 在我年轻的时候,我曾遇到过这种中世纪世界观的一个最终结果,它是以下面这个故事的形式表现出来的。那时我们家有一个来自黑森林的斯瓦比亚地区的厨子,她的工作是宰杀饲养的家禽,然后送到厨房去。我们饲养着一些矮脚鸡,而且众所周知,那些矮脚公鸡喜欢吵架和怨恨。其中有一只比其他所有的鸡都凶猛。我的母亲让这个厨子把这只最凶猛的鸡杀掉用作礼拜天的烤肉。那天我恰好在家,此时她正把那只被

图224　身体变形，被描述为圣母玛利亚的加冕典礼。引自 Codex Germanicus 598（1420年），20，xxii。

宰杀的公鸡拎回来并且对我母亲说："虽然他这么坏，死时却像个基督徒。在我砍下他的头之前，他号叫着：'饶恕我，饶恕我吧！'所以现在他要进天堂了。"我母亲生气地说道："简直是胡说八道！只有人类才能进入天堂。"那个厨子惊讶地反驳说："可是，当然应该有为鸡安排的鸡的天堂啊，就像有为人安排的人的天堂一样。""但是，只有人才有长生不老的灵魂和宗教啊！"我母亲同样惊讶地说道。"不，不是这样的，"厨子回答说，"动物也有灵魂，他们都有自己专门的天堂，狗、猫和马，因为当人类的救世主来到大地上的时候，鸡的救世主也来到鸡的中间，这就是为什么他们要想进入天堂就必须在死前忏悔他们的罪孽。"

495 我们的厨子讲述的这个神话就是那种民间思想方法的遗迹，这种心理看到了在各个层次上发生的拯救戏剧，因此，即便是在神秘的和不可理解的物质转换中也能发现它。

496 至于瑞普利文本中的那些细节，那个生下来就很完满但又无法生育的国王，就是那个深受精神贫乏之苦的人。在《阿里斯莱的幻想》中，土地是不结果实的，因为只有同类才能和同类相匹配，而不是对立物相结合。哲学家们劝告国王把他的儿子和女儿结合在一起，借助于兄妹乱伦而使土地结出果实（图225）。在瑞普利看来这也是一种母子乱伦。这两种形式在炼金术领域十分常见，并构成了皇室婚姻的原型（图32）。这种内部通婚的结合只不过是咬尾蛇的一种变式，但后者从本质

图225　将春药递给配对中的兄妹。引自 Maier, *Scrutinium chymicum*, 221, Emblema IV, p.10。

上来说是雌雄同体的，因此它可以在自身之中完成这种循环。在阿里斯利乌斯那里，那个国王说他是国王，因为他有一个儿子和一个女儿，而他的臣民却没有子女，因为他们无法生育。“脑中的妊娠”[1]指的是一种心理内容，或者更确切地说，指的是对立物的心理匹配，它们能主动地成为有创造性的存在（图

1　“Visio Arislei”, 2, iii, p.147.

226)。但显而易见，这位国王通过压抑或无视其子女的生命活力，至今尚未允许他的孩子繁衍后代。看起来他仿佛并没有意识到他们的存在，而只是意识到他们对哲学家们的忠告所具有的意义。对不生育的谴责可以在无意识内容的投射中找到，直到这些内容与意识整合在一起，它们才能发展起来，才能获得“拯救”。兄妹配对代表着无意识，或者代表某种基本内容（图227)。因此，一位现代心理学家可能会忠告这位国王记住他的无意识的存在，从而结束他的停滞。正如通常在这些情况下发生的那样，一种对立，一种痛苦的冲突就可以由此而浮到表面上来，这就很容易理解，为什么那个国王愿意始终对此保持无意识状态。既然在道德纠纷中从不缺乏这种冲突，从这种观点来看，它是恰当地以在道德上令人厌恶的那种乱伦的形式表现出来的。在瑞普利那里，与母亲的乱伦是以经典的收养仪式作为伪装的，但母亲还是怀孕了。国王突然消失在他母亲的罩袍之下，这与《阿里斯莱的幻想》的第二个版本中加布里库斯完全溶解在贝雅的身体之中是相对应的。[1]国王代表那种占支配地位的意识心灵，在与无意识相结合的过程中，这种意识心灵被无意识吞噬掉了。这就产生了黑化现象（参见图34、图137、图219)，一种最终导致国王获得新生和再生的黑暗状态。

1　2, xii, p.246:“她把他封存在她的子宫里，这样一来任何东西就再也不可能看到他了。而且，她以如此强烈的爱来拥抱加布里库斯，以致她都把他完全吸收到她自己的本性中去了，把他变成了不可分离的部分。”

图226　在炼金术器皿中或者在水中(即在无意识中)对立物的结合。引自“Trésor des trésors”(手稿,17世纪),20,xxviii。

图227 炼金术的“化合”：作为一种幻想的畸形怪物。引自 *Hexastichon Sebastiani Brant*，128。

497 国王“是在太阳的翅膀下被抚养长大的”（图228），这个奇怪的观点可能指的是《玛拉基书》中的那段话，它有助于人们在理性基础上把耶稣基督作为太阳神赫利俄斯或太阳来崇拜——这是圣奥古斯丁也不得不争论的一种倾向：“但是对于你们这些害怕听到我的名字的人来说，正义的太阳终将升起，它的翅膀会带来健康；你们将向前走去，像牛群那样跳跃不

图228　羽毛状的国王，把自己的羽毛拔下来作为食物。引自“Ripley Scrowle”，20，xiii。

已。"[1]这段话总是被人们理解为关于弥赛亚的预言，而且瑞普利显然深谙其道。"太阳的翅膀"[2]是一种非常古老的意象，而且必然与《玛拉基书》有非常密切的联系：因为它就是埃及的太阳象征。被这个太阳抚养长大的他就是上帝的儿子，即国王。[3]

498 就像在《阿里斯莱的幻想》中一样，国王那死去的儿子是通过哲学树上的果实而得以复活的，因此在瑞普利那里，那个生病的国王是在"物种层面"上被治愈的——这显然是指一种"生命之药"，或者说是炼金术意义上的"万灵药"。使他获得再生的那棵树就是耶稣基督的十字架（图222），同时那棵树上长满了创造奇迹的果实，即《阿里斯莱的幻想》中的那种果实（参见图188、图189）。母亲在怀孕期间的食物就是血和孔雀肉。孔雀是古代基督教关于拯救者的象征，虽然瑞普利是否知道此事还值得怀疑。但是，孔雀（图111、图230）是凤凰的同宗兄妹[4]，是耶稣基督的一种象征，对此他肯定是知道的（参见图228）。血液来自躺在圣母玛利亚大腿上的那只受了伤的绿狮

1 拉丁文《圣经》，《玛拉基书》（4：2）。

2 那只凤凰的羽毛，以及其他鸟的羽毛，在炼金术中发挥着很大的作用，尤其是在瑞普利的作品中。参见8，iii；也参见本书图229、图266和图270。

3 "Gloria mundi"，6，iv，p.221："那块石头……是被太阳和月亮生出来的……最初是生在……大地上，不过它被折断了，毁坏了并且遭受了苦难……它是通过蒸气生出来的，它的生命得以重生，伴随着风它来到大海上……伴随着风它从海上来到大地上……而且又迅速地蒸发了……虽然它每天都能获得重生，但它是从世界之始就存在的……"也参见《约翰福音》，1：1和14。

4 Cf. Caussin，133，p.71.

图 229　鹰是从原初物质中升上来的精灵的象征。引自 *Hermaphroditisches Sonn- und Mondskind*, 37, p.44。

图230　从蒸馏瓶里升上来的孔雀。引自一份18世纪的手稿。

子[1]；这些显然就是圣餐仪式和耶稣基督的象征。那只绿狮子也是墨丘利乌斯的形象之一。[2]

499 作为新生儿的生育者，母亲就像树一样。在《潘多拉》一书1588年的版本中，树是用一个戴着皇冠的赤裸少女来表示的（图231）。[3]哲学树是炼金术过程的一种很合适的象征，当瑞普利谈到耶稣基督这棵树时，他把创造奇迹的树等同于耶稣基督的十字架[4]（参见图188、图221、图222）。

500 这个过程以把处女母亲尊奉为神而告结束。在前述《潘多拉》一书中，将此描述为对圣母玛利亚的提升（图232）。在她死后，通过一个神迹，她的身体再次与她的灵魂结合，两者共同被提升到天国。这早已成为教会中的主流观点，尽管直到最近才被作为教义公布。在图画中，她被标注着"大地"、"身体"以及"成为处女的喜悦"等文字；鸽子降落在她的头顶，上帝用他的右手触摸她并给她赐福。她被戴上王冠。手握天体的上帝被标注着"阿尼玛"和"父亲耶西，母亲和儿子"。这里的"母亲"指的是在他（即国王）身旁登基的天国的王后，因为

1 受伤的狮子指的是在这个过程中他的牺牲和遭受的苦难。他有时显示为受了重伤，比如他的爪子被砍了下来。例如，参见281，p.227。注意那个躺在圣母玛利亚大腿上的受伤的独角兽（参见图242）。

2 Ruland，292："绿狮子，根据某些人的看法，就是金子。"

3 281，p.225.

4 在我看来是否可以在炼金术中发现来自德国的影响，这还是一个尚未解决的问题。关于树的象征作用，在我的论著中已多次提到过。

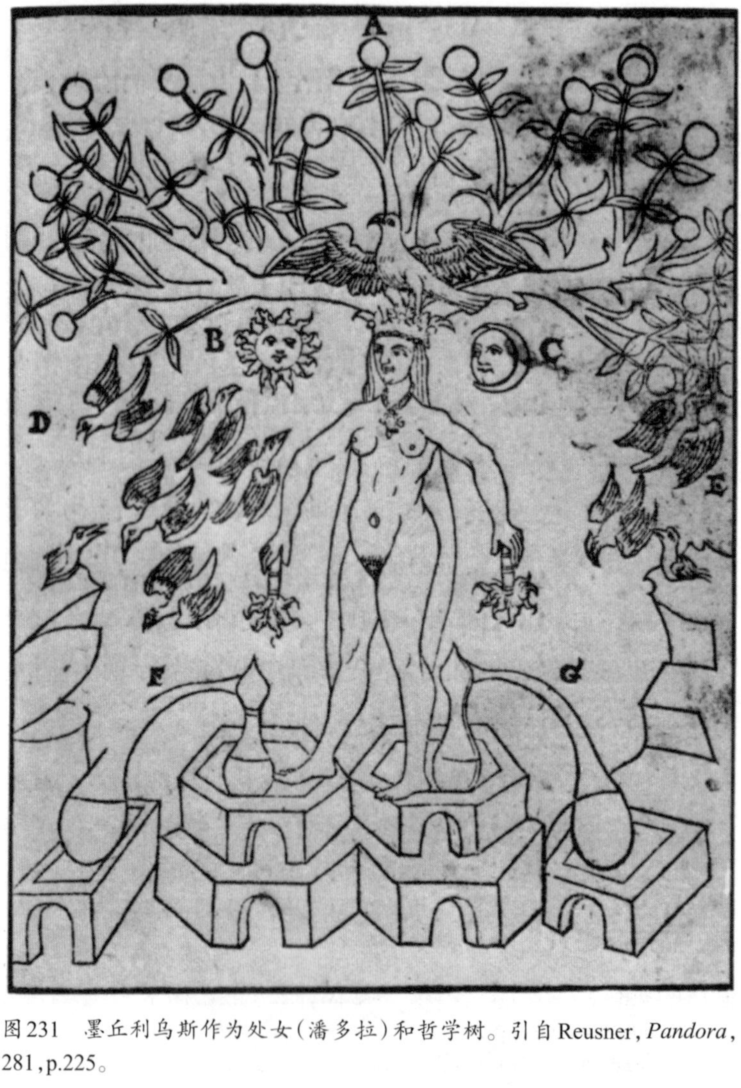

图231　墨丘利乌斯作为处女(潘多拉)和哲学树。引自 Reusner, *Pandora*, 281, p.225。

图232　把对身体的赞美描述为圣母玛利亚的加冕典礼。“智慧”占据了儿子的位置，圣灵有多个相当不同的实体。他们共同构成了一个四位一体。下方：墨丘利乌斯的精灵被从原初物质中提取出来。《三位一体之镜》（“Speculum Trinitatis”），引自Reusner，*Pandora*，281，p.253。

土这种物质在她复活后的身体中得到变形，并被吸收到上帝之中。[1]在她的左边是一个长着络腮胡子的人物，其地位等同于上帝，他身边标注着“智慧”。在下面的庇护所里有一个雌雄同体的精灵，它是从原初物质中被释放出来的。整张图都体现出一种曼荼罗的形式，且是用福音传道者的符号象征构想出来的。在这幅画的底部写着：“神圣三位一体的镜面人物。”[2]

501 瑞普利把他的国王描述为胜利者，治愈疾病的人和把人从罪恶中拯救出来的人。在《哲学玫瑰园》一书的末尾，有一幅上帝升天的画，上面写着（图234）：

> 在我遭受了许多痛苦并成为伟大的烈士之后
> 我再次升天得以变形，被免除了所有的污点。

8. 后辈英雄时代

502 所谓后辈英雄时代，我在这里是指17世纪的炼金术作者们，在这个时代，他们看到了炼金术的全盛时期，但也正是这个时代，因为越来越明确地把“神秘”与“物理”分离开来，从而使炼金术开始走向崩溃。神秘倾向和哲学倾向变得比以前更为明显，而另一方面，化学本身则开始表现出更明确的特征。

---

1 Cf. Guillaume de Digulleville，pars. 315ff.

2 参见Codex Germanicus，20，xxii（也参见图224；以及图233、图235）。

图233　基督教的四位一体：三和一(三位一体和圣母玛利亚)。法国学派(1457)，巴塞尔博物馆。

科学和技术的时代正在来临，中世纪的那种内省的态度正在走向衰落。宗教价值观和形而上学价值观越来越无法恰当地表达炼金工作所阐明的心理体验。只是在经过几个世纪之后，实证心理学才对炼金术体验的模糊的心理内容有了新的了解。

503　在16世纪末和17世纪初的文献中，由于受到人文主义和

图234　升天后的耶稣基督是“哲学之子”的象征。引自 *Rosarium*，60（a）。

教会分裂的鼓舞,不可思议的猜想开始从古代神秘传统的面纱背后浮现出来,这个时代的作者能够在一定程度上表达那些根本无法用文字和意象来表达的东西。但是,他们创造的那种形象化的象征,有很多都是相当怪诞的,不仅对阐明这种奥秘毫无帮助,而且从世俗的眼光来看还极大地贬低了其价值,从而加速了炼金术智慧的衰亡。当我们在深思欧洲大陆这种无与伦比的混乱状态时,凭借我们尖锐的心理学理解,才刚刚开始认识到欧洲的精神文化究竟以这种方式丧失了多少。令人高兴的是,这种丧失并不是不可挽回的:"我们的天性仍在。"

504 在后文中我想要再多提及几个从文献中摘录的把哲人石比作耶稣基督的类比。

505 在《化学艺术之书》("Liber de arte chymica")[1]这部由匿名作者[2]撰写的论著中,有一种类比就是把墨丘利乌斯比作哲人石,对此我不能不提一下就忽略过去,因为它把墨丘利乌斯和圣母玛利亚做了比较:

---

1 2,x.

2 据说这位匿名作者就是马尔西利奥·菲奇诺(1433—1499),参见Manget,4,x,p.172。据说这部论著就包含在菲奇诺全集(于1561年和1576年在巴塞尔出版的版本,不过我已核查过,这个版本中并没有包含这篇文章)中,参见Schmieder,499,p.235;Ferguson,380,I,p.268;Kopp,442,I,p.212。但是,这本书(2,x,p.596)恰好提到了皮科·德拉·米兰多拉(Pico della Mirandola)被谋杀一事,这里指的只能是伟大的皮科的侄子,即詹弗兰西斯科·皮科·德拉·米兰多拉(Gianfrancesco Pico della Mirandola),他于1533年被谋杀,这个事件发生在菲奇诺去世以后。这本书的参考文献(2,x,p.625)和插图资料都说明,其作者更有可能是16世纪中叶的一位德国学者。

请听一听[1]这个有深刻寓意的寓言吧：天上的天国对所有人都不开放，这样他们就要下降到地狱之中并且永远被囚禁在那里。但是耶稣基督打开了天上的奥林匹斯山的大门，打开了阴曹地府的锁，从而使灵魂被释放出来。在他做这件事的时候，圣母玛利亚在圣灵的帮助下，借助于无法表达的秘密和具有最深刻寓意的圣餐，在其永世童贞的子宫里怀了孕，怀上的就是这个在天国里和在大地上都最崇高的人。最后她生出了这个全世界的救世主，只要有罪的人向他忏悔祈祷，他就会用其全部的善，来拯救那些迷失在罪恶之中的人。但是圣母玛利亚并没有受到伤害而且仍然是纯洁的；因此把墨丘利乌斯等同于最光荣和最神圣的圣母玛利亚，这是完全有理由的。墨丘利乌斯是很纯洁的，因为他从未在大地的深处增加任何金属的身体，并且还借助于"天国"的溶解为我们创造了哲人石；即，他打开了金库，把灵魂领了出来。你必须把这个灵魂理解为一种"神性"；他曾一度把它放在自己的肚子里，还顺便把它变成了纯洁的身体，在那里，他为我们带来了那个小男孩，即哲人石，男孩的血液浸染了那些低级的身体，并使之全部回到了黄金天堂。[2]

1　此处有一个印刷错误，参见2，x，p.608。

2　2，x，p.582.

506 作为“世界灵魂”，我们实际上完全可以把墨丘利乌斯比作诺斯替教的“光之处女”，比作基督教的圣母玛利亚（图8、图105、图107、图164、图165、图208），或者正如这本书所主张的，甚至可以把他们“相等同”，需要注意的是，我提出的只不过是那位匿名作者的观点。因此，这个“小男孩”就是“宏观世界之子”（图64、图192、图214、图234），也可以比作耶稣基督。这位作者也得出了这个结论，因为他把耶稣基督的物质性质与哲人石的功效进行了比较：

> 在耶稣基督的身体里，因为他没有犯过罪，还因为神圣本质的那种神奇的结合，元素才会具有这么强大的亲和力，才会结合在一起，要不是出于他自己的自由意志想要寻求死亡的话，他是绝不会死亡的，因为他出生的目的就是为了拯救人类。[1]

507 正如我们所知道的，在哲人石中元素之间的混乱对抗被这种最强烈的相互结合所取代，这就是使哲人石不会腐烂的原因，按照我们的这位作者的意见，这就是为什么它和救世主的血液有同样的功效：“为了健康和幸福长寿，这就是我们寻找这

1 2, x, p.686.

块石头的主要原因。”[1]

508 人们曾经大量引用其言论的巴西尔·瓦伦丁，也是充满谜团的作者之一，其真实姓名至今不为人知，据说生活在15世纪初。[2]有时人们认为，德国图林根州弗兰肯豪森的约翰·泰尔德（Johann Tholde），可能是所谓瓦伦丁文本的作者，两者的活跃时间非常吻合。最早提到这些文本的一个参考文献可以在迈克尔·梅耶的《圣坛符号》中找到。梅耶根本无法确定究竟谁是这些作品的作者：“他不想变得臭名昭著，因而宁愿保持不为人知。”从写作风格来看，瓦伦丁的作品毫无疑问属于16世纪末。这位作者深受帕拉赛尔苏斯的影响，并且接受了他关于“元气”（Archaeus）的观点，以及关于星体和元素精灵的学说。[3]在1700年出版的完整版本中（现在这个版本就放在我面前），提到了“神圣三位一体与哲人石的寓言”，我从中摘录了下面这段话：

> 因此，正如哲学家们所说的那样，哲人墨丘利乌斯被

---

1 2，x，p.627.

2 参见Schmieder，499。马克西米利安皇帝在1515年曾下令搜寻本尼迪克特修道院，想要找出在他们的注册登记中是否有一个叫这个名字的修道士，但并没找到。这份报告似乎一点都不真实。也没有任何证据能够把日期追溯到17世纪以前，参见Kopp，442，I，p.31。

3 这位作者的文本曾提到过“高卢病”（即梅毒）一词，而该词最早由一位意大利医生于1530年创造。

认为是一个具有精神的身体。儿子耶稣基督是从上帝父亲那里生出来的,耶稣基督既是神也是人,他没有犯过罪,也没有必要死亡。但是他要死于自己的自由意志,并且为了他的兄弟姐妹而重新站起来,他们可以和他生活在一起而永远不会犯罪。没有瑕疵的金子也是如此,它不易挥发且强而有力,可以经受所有的考验,而且是光荣的;但是,为了它的那些不完善的和生病的兄弟姐妹,它要死去和复活,成为荣耀和救赎,使他们改变颜色获得永生,使它们变得就像纯金一样完善。

三位一体中的第三个人是上帝圣灵,是我们的主耶稣基督送给其忠实信徒的慰藉,以便在信仰上强化和抚慰他们,直到获得永生。因此,"阳魂"就像是材料或墨丘利乌斯的身体。当它们结合在一起时,他就被称为墨丘利乌斯的复制品;即,两个精灵,圣父和圣灵;但是圣子是那个受到赞美的人,就像那个受到赞美的和不易变的金子,即哲人石一样;因此这块石头也被称为三位一体:两种水或精灵,矿物和植物,以及源自动物的太阳之硫黄。[1]

509 在1619年出现了一本关于"奉献"的炼金术著作,书名是《维森的瓦瑟斯坦》(*Wasserstein der Weysen*, 85)。在该书第67

1 Valentinus, 317, p.364.

页，那位匿名作者说，现在他将要阐明，那块被遗弃的基石是怎样"与尘世的和肉体的哲人石微妙且巧妙地达成一致的"，从中人们将会看到，这块尘世的哲人石"是怎样成为真正的精神与天国的基石，耶稣基督之原型的"。例证占据了将近五十页的篇幅。这本书造成了很大的震动，甚至雅各布·伯麦都被认为是这本书的崇拜者。柯普（Kopp）曾提到过这本书[1]，因为这本书中混杂着亵渎上帝的炼金术观点使他深感震惊，这些炼金术观点利用的是一些非常令人讨厌的象征。但是，我们不应该过分严厉地对中世纪人们的天真看法进行批判，而是一定要努力理解，这种不实用的语言想要传达的究竟是什么意思。

510 把哲人石比作耶稣基督在雅各布·伯麦那里发挥过重要作用，但我不想在这里深入探讨。一段具有这种特点的引文可以在《万物的签名》（*De signature rerum*）中发现。[2]

511 从这份材料中可以非常清楚地看出，炼金术的终极目标究竟是什么：它想要产生一种身体的敏感性，一种经过变形和复活的身体，即，一种同时也是精神的身体。[3]在这里，它发现了与

1 442, I, p.254.

2 121, VII, pp.76f.; X, 10.

3 "Aurora consurgens", Part II, 2, v, p.228f.:"……请注意，这种升华是双重的：一种是身体的升华，另一种是精神的升华；身体的升华对应于世俗，而精神的升华对应于热情……使身体获得精神升华，使固定不变的成为易变的……西尼尔说：让那个火之精灵从身体中出来吧……据说药剂就是从飞行之物的本质中产生出来的。而使精灵变得坚固和不变的，就是不变和永恒，它不可燃烧，因而被称为哲学家的硫黄。"

中国炼丹术共同的基础，而我们已经从《太乙金华宗旨》一书中了解到了这一点。[1]那本书主要关心的是“金刚体”，换句话说，是通过身体的转换而达到长生不老。金刚石是一种卓越的象征，因为它坚硬、炙热和透明。奥希利乌斯（Orthelius）[2]告诉我们，哲学家们从未找到能比他们所谓高贵和给人赐福的哲人石这种东西更好的药剂，因为它很坚硬、透明而且是红宝石色的。

512 这个奥希利乌斯也曾就哲人石的“神学”写过长篇大论的著述。但是，他比伯麦要晚，我之所以在这里提到他，是因为他专注于研究在物质中体现出来的精神：

> 据说有两种宝藏：一种是“书写的文字”，另一种是成为“事实的话语”。在“书写的文字”中，耶稣基督仍然身穿婴儿的衣服在摇篮里待着；但是在成为“事实的话语”中，话语是以上帝的创造物之形式具体体现出来的，在某种意义上说，我们可以用手触摸它。我们必须把我们的宝藏从它们那里提升起来，因为话语无非就是火、生命和灵魂，它们是神圣的三位一体从创世一开始就四散传播的，它们是在水面上孵化出来的，通过上帝的话语而使万物有了生气，并且具体体现在它们身上，正如文中所写：

1 Wilhelm and Jung，530a.

2 “Epilogus et recapitulatio Orthelii”，4，xiv，p.527. 我们只知道奥希利乌斯是波兰炼金术士迈克尔·森迪沃奇（Michael Sendivogius）的一个解读者。

"上帝的灵魂充满了整个世界。"还有人表达了这种观点，这个"世界灵魂"就是上帝的第三个人；但是，他们并没有考虑到"耶洛因"(Elohim)这个词，这是一个复数名词，可以扩展到三位一体中的所有人。这个灵魂是从那里开始的，而且是通过它创造出来的。它变成了身体，成为救世主或哲人石的主要组成成分，是身体和灵魂在我们的生命中结合起来的真正媒介(图235)。

那个躺在诺亚时代的洪水之上的"世界灵魂"，使它们怀了孕，并且在它们之中孵化出一粒种子，就像母鸡下蛋一样。它就是居住在大地内部，尤其是在金属之中的"美德"，这门艺术的任务就是把"元气"[1]，世界灵魂，从物质中分离出来，并且产生一种精华，其功能或许可以和耶稣基督在人类身上发挥的作用相比。

513 诺斯替教关于努斯缠绵在菲西斯的拥抱中的幻象，在炼金术的这位后来者的作品中再一次出现。但是，这个曾经像大力神赫拉克勒斯那样下降到地狱的黑暗之中去完成一件神圣工作的哲学家，成了一个喜欢深思熟虑的实验室工匠；在已经看不到炼金术神秘主义的崇高目标之后，现在他想要发现的是一

1 "元气是得到最高级提升的和不可见的灵魂，它是从身体中分离出来的，本性中被藏匿的美德(或属性)。"参见卢兰德的《炼金术辞典》，292，该辞典深受帕拉赛尔苏斯的影响。

图235　炼金术的四位一体：三和一（身体与女性原则）。引自*Rosarium*，60（a）。

种将会“把身体与灵魂保持在一起”的滋补药剂，正如我们的祖父在说到好酒时经常说的那样。炼金术的这种方向性的变化应归因于帕拉赛尔苏斯的巨大影响，他是现代医学的祖师。奥希利乌斯选择倾向于自然科学，而把神秘体验留给了教会。

514 帕拉赛尔苏斯和伯麦分别把炼金术分裂成自然科学和新教徒神秘主义。哲人石又回到了它以前的状态：难看的、不恰当的、天底下最坏的东西，就算被扔到大街上也无人问津，就像斯皮特勒的宝石那样。就是在今天，摩利努斯[1]可能也还是会说："如果一个人拒绝接受他已经唾弃的东西，那么，当他想要爬得更高的时候，他就会退缩。"

515 把哲人石比作耶稣基督，这个主题在17世纪炼金术的最后一段时光里一再出现，但都只是以模仿的形式出现的。这是那些秘密结社争相崛起的时代，尤其是玫瑰十字会——这是炼金术的秘密自我毁灭的最好证据。因为秘密结社存在的全部理由就是保护一个已经失去其生命活力的秘密，而且这个秘密只有作为一种外部形式存在才能保持其活力。迈克尔·梅耶使我们窥见到了这个悲剧：在其著作的末尾他忏悔地说道，在其宏大的游历过程中，他既没有找到墨丘利乌斯，也没有找到凤凰，而只是找到了一根凤凰的羽毛，即他的笔！这是一种微妙的暗示，暗示他已经认识到，这个伟大的冒险并没有超越他那多产的文字成就，如果他只依赖于后三个世纪的精神，他的伟业无疑会被人们所遗忘。但是，虽然那个时代正在兴起的唯物主义认为炼金术是一种巨大的失败，一种愚蠢的心理失常，

1 参见Maier, 222, p.141。此处并不是引用了摩利努斯的原话，而是梅耶模仿摩利努斯所说的话，在他的书中有一节专门探讨了这位作者。最初的一部分文字可以在摩利努斯的书中找到，参见2, xi, pp.35f。

依然有人认为“即便把它包裹在制作金子的那个傻瓜的衣服里，那也是一种绝不会完全消失的幻想”。

图236　赫尔墨斯瓶中的内容。引自Kelley, *Tractatus de Lapide philosophorum*, 205, p.114。

第六章

炼金术在宗教史中的象征作用

第一节 作为象征之母体的无意识

516 当化学在真正意义上从探索性实验和皇家艺术的思辨中分裂出来之后，只有象征作为一种幻象的迷雾被保留下来，表面看来不存在任何物质。但是，它从未失去某种令人着迷的性质，总是会有一些人在或多或少的程度上感受到其迷人之处。像炼金术那么丰富的象征必然存在某种恰当的诱因，而绝不只是一时的兴起或冲动。至少它是对精神的某一主要部分的表达。不过，这个精神是未知的，因此它才被人们正确地称为无意识。从唯物主义的观点来说，虽然从所有存在物的根源上讲，并没有所谓“原初物质”，但是，要是没有能进行识别的精神，存在的任何事物都不可能被识别出来。只有借助于精神

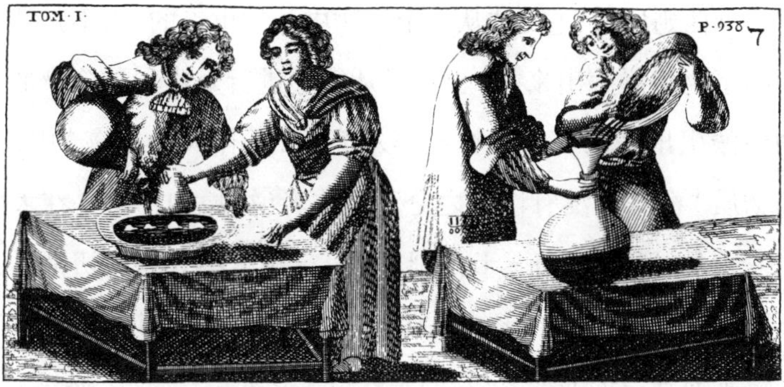

图237 与其神秘姐妹一起工作的炼金术士。引自*Mutus liber*,52,p.7。

的存在,我们才会有真正的“存在”(being)。意识只能把握住它自己本质的一部分,因为意识是“前意识”(preconscious)精神生活的产物,首先是前意识精神生活的存在才使意识的发展成为可能的。意识总是屈从于这种自行发展的幻象,但科学知识已明确认识到,所有的意识都是建立在无意识基础上的,换句话说,建立在某种未知的“原初物质”基础上的;关于这一点,炼金术士认为,我们所能讲述的一切都与无意识有关。例如,原初物质来自那座其中没有任何差异的大山[1],或者如阿

1 Abul Kasim,412,p.24:“这个原初物质是在一座大山里发现的,这座山里含有大量被创造出来的东西。在这座山里的每一种知识都可以在世界上找到。根本就不存在那里没有的知识、理解、梦、思想、远见卓识、见解、深思熟虑、智慧、哲学、几何学、政府、权力、勇气、卓越、满足、耐心、纪律、美、独创性、旅行、正统观念、指导、精确性、成长、命令、统治、王国、高官大臣、议员的规则、商业。而且也根本就不存在仇恨、狠毒、欺诈、恶行、欺骗、暴君、压迫、奸诈、无知、愚蠢、卑鄙、暴力、快乐、歌唱、运动、长笛、七弦琴、婚姻、玩笑、武器、战争、鲜血和杀戮。”

布·卡西姆所说，它是“从一个事物中派生出来的，而不是从不同的事物中派生出来的，也不是从能够进行分辨和被分辨的事物中派生出来的”。[1]在帕拉赛尔苏斯的《伟大的神迹》中，原初物质“根本就没有性别之分”。[2]或者说，原初物质是在大山里发现的，正如阿布·卡西姆所说，在那里所有的一切都是上下颠倒的：“这块大石头的顶端与其底部混合在一起，其最近的部位延伸到最远的地方，它的头就位于它的后背，反之亦然。”[3]

517 这些说明是对无意识的那种自相矛盾之本质的直觉体验，唯一能够容纳这种直觉的地方就是事物未知的方面，无论它是物质的未知方面还是人的未知方面。有一种感受，在这份文献中经常被表达出来，这种秘密要么在某种奇怪的创造物中被发现，要么在人脑中被发现。[4]人们认为原初物质的可变性质要么就是这种物质本身，要么是其本质或灵魂，它被命名为“墨丘利乌斯”，被想象为一种自相矛盾的双重

1 412，p.22.

2 Sudhoff，514，XIII，p.402.

3 412，p.23.

4 Steeb，305，p.117：“因此，当上天之水的精灵占据了它在脑中的席位和居所时……” Berthelot，335，I，iii，1：“根本就不是石头的石头”；佐西莫斯把这个受人鄙视的，但与此同时又很宝贵的物质定义为：“不是上帝给与的，却又是上帝给与的。”（Ibid.，III，ii，1）*Rosarium*，2，xii，p.264：“取走其大脑。”以及前文中提到过的“枕骨部”一词，参见“Liber Platonis quartorum”，7，xxviii，p.124：“脑是神圣部位的居住之地。”这个“枕骨部”又被用于指代“大脑中的容器”（Ibid.，p.148；参见图75、图135）。脑是“……理性灵魂的所在地。因为它在结构（形状）上是三角形的，比身体的所有其他部位都更为简单……”（Ibid.，p.127）它是最接近于“简单灵魂”的器官，因而也是精神转换的桥梁（Ibid.，p.187）。

存在，被称为怪胎、雌雄同体或两性人（参见图125、图199）。把耶稣基督比作哲人石是在转换的物质与耶稣基督之间的一种类比（图192），在中世纪这毫无疑问深受物质转换学说的影响，尽管古代诺斯替教的异教徒观念传统是产生这种影响的主要因素。墨丘利乌斯就像是被挂在十字架上的蛇（《约翰福音》，3：14；参见图238），这里提到的只是无数类比中的一个。

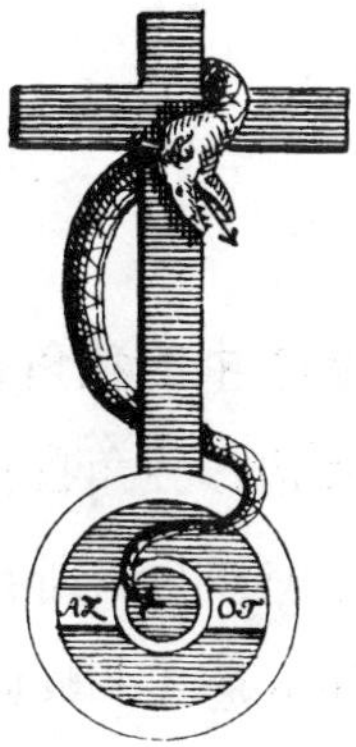

图238　摩西的那条挂在十字架上的肆无忌惮的蛇："墨丘利乌斯之蛇"（*serpens mercurialis*；也参见图217）。引自Eleazar, *Uraltes Chymisches Werk*, 153, fig.10。

图239　独角兽，那个角是一角鲸的角。引自Amman, *Ein neuw Thierbuch*, 98。

第二节　独角兽范式

1. 炼金术中的独角兽

518　我选择独角兽作为例子，是想要表明墨丘利乌斯的象征作用是怎样与诺斯替教传统和基督教传统混合在一起的。独角兽并不是一个单独的、有明确定义的实体，而是一个有非常多变体的难以置信的存在：例如，有一只角的马、驴、鱼、龙、圣甲虫等。因此，严格地说，我们更关心的是“一只角”这个主题。在罗森克鲁茨的《化学婚礼》(*Chymical Wedding*)中，出现了一只雪白的独角兽，它在狮子面前鞠了一躬。狮子和独角兽都是墨丘利乌斯的象征。随着该书故事情节的深入，这只独角兽变成了一只白色的鸽子[1]，这是墨丘利乌斯的另一种象征，他以精灵的那种易变形式的表现，与圣灵相似。在莱姆斯普林克(Lambspringk)所绘画的十五个角色象征[2]中至少有十个是代表墨丘利乌斯的双重性质。在图240中独角兽面对着一只

1　Rosencreutz, 291, pp.54f. 关于这只鸽子，参见“Aurora consurgens”, I, 14, Ch.VI:“它们将与雪一起变白，鸽子的翅膀上覆盖着白银，而背部则覆盖着一层暗淡的黄金。这就是我们那可爱的儿子。” Grasseus, 7, xxxiii, p.314:“引领哲学家前进的是闪闪发光的白色鸽子，它也被称为金属的盐，这一工作的教诲就藏在其中。这就是那个披着白色面纱的贞洁、智慧和富有的示巴女王。” “Aurora consurgens”, I, 14, Ch.XII:“他将给我一对像鸽子那样的翅膀，我将与她一起飞翔于天空，这时我就会说：我获得了永生。”

2　Lambspringk, 6, vii; Barnaud, *Triga chemica*, 115.

图240　牡鹿和独角兽，象征着灵魂与精神。引自Lambspringk，“Figurae et emblemata”，fig.III，in 6，vii，p.337。

牡鹿，后者是一只“逃亡的牡鹿”（cervus fugitivus），这也是墨丘利乌斯的象征。[1]米利乌斯用了七个象征来例证炼金工作的过程。[2]其中第六个象征就是睡在一棵树下的独角兽，象征着

1　Cf. *Musaeum Hermeticum*.

2　Mylius，*Philosophia reformata*，239，p.316.

指引复活之路的生命精灵(参见图188)。在佩诺图斯提供的图表中,独角兽,连同狮子、鹰和龙一起,都是金子的标志。[1]与狮子[2]、鹰和龙[3]一样,它们都意味着非凡的金子,后者也是墨丘利乌斯的同义词。在名为《玛特丽和帕蒂克之石》("Von der Materi und Prattick des Steins")[4]的诗里说道:

我就是那真正的独角兽。
人们所能做的就是砍断我的蹄子和角
再把它们与我的身体重新结合
这样就再也不会分开了吗?

519 在这里我必须再次提到瑞普利,在他的那本书里我们看到了这段话:"但是在她的大腿上躺着那只受伤流血的绿狮子。"这个意象一方面指的是圣母玛利亚抱着耶稣基督尸体的图画,另一方面指的是那只受伤的独角兽,它被猎人打伤

1 7,xi,p.123.

2 中世纪的传说常把独角兽与狮子联系在一起,"因为这种动物就像狮子一样强壮、野蛮和残忍,这就是他们在法国和意大利把这种动物称为lycornu的原因"。这里的"lycornu"显然是从狮子的词源"lion"派生而来。参见Catelanus,132,p.22。

3 在很多情况下人们也把独角兽说成是龙,作为地下世界的一个居民,它居住在峡谷和洞穴中。所以,这些独角兽"把自己隐藏起来,居住在大山的贫瘠之处,在最幽深、最黑暗和最偏僻的山洞里,在野兽居住的兽穴里,在蟾蜍和其他有毒的、令人讨厌的爬行动物之中"。参见Catelanus,132,p.23。

4 7,xx,p.286.

并且在处女的大腿上被捕捉住（图241、图242），这是中世纪的图画中经常出现的一个主题。那只绿狮子确实已经取代了这里的独角兽，但是这并没有难倒炼金术士，因为那只狮子同样也是墨丘利乌斯的象征。那个处女代表他被动的、女性的方面，而独角兽或狮子则是对墨丘利精神的那种野蛮的、狂暴的、男性的、有穿透力的力量的例证。由于把独角兽比作耶稣基督和圣灵在整个中世纪都非常流行，炼金术士当然知道它们之间的联系，这就说明当瑞普利在使用这个象征时，其

图241　在驯服独角兽的处女。引自Aquinas，“De alchimia”（手稿，16世纪），20，ix，fol.87。

图 242　杀死处女大腿上的独角兽。引自 Harley 4751，20，xii，fol.6v。

内心已经倾向于把墨丘利乌斯和耶稣基督当作同一个事物来看待。

2. 宗教寓言中的独角兽

520　教会的语言一般从《圣经》的《诗篇》中借用关于独角兽的寓言故事，在《诗篇》中独角兽首先代表的是天主的力量："（耶和华）将把它们震碎；他也使之跳跃如牛犊，就像独角兽那可爱的儿子”[1]；其次，它代表人的生命活力（图243、图244）：“但是我的角将会像独角兽的角那样得到提升……”[2]也可以把邪恶的力量比作独角兽的力量：“求你把我从狮子的口中救出来；把卑贱的我从独角兽的角下救出来吧。”[3]德尔图良在提到耶稣基督时也是以这些隐喻为基础的：“他的饰品就是公牛的饰品，他的角就是独角兽的角。”[4]在这里，他讲的是摩西的赐福：

图243　冯·加赫南格（von Gachnang）家族的独角兽纹章（瑞士，图尔高州）。引自Zurich Roll of Arms（1340）；参见Merz，461，p.33。

1　拉丁文《圣经》，《诗篇》（29：6）：“他使黎巴嫩像牛犊般跳跃；他使西连像年轻的独角兽那样蹦跶。”

2　拉丁文《圣经》，《诗篇》（92：10）。

3　拉丁文《圣经》，《诗篇》（22：21）。

4　Tertullian，309，Ch.X. 其内容也是引自拉丁文《圣经》，《申命记》（33：17）：“他像牛群中头胎生的公牛一样有威严，他的角就像独角兽的角，用以抵触万邦……”

图244　阿里奥斯托的荣耀(马的额毛被编织成一条僵硬的辫子,以使它看上去像是独角兽的角)。由意大利画家奥托兰诺所画,其本名为乔凡尼·巴蒂斯塔·本韦努蒂(Giovanni Battista Benvenuti);引自梅耶的图画收藏,也参见Börner,339,Plate 30。

……愿他的土地蒙主的赐福，得天堂的宝物、甘露，和地下深渊里蕴藏着的福祉……

得太阳晒熟的果实，得月亮孕育的宝物……

他像牛群中头胎生的公牛一样有威严，他的角就像独角兽的角，用以抵触万邦，直到大地之极……（《申命记》，33：13，14，17）

521 由此可见，独角兽的角代表健康、力量和天主恩赐的幸福。德尔图良说："之所以把耶稣基督命名为公牛，是因为两种性质：一种很坚硬（"野性的、不驯服的"），就像个法官似的，另一种很温柔（"驯服的"），就像个救世主。他的角就是十字架的两端……"贾斯丁・马特（Justin Martye）[1]以类似的方式对同一段话做了解释："独角兽的角。因为谁也不能说或证明，这一象征除了以十字架作为代表之外，还能在其他任何物体中找到，或者以其他任何形式表现出来。"因为上帝的力量是在耶稣基督中表现出来的。因此，普里西利安（Priscillian）把上帝称为"一只角的"："一只角的就是上帝，对我们来说，耶稣就是一块岩石，基督就是一块基石，耶稣基督是人中之人。"[2]正如与独角兽象征类似的"上帝的独生子"的唯一性一样，因此圣

1 Justin, 203, Ch.XCI, col.691.

2 Priscillian, 277, p.24.

尼勒斯(St. Nilus)用它来表示僧侣的那种无所畏惧的独立性:他是一只独角兽,是他自己创造的产物。[1]

522 巴西尔把“独角兽之子”视为耶稣基督。圣安布罗斯说,就像耶稣基督的出生一样,独角兽的起源是一个秘密。我是从尼古拉·考辛(Nicolas Caussin)那里精选出下述注解的:愤怒和复仇的上帝在圣母玛利亚的大腿上得到了安慰(图245)。[2]教会的这种思潮与炼金术对狮子和龙的驯服非常相似(图246)。这和把《旧约全书》的耶和华转化为《新约全书》中上帝的爱是同样的道理。皮奇内利(Picinelli)说:“真正的上帝,是极为可怕的,但当他进入被赐福的圣母玛利亚的身体之后,再在世人面前出现时,就变得很平静,完全被驯服了。”[3]

---

1 241; 92, xvi, 20.

2 Caussin, 133, p.348:“上帝的力量与犀牛(的力量)相似,参见《出埃及记》(15)。独角兽不允许其他同类住在它的洞穴里。上帝之子已经住了几百年了,即,住在被赐福的圣母玛利亚的子宫里。”参见拉丁文《圣经》,《诗篇》(78: 69):“在那里,他建起圣殿,如高山般巍然耸立,如他所创造的大地般永恒不变。”133, pp.348f.:“独角兽的角,发挥的作用就像解毒药,因为他把毒从水中排出,而且这还意味着耶稣基督的洗礼”(即,洗礼之水的神圣化);“它可以被正确地应用于受洗的耶稣基督,就像被选中的独角兽之子,耶稣基督使河水的溪流神圣化,把我们的所有罪孽冲洗干净,正如比德所说”。《约伯记》(39: 9—10):“你能让独角兽愿意为你服务,或者把它关在你的厩棚里吗?你能驾驭着独角兽,让它为你耙地吗?或者,它愿意跟着你在山谷里耙地吗?”

3 Picinelli, 266, I, 419, b:“圣文德说:耶稣基督得到了最善良的圣母玛利亚的抚慰而变得宽容,所以他没有用永远的死亡来惩罚罪人们。”想要更多了解关于圣母玛利亚和独角兽的神话,可参见Isidore of Seville, 197, xii, 62。*Physiologus Graecus*(55; 也参见Pitra, 268a, III, p.355):“它是怎样被猎取的:他们把一个神圣的处女放在它面前。它跳到这个处女的大腿上,这个处女用爱温暖着这个动物并把它带到王宫里。”

图 245　在封闭的花园里与亲爱的独角兽在一起的圣母玛利亚。Swiss tapestry（1480 年），收藏于瑞士国家博物馆，苏黎世；引自 Gysin，400，Plate 5。

图 246　曼荼罗与四个圆形装饰图案，里面分别是牡鹿、狮子、狮身鹰首兽和独角兽。卢塞恩的圣乌尔班修道院里的地砖；引自 Zemp，537，p.169。

523 欧坦的洪诺留(Honorius of Autun)在其《透视教会秘密的镜子》(*Speculum de mysteriis ecclesiae*)中说:

> 这个只有一只角的狂暴的动物被称为独角兽。为了把它捉住,人们把一个处女安置在一块地里,然后这个动物来到她跟前就被逮住了,因为它躺在了她的大腿上。耶稣基督就是以这个动物为代表的,而他那不可战胜的力量[1]则是以他的角为代表的。躺在处女子宫里的他,被猎人逮住了;也就是说,他是在扮成人形时才被那些热爱他的人发现的(图247)。

524 圣鲁伯特(St. Rupert)[2]把耶稣基督比作犀牛,而乌兹堡的圣布鲁诺(St. Bruno)[3]则直接把他称为"角"。考辛写道,大阿尔伯特在其《希波提补》(*Hypotyposes*)一书中提到,圣母玛利亚是与麒麟座(即独角兽星座)联系在一起的。大阿尔伯特是一位研究炼金术的专家,他的引文均出自炼金术文献。在《翠

---

1 参见《翠玉录》(71):"所有力量中最强大的力量。"也参见Honorius(189, col.847):"[耶稣基督]……他的美德[力量]就如同独角兽,后者用其角扫清了所有挡道之物,而耶稣基督用十字架征服了全世界的国家和势力。"

2 293.

3 129, col.182:"我们将以你的名义用角摧毁我们的敌人。我们将以你的名义蔑视那些起来反对我们的人……而角就是耶稣基督,这也是圣父的名字,通过他,我们才能摧毁或蔑视我们的对手。"

图247　和独角兽在一起的处女。引自Khludov Psalter,20,xiiii,fol.93v;Tikkanen,517,p.43。

玉录》中,有一个拥有巨大力量的“儿子”,他下降到大地上,把一切固体的东西穿透。不仅在占星术中认为,圣母玛利亚是大地的标志:根据德尔图良和奥古斯丁的观点,圣母玛利亚的意思实际上就是指大地(图248)。圣依西多禄(Isidore of Seville)强调独角兽具有穿孔的作用。[1]《翠玉录》对母子乱伦主题几乎没有任何掩饰[2],这可能也是炼金术士大阿尔伯特已

1　197,xii,62.

2　确实,儿子的母亲是月亮,但是“大地是他的保姆”(参见图163)。“Ascendit a terra in coelum”:因此他最初起源于土地,上升到天堂后,又回来渗透到土地之中。更多内容请参见《翠玉录》(71)。

图248　创造夏娃，预示着拯救的故事：因此独角兽也在现场。引自“Trésor de sapience”（手稿，15世纪），20，xxx。

经认识到的一个事实。

525　我在前面说过，独角兽有不止一种意思。它也可以指代邪恶。例如，《古希腊动物论》（*Physiologus Graecus*）[1]是这样描述独角兽的：“它是一种跑得很快的动物，有一只角，对人非常

1　495，p.263，1—8.

邪恶。”圣巴西尔(St. Basil)说:“哦,人啊,你要小心,小心那只独角兽,他是个魔鬼(图249),因为他用邪恶对人进行攻击,而且他在作恶时非常狡猾。”

图249　野性的独角兽。引自Bock, *Kräuterbuch*, 119, p.391(“Ciba-Zeitschrift”图画收藏,巴塞尔)。

526 这些例子应该足以表明，炼金术的象征和教会的语言之间有多么密切的联系。请注意，在宗教寓言的引文中，独角兽也包含邪恶的成分（图250）。它最初是一个可怕的和难以置信的野兽，本身隐藏着一种内在的矛盾，一种“对立物的化合”，这使它成为非常适合表达炼金术的可怕性质（即邪恶的雌雄同体）的一种象征。[1]

3. 诺斯替教中的独角兽

527 在基督教语言和诺斯替教象征之间也存在着某种联系。希波吕托斯（Hippolytus）在解释纳赛内派（Naassenes）的教义时说，蛇居住在所有的事物和生物当中，仿佛生物就是她的“庙宇”（此处为文字游戏，蛇的希腊语和庙宇只差一个字母）。

1 普林尼曾描述过独角兽的那种可怕性质（273，Lib.VIII，Ch.21）：马的身子、大象的脚和野猪的尾巴。还有一种更为奇特的描述，可能会让炼金术士非常感兴趣，参见Ctesias（144，p.363）：“我听说，印度的野驴并不比马小多少。头是紫色的，但身体的其他部位是白色的，眼睛则是深蓝色的。前额上有一只角，接近七十厘米那么长，角的下部是白色的，上部是紫色的，但中间是漆黑的。我听说印度人会用这些色彩鲜艳的角来喝水，但只有最高贵的印度人才会如此。有时为了这个目的要在角上装一些金环，就像一个美丽雕塑上的装饰品一样。他们说，用这种角喝水的人不会患上绝症，因为他不会发生痉挛抽搐，也不会被毒死，如果他喝了什么有害的东西，他会呕吐并被治愈。”也参见Aelian（92，IV，52；III，41；XVI，20）：“它的角的力量是不可战胜的。它喜欢独自在草原上徘徊……它享受独处的时光。”Philostratus，*Vita Apollonii*，355，Book III，Ch.2：“当有人喝过用独角兽的角制作的杯子里的水，他就一天都不会生病，也不会感到疼痛，他可以赴汤蹈火，最烈性的毒药也奈何他不得。”Kosmas（209；也参见McCrindle，454，p.361）：“据说，独角兽为了逃避猎人的捕杀，会跳进一个深渊里，用它的角着地，它的角如此坚硬，可以承受住下落的冲击力。”更多内容请参见Salzer，494，pp.44ff。

图250 骑在独角兽上的野人。引自*Grösseres Kartenspiel*(“Ciba-Zeitschrift”图画收藏,巴塞尔)。

他说，每一个神殿、每一次启蒙和每一种秘密都与蛇有关。这使我们马上回想起《翠玉录》中的那段话："这就是使整个世界获得完满的父亲。"在炼金术的意义上，"完满"的意思就是不完满的身体变得完满和成熟，这也指炼金术士自己。[1]

528 这些人（纳赛内派的人）说，蛇是潮湿的物质，米利都学派的泰勒斯（Thales of Miletus）也说过，世间所存在之万物，无论是否终有一死，无论有无生命，若没有它，就不可能存在。[2]关于蛇的这个定义与炼金术关于墨丘利乌斯的定义一致，墨丘利乌斯也是一种水：那种"神圣的水"，是湿的，是"以水为源的"，也是生命之灵，不仅居住在所有活的生物之中，而且是一切存在物中内在固有的，就像世界的灵魂一样。希波吕托斯继续说道：

> 他们还说，所有的东西都隶属于她（蛇），她很善良，万物中的某一些存在于她身上，就像那头独角公牛的角一样。她把美和成熟传授给万物……

529 由此可见，和那个独角一样，蛇是一种解毒药，是使万物走向成熟和完善的原则。我们已经熟知，独角兽是墨丘利乌斯

1 Cf. Jung, 424.

2 泰勒斯认为，水是最原初的元素。

的象征,既可以使物质发生最卓越的转变,也可以使不成熟和不完善的身体变得成熟和完善起来,因此炼金术把它称为“救世主”和“救星”。希波吕托斯说:“这条蛇穿透到一切事物之中,似乎来自伊甸,把她自己分割为四条第一原则。”[1]万物皆源自一,这是炼金术的基本信条(图251),《翠玉录》中说:“所有

图251 作为一个整体表现出来的炼金过程的七个阶段。引自“Ripley Scrowle”(手稿,1588年),20,xiii,No.4。

1 以上引用的这些话可参见Hippolytus,*Elenchos*,186,V,9,12—15。

的事物都为一，因此所有的事物都源于此”；而且还说，把一分成四种成分（图252），然后把它们重新结合成一个统一体。原

图252　贞洁。引自“Les triumphes du Pétrarche”（手稿，16世纪），20，xxxviii（参见爱诺思图画收藏，阿斯科纳，瑞士）。

初物质也被称为“天堂般的大地”，亚当带着它一起被逐出了天堂。“哲学的墨丘利乌斯”是由四种成分组成的（参见图214）。在希波吕托斯引用的一首神秘的赞美诗里，奥西里斯被称为“月亮的天堂之角”，而且同样的原始存在也被称为索菲亚和亚当。[1]我们已经熟知它们与炼金术方面的相似之处。在这里提到的另一种相似之处是“阿提斯的多种形式”。墨丘利乌斯的可变性和形式多样性是炼金术中一个至关重要的观点。没有必要深入探讨这些观点，因为这些观点是这个异教体系从基督教那里模仿来的；只要和基督教的引文做一下比较就足够了。

4. 一只角的圣甲虫

530 关于墨丘利乌斯的独角兽象征的一个重要信息源是赫拉波罗的《象形文字》（*Hieroglyphica*）。这位作者说，第三种圣甲虫是独角的，由于这种独特性，它和墨丘利乌斯同样神圣，就像朱鹭一样。另外，圣甲虫具有“独生性”，因为它可以自我生产。在帕拉赛尔苏斯那里，原初物质是一个被创造物，在整个炼金术中，就像墨丘利乌斯、蛇或龙那样，它是双性的，能够自体受精和自我生产（图253）。这个独生子就是哲学之子，即哲人石。圣甲虫会经历和龙一样的肢体分解过程，在古代文本中这也被称为“元素的分离”。“太阳—圣甲虫，那个站在天

1 186,V,9,8.

图253 哈波奎特斯被咬尾蛇环绕着。诺斯替教的游戏；引自King, *The Gnostics and Their Remains*, 439, Plate II, fig.8。

国子午线上的有翅膀的统治者，被砍头和肢解。”[1]在《太阳的光辉》（“Splendor solis”）的“第六个寓言”[2]中，“分割”被描述为一种被肢解的身体：“罗西诺斯（Rosinus）[3]说，他想要明确解释他看到的一种景象，他看见了一个死去的人，他的身体就像盐一样煞白，他的四肢被割断，他的头是纯金的，却与身体分离开来……”[4]这个金色的头最初指的就是奥西里斯的头，在古希腊文献中他被描述为“没有头的”[5]。古希腊炼金术士们也把自己

1 Cf. Preisendanz, 477, II, p.60, lines 44f.

2 3, i.

3 “罗西诺斯”其实就是佐西莫斯。

4 这使人联想起那种神秘的说法：“把头带走，但不要触摸身体。”参见*Poliphile*, 117, Folio c, III。

5 Cf. Preisendanz, 477, I, p.185, line 99.

称为“金头之子”。[1]

531 在炼金术文献中很少提到圣甲虫，但在一些古老的文献中还是可以找到它的踪迹：“除非这种水来自我们的水中的圣甲虫，否则任何水都不可能变成万灵药。”[2]“我们的水”指的无疑就是神圣之水，即墨丘利乌斯。

5. 吠陀经中的独角兽

532 独角兽在公元前时代的踪迹把我们引向了东方。[3]我们早在阿闼婆吠陀（Atharva-Veda，III，7）的赞美诗[4]中就曾遇到过：

> 在那只敏捷的小羚羊的头上长出来一种药！他用角把来自四面八方的刹帝利驱赶走。
>
> 那只羚羊用它的四只脚追赶你。哦，角啊，把结合到他心中的刹帝利松开。
>
> 在那边闪闪发光的（角），就像有四只翅膀（边）的屋顶，我们以此把刹帝利从你的四肢里驱赶出去。

---

1 Berthelot，335，III，x，1.

2 1，iv，p.119.

3 我最好不要深入探讨独角兽是否在亚述人和巴比伦人的文化中存在这个问题。施拉德（Schrader，500，pp.573ff.）认为，独角兽的全部观点源自看起来是一只角的动物的表征，因此，在我看来，他就像对待波斯波利斯那样，对这些历史遗迹做了错误的解释。他并没有把印度的资料考虑在内。

4 Bloomfield，338，p.15.

533　摩奴(Manu)的鱼(图254)似乎是长着一只角的,虽然没有人对此做过特别的说明:不过,它的角必然会被提到,但提到的绝不是它的很多角。根据《百道梵书》(*Shatapatha-Brahmana*)[1]中叙述的传奇故事,摩奴钩住了一条鱼,这条鱼越长越大,最后把他从洪水中拉到干燥的土地上,摩奴把他的船拴在它的角上。[2]鱼是毗湿奴(Vishnu)的化身(图255),而摩奴则是"人"的意思。[3]在许多方面他都与古希腊的"原人"相

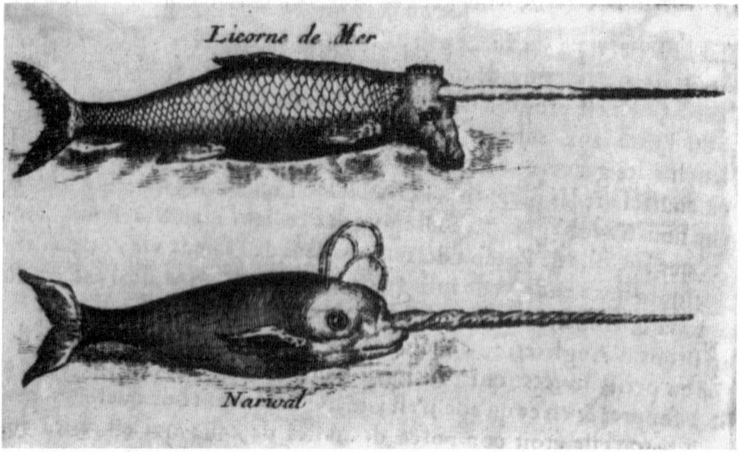

图254　所谓"海洋独角兽",它的长牙在古老的独角兽图画中被用作原型。引自Pommet, *Histoire générale des drogues*, 274, II, p.78("Ciba-Zeitschrift"图画收藏,巴塞尔)。

1　Eggeling, 371, pp.216ff.

2　Ibid., p.217, 5:"于是这条鱼向他游过来,他把船的绳子拴在它的角上,他用这种方法快速地爬上了北边的山(喜马拉雅山)。"

3　Bühler, 348, Introduction, p.xiv. 摩奴"是与英雄同名的人类,其本性既属于神,也属于人"(Ibid., p.lvii)。

图255　以鱼的形象出现的毗湿奴。18世纪印度微型画（莱格的收藏品）。

对应：他是人类之父，直接从上帝那里下降而来，在这里被称为“自我存在”（Svayambhu），即梵天（Brahma）。他是一个像上帝那样的存在，相当于万物的造物主，甚至就是梵天本身，是最高的灵魂。在《梨俱吠陀》(*Rig-Veda*)中,他被称为父亲摩奴,而且据说通过他的女儿将人类生下来。他是社会秩序和道德秩序的创立者[1],是第一个牺牲者和神父。[2]他把《奥义书》的教义传给人类。[3]特别有意思的是,他也源自雌雄同体的"遍照者"(Viraj)。《百道梵书》把他和一只公牛联系在一起,这只公牛承担着消灭阿修罗和罗刹(与诸神作对的魔鬼)的任务。[4]最后,摩奴还是医学之父[5],在佛教传统中,是黄金时代之主(Lord of Golden Age)。[6]如此一来,这只角就关联上了该形象,而这个形象在名称和特点上,都与"原人"有非常密切的关系。

534 圣母玛利亚和独角兽的主题都可以在《罗摩衍那》(*Ramayana*)和《摩诃婆罗多》(*Mahabharata*,III,110—113)中找到。一个名叫鹿角仙人的隐士,维宾达卡或者说独角兽的儿子,是被国王的女儿尚塔从孤独的深山中邀请出来的,后来他们俩结了婚;或者,还有一种说法认为,他是被一个妓女引诱出山的。因为只有用这种手段才能使遭受可怕洪水之害的大地得到解救。[7]

---

1 348,p.lvii f.

2 *Vedic Hymns*,472,Part II,p.96.

3 Chhandogya Upanishad,471,Part I,p.44,4.

4 Eggeling,371,p.29,14.

5 *Vedic Hymns*,472,Part I,p.427,13.

6 参见我写的关于帕拉赛尔苏斯的一些话(424,pars.240ff.;424a,pp.141ff.)。

7 Holtzmann,414,pp.131ff.;Lüders,453.类似的故事在佛教中也存在,参见Jataka,526(357,V,pp.100—106)。

6. 波斯的独角兽

535 在《班达希经》(*Bundahish*)中有一段给人留下深刻印象的论述:

> 在谈到那头长着三条腿的驴时,他们说,它站在宽阔的海洋中间,有三只脚、六只眼睛、九张嘴、两个耳朵和一只角,它的身体是白色的,吃的食物是有灵魂的,它很正直。它的六只眼睛中有两只在眼睛的位置上,有两只在头顶上,有两只在背上,凭借这六只眼睛的敏锐视觉,它能战胜和毁灭一切。它的九张嘴中有三张在头上,三张在背上,三张在身体两侧的内部;每一张嘴都大约有一个农舍那么大,它本身则像阿尔万德山那样大。当它的三只脚踏在大地上时,它的每一只脚都可以把一群静卧在一起的一千只羊踩在脚下;它的每一个骹部是如此之大,以致一千个人带着一千匹马都可以从里面走过。至于两只耳朵,完全装得下马赞德兰。那一只角可以说是金的和中空的,而且上面长着一千个分支的小角,有的可以装下一头骆驼,有的可以装下一匹马,有的可以装下一头牛,有的可以装下一头驴,有大也有小。它将用这只角战胜和消除那些邪恶生物的力量所导致的污染腐蚀。
>
> 当那头驴在海洋里抬起脖子,它的耳朵使人感到害怕,浩瀚的海洋中的水将掀起滔天巨浪。当它发出呼喊

时，所有母的水生生物，奥哈马兹达（Auharmazd）创造的生物，都会怀上孕；而所有那些怀孕了的邪恶的水生生物，在听到那声呼喊时就会流产。当它在海洋里撒尿时，海水将得到净化，这种事情发生在地球的七个区域中——甚至由于这个原因，所有来到水中的驴都要在水里撒尿——因此，正如人们所说："哦，三条腿的驴啊！如果你未曾为了水而被创造出来，那么大海中所有的水就会因为邪恶精灵使奥哈马兹达创造的生物死亡而被污染。"

蒂斯塔（Tistar）在三条腿的驴的帮助下对海洋中的水有了更完整的把握。他还提到过"龙涎香"，把它说成是那头三条腿的驴的粪便；因为如果这头驴有很多灵魂食物的话，那么液体食物中的水分也会通过身体中的静脉进入尿道，而粪便则会被排出去。[1]

536 这个怪物显然是基于"三"这个数字的。把它说成驴使人想起了克特西亚斯（Ctesias）笔下的印度野驴，但是，作为一种宇宙规模的存在，它也使人想起阿拉伯炼金术中关于原初物质的那种怪异的拟人化（图256）。例如，在《奥斯坦尼斯书》（"Book of Ostanes"）中，一个类似这样的怪物（长着秃鹰的翅膀、大象的脑袋和龙的尾巴）把打开宝库的钥匙交给了炼金术

1 528，pp.67ff.

图256　神话传说中包裹着“混沌”的怪物，鹈鹕（耶稣基督和哲人石的象征）就是从那里升起来的。引自*Hermaphroditisches Sonn- und Mondskind*, 37, p.57。

土。[1]那头驴站在大海里，就像是从大海深处的淤泥中生长出来的神树一样。[2]《班达希经》是这样描述这棵树的：

1　Berthelot, 334, III, p.120.

2　528, p.65（XVIII, 1）.

有必要把它作为使宇宙恢复活力的生产者，因为他们从中使它获得了永生……有人说这是一种适当的治愈，有人说这是一种充足的治愈，也有人说这是全部的治愈。[1]

537 这头驴和这棵树[2]显然是有联系的，因为它们都代表生命的力量，代表生殖和治愈。这真是一个原始的等式：它们都是神或者都有神之力。阿拉伯的炼金术士同样也是从西方的这棵树中获得他们的原初物质的。我们在阿布·卡西姆的书中看到了这段话：

这个适合于作为万灵药的原初物质取自一棵生长在西方土地上的树……而且这棵树长在海洋的表面，就像植物长在地球的表面一样。这就是那棵树，不管是谁，只要吃过这棵树，人和精灵都要服从他；它也是那棵不允许亚当（愿上帝祝福他！）吃的树，当他因此而吃了的时候，他

1 528,pp.65—66（XVIII,1,9）.

2 我们可能会注意到一个奇怪的事实，在这棵树里藏着一条蜥蜴："邪恶的精灵就是在那里形成的。在那些作为竞争者而进入的精灵当中，蜥蜴就是深水的对手，它可能会伤害这一植物及其不朽性。"（Bundahish, XVIII, 2, in 528, p.65）在炼金术中，住在树中的精灵墨丘利乌斯是以蛇、蝾螈或梅露西娜为代表的。参见"Ripley Scrowle"（20, xiii），在该文中我们发现了最后提到的那个梅露西娜，她的身体只有一半是女人，正在庆祝她与"哲学之子"的结合（参见图257）。"Verses belonging to an Emblematicall Scrowle"（8, iii, p.375）："水银真的是我的姐妹，基布里克的确是我的兄弟，阿拉伯的蛇就是我的名字，它就是所有这类游戏的领袖。"

就从天使这种形式转变成人类。这棵树可能会变成任何一种动物的形式。[1]

538 这个怪物和这棵树都代表着万灵药、解毒药和长生不老药。这棵树能转换成任何动物的这种独特能力，也同样源自墨丘利乌斯（图257）。

539 这头驴是一个“三位一体的魔鬼”，一个来自冥界的三位一体，在拉丁文炼金术文本中被描述为有着三个头的怪物，与墨丘利乌斯、盐和硫黄相等同。[2]关于耶路撒冷圣殿的驴崇拜的经典谣传以及在帕拉蒂诺山上的那个仿制的十字架，我只是顺便提一下，就不细说了；作为造物主的耶和华与伊达波斯的那种性情阴郁的方面，也使这些人物与同样性情阴郁的原初物质结合在一起。

7. 犹太传统中的独角兽

540 《塔木德》（*Talmud*）[3]中讲述了独角兽怎样逃避洪水的故事：它被拴在方舟的外部，因为它体型巨大，无法进入方舟内部。巴珊王噩（Og），也以同样的方式在洪水中幸存下来。这段故事是这样说的：

---

1 412，p.23.

2 Cf. Jung，424，par.264（424a，p.168）.

3 Goldschmidt，396，X，p.359（“Tractate Zebahim”，Fol. 113b）.

图257　墨丘利乌斯的转换。树上的梅露西娜(莉莉丝)就是智慧。引自所谓“Ripley Scrowle”(手稿,1588年),20,xiii,No.3。

那些认为洪水并没有降落到以色列土地上的人很轻松地对独角兽的存活做出了解释；但是，那些认为洪水确实降落到以色列土地上的人，是如何看待它的存活的呢？迦娜（R. Jannai）回答说："他们把小独角兽带到了方舟里。"——但是，拉巴·巴尔·哈纳（Rabba b. Bar Hana）报告说，他曾看到过像塔博尔山那么大的小独角兽，有四十帕勒桑（parasang）那么长，它的脖子的周长都有三帕勒桑，它的头则是一点五个帕勒桑，约旦河都被它排泄的污物阻塞了。[1]约哈南（R. Johanan）回答说："他们把它的头放进方舟里。"——"但大师说，它的头有一点五个帕勒桑长。"——"他们可能只把它的鼻子尖放进了方舟。"——"……但是，当方舟在水面上升起来时怎么办？"——雷斯·拉齐斯（Res Laqis）回答说："他们把它的角拴在了方舟上。"——"不过，希斯达（R. Hisda）说，他们因为把水加热而犯罪，也因为把水加热而受到惩罚。"[2]——"按照你的意见，方舟[3]是怎样幸存下来的呢？另外，巴珊王究竟在哪里呢？[4]在

1 Cf. Goldschmidt, 396, VIII, p.203 ("Tractate Baba Bathra", Fol. 73b).

2 水是热的，所以，即便独角兽能够呼吸，它仍然会被烫死（参见Goldschmidt, 396）。

3 指的是《创世记》（6：14），在那里方舟的里里外外都被涂满了沥青，而沥青遇到热水就会融化（参见Goldschmidt, 396）。

4 根据《塔木德》的长篇故事，噩是在洪水中幸存下来的，具体可参见"Tractate Nidda", Fol. 61a（396, XII, p.552）："因为，据说（《创世记》，14：13）'有一个人逃脱了，并且告诉了希伯来的亚伯拉罕'，约哈南说：'从这场洪水中逃脱的就是噩。'"

他们身上可能发生了某种奇迹，方舟一侧（的水）始终是冷的。”

541 在一本《圣经》布道书[1]中，有一个关于这个故事的相对应的版本，根据这个版本，噩是通过抱住舷梯的梯级而紧贴在方舟的外部。

542 《圣经注疏·伪约拿单译本》（“Targum Pseudo-Jonathan”）在评论《创世记》（14：13）时说，噩待在方舟的顶上。[2]

543 根据《塔木德》的一个传说[3]，噩是从一个在《创世记》（6）中提到过的堕落天使那里降落下来的，这个天使与人类的女儿“交合”：“注意，西宏（Sihon）和噩是兄弟，因为主人说：‘西宏和噩是亚希雅的儿子，亚希雅是桑杨沙的儿子。’”[4]拉希（Rashi）的评论说，西宏和噩是亚希雅的儿子，“亚希雅是从桑杨沙和阿撒兹勒那里降落下来的，这两个天使是在以诺那个时代下凡来到人间的”。

544 噩的巨大身躯在《塔木德》的几段话中都曾被描述过，很可能在其《月经篇》（“Tractate Nidda”）的描述中是最大的（Folio 24b）：

1 该文本最早可追溯到8世纪，参见Zunz，540，p.277。

2 也参见Joseph ben Gorion，200，I，p.208。

3 396，XI，p.552（“Tractate Nidda”，Fol. 61a）.

4 《创世记》（6：4）中提到的那些最重要的巨人（参见Goldschmidt，396）。

根据其他约哈南的意见，阿巴·扫尔(Abba Saul)说："我是一个挖掘坟墓的人。有一天我在追逐一只牝鹿，而且我发现我就在一个死人的股骨里。我追逐那只牝鹿追了有三帕勒桑，但我没能撵上它，而且那块股骨也没有尽头。当我回来时，他们告诉我说：'它属于噩，那个巴珊王。'"

545 可以想象，在噩和独角兽之间有某种联系：两者都通过被连接到方舟的一侧而逃过了大洪水，且两者都体型巨大。另外，我们发现可以把独角兽比作塔博尔山，而噩也可以与一座山相联系：他把一座山连根拔起并把它猛投到以色列人的营地。[1]在一本布道书中还有更进一步的类比：独角兽就是一座山，他受到一头狮子的威胁，随着上述故事的继续，噩被摩西所杀，"这位耶和华的仆人"，在《旧约全书》中经常被比作一头狮子。[2]该文本是这样说的：

胡马·巴尔·伊迪(R. Huna bar Idi)说：当大卫还在牧羊时，他走在路上，发现了在沙漠中睡觉的独角兽，他以为这是一座山，就爬到山顶上放牧。之后独角兽晃动着身

1 396, I, p.237("Tractate Berachoth", Fol. 54b); "Targum Pseudo-Jonathan"(Num. 21: 35).

2 Midrash Tehillim(344; Ps. 22: 21)："求你救我逃离狮子的大口，因为你已经听到我从独角兽的角里发出的呼救声。"

躯站立起来。大卫骑在他的背上到达了天国。就在这时，大卫对上帝说："如果你把我从这只独角兽身上放下来，我要为你建一座圣殿，有一百腕尺那么大，就像这只独角兽的角。"……赞美他吧，上帝为他做了什么呢？他命令一头狮子过来，当独角兽看见狮子，他害怕了，于是就俯下身来，因为那头狮子就是他的王，大卫就此回归到大地上。但是，当大卫看见狮子时，他也害怕了。因此他说："求你救我逃离狮子的大口，因为你已经听到我从独角兽的角里发出的呼救声。"

546 另一个布道书文本[1]表明，独角兽正在与狮子搏斗。在这里它被明确地称为独角兽，而不是其他代号。这段话是这样说的：

在我们的土地上也有独角兽，在它的前额上有一个很大的角。而且还有很多狮子。当独角兽看见一头狮子时，他驱赶着后者靠到一棵树上，独角兽想要把狮子杀死。但是狮子离开了那个地方，独角兽用角猛烈地撞击那棵树，角深深地刺进那棵树里，以至于他无法再把它拔出来。这时狮子回来了，杀死了独角兽，但有时事情恰好相反。

1 "The Ten Tribes", in Eisenstein, 373, p.468b.

547 在罗森克鲁茨的《化学婚礼》中，就像在英国皇家徽章中一样，狮子和独角兽结合在一起（图258）；两者都是炼金术中墨丘利乌斯的象征，正如它们是教会中耶稣基督的象征一样。在墨丘利乌斯那里狮子和独角兽代表对立物之间的内部张力，狮子是一种危险的动物，与龙相似；龙必须要被杀死，而狮子

图258 独角兽和狮子。引自*La Dama à la Licorne*（15世纪），参见“Ciba-Zeitschrift”图画收藏，巴塞尔。

至少要被砍掉爪子。独角兽也必须得到驯化；作为一个怪物，其具有更高级的象征作用，也具有比狮子更多的精神属性，但是正如瑞普利所说的，有时狮子也会取代独角兽。鼉和独角兽这两个巨大的存在物，会使人想起贝希摩斯（Behemoth）和海中的怪兽利维坦（Leviathan），这是耶和华的两种表现形态。所有这四种动物，也像《班达希经》中那个类似独角兽的驴一样，是恶魔般的自然力量的拟人化表现。上帝的力量不仅在人的精神中表现出来，而且在人的本性及其外部自然的狂暴兽性中表现出来。只要人与自然本性有关联，上帝就会是矛盾的存在。基督教毫不妥协地把上帝解释为"最高的善"显然是与自然本性相抵触的，因此炼金术的这种神秘的异教徒式信仰和实践，是在墨丘利乌斯这个自相矛盾的人物身上表现出来的。相比之下，耶稣基督的雌雄同体则被想象为完全是精神的和象征的，因而处在自然脉络之外。另一方面，他的对应物，即"这个世界之主"的根本性存在，违背了上帝的两极性，正如在代表他的那个拥有雌雄同体性质的上帝之子中所表现的那样。

8. 中国的独角兽

548 独角兽在中国也出现过。根据《礼记》的观点，有四种代表吉祥的或具有宗教象征意义的动物：独角兽（即麒麟）[1]、凤

1　引自《辞源》，518，s.v. "麒麟"："它很像牡鹿，但比它大，长着牛尾和马（转下页）

凰、乌龟和龙。独角兽乃四足野兽之首。它有鹿的身体、牛的尾巴和马的蹄子。它的背上有五种不同的颜色，它的肚子是黄色的。它对其他动物非常和善，据说只有在好皇帝或大圣人诞生的时候才出现。如果它受伤了，这将是一个不祥之兆。它第一次出现是在黄帝的花园里（公元前2697年）。后来有两只独角兽寄居在平阳，即帝尧的都城。当孔子的母亲怀孕时，有一只独角兽出现在她面前（图259），而且，作为这位圣人死前的

图259　麒麟宣告孔夫子的诞生。“在孔子出生之前，一头麒麟来到尼丘山他家的房前，并吐出一块玉帛，上面写着：‘水精之子，继衰周而为素王。’他的母亲甚感惊讶，于是把彩绣系在麒麟角上。这头野兽待了两个晚上然后才离去。”引自《孔子圣迹图》，“麟吐玉书”。

（接上页）蹄：它有一只肉角，背上的毛发有五种颜色，且肚子上的毛是黄色的（或棕色的），它不会把任何青草踩在脚下，也不会吃任何活的生物。当完美的统治者（神人）出现时，当王道得以完成时，它就会现身。”

一种预兆，碰巧人们捕获了一只独角兽（图260）。值得注意的是，公的独角兽被称为麒，母的独角兽则被称为麟，所以这个通称的术语是把这两个字（麒麟）结合在一起而形成的。[1]因此，独角兽天生就具有雌雄同体的性质。它和凤凰及龙的关联在炼金术中也出现过，龙代表墨丘利乌斯的最低级形式，而凤凰则代表其最高级形式。

549　如前所述，犀牛的角是可以解毒的，也正是由于这个原

图260　麒麟宣告孔夫子的死亡。“鲁哀公十四年（公元前481年），有猎人在鲁西捕获一头麒麟。这使孔子非常惊讶，甚至停止了对《春秋》的写作。《孔丛子》（关于孔子的故事集）中写道：叔孙氏（鲁国的贵族）捕获了一头异兽。无人能识，于是弃之于五父衢。（弟子）冉有告知曰：‘麋身而肉角，岂天之妖乎？’孔子前去查看，泣曰：‘麟也！麟仁兽，出而死，吾道穷矣。’”引自《孔子圣迹图》，“西狩获麟”。

1　398，VIII，p.98.

因，它才会被制作成水杯。《古希腊动物论》告诉我们，当一条蛇使饮用水有了毒之后，动物们就会等待独角兽的到来；“因为它的角是十字架的象征”，它通过喝水就可以消除蛇毒。[1]

9. 独角兽杯

550 能治病的杯子并非与救赎之杯（即圣餐杯）没有关联，也并非与占卜中使用的器皿毫无关联。米涅（Migne）[2]说，大主教托尔克马达总是在书桌上放着一个独角兽杯子（图261）。古希腊人把“三头六臂还长着翅膀的革律翁”称为“月亮在天上的一角”。但是，革律翁就是约旦河，“是万物中的人类雌雄同体”，正如希波吕托斯在总结纳赛内派学说时所说，“是他创造了一切”。在这个方面他还提到了约瑟和阿那克里翁（Anacreon）的杯子：

> “凡被造之物，没有一样不是凭借他而造的”[3]，这句话指的是形式的世界，因为这是通过第三个和第四个［四位一体的成员］创造出来的，而不是通过他的帮助。因为这就是……国王在喝水和占卜时用到的那只杯子。[4]希腊人

---

1 495，p.321，10—17.

2 464.

3 John.，1：3f.

4 在《创世记》（44：4—5）中提到过的约瑟的杯子：“……你们为什么要以德报怨，偷走我主人的饮酒杯？难道这个酒杯不是他喝酒用的，不是他占卜用的吗？”

图261　教皇与作为圣灵之象征的独角兽在一起。引自Scaliger, *Explanatio imaginum*, 298, p.84；也参见Paracelsus, 253。

同样在阿那克里翁的诗里间接地提到了这个秘密：

我的酒杯告诉我
他寂静无声地说
我必将变成什么。

只需这样做就足以使之周知于天下，即，阿那克里翁的杯子悄无声息地宣布了那个不可言喻的秘密。因为他们说，阿那克里翁的杯子是个哑巴；但阿那克里翁坚信，它是用寂静无声的语言告诉他，他必将成为什么，即成为

图262　月亮独角兽。意大利艺术家安东尼奥·皮萨诺(Antonio Pisano)制作的一枚勋章(1447年)的反面,收藏于大英博物馆。引自Shepard,*The Lore of the Unicorn*,503,Plate XX。

精神的而不是肉体的,如果他听到隐藏在寂静中的这个秘密。而且,这个秘密就是被耶稣在那个公平的婚姻中变成酒的那种水。这就是耶稣在加利利的迦拿创造的那些奇迹的伟大而真正的开始,他就是这样把天国公之于众的。这个[开端]就是作为一种宝物藏在我们心中的天国,就像"藏在三餐中的酵"。[1]

551 我们已经看到,月亮的一角与独角兽密切关联。在这里它

1 Hippolytus,186,V,8,4—7. 必须指出,在提到上述象征之后,该文继续探讨了萨莫色雷斯的神秘象征和炼金术的凯立尼欧斯(Kyllenios)象征,进而又把它们比作纳赛内派的秘方。

的意思不仅仅是“革律翁”[1]和约旦河，而且也含有雌雄同体之人的意思，可以把他等同于约翰神学中的“逻各斯”(Logos)。“第三个和第四个”指的是水和土；在炼金术的蒸馏器中这两种成分据说可以形成世界的较低级的那一半，而且希波吕托斯把它们比作一只杯子。这是约瑟和阿那克里翁的神圣容器：水代表内容，土代表容器，即那只杯子。内容就是被耶稣变成酒的那种水，而且水是以约旦河为代表的，同样象征着“逻各斯”，从而令我们可以把它比作圣餐杯。其内容为赋予生命和治疗疾病，就像《以斯拉四书》中的那只杯子一样(14：39—40)：

> 然后我张开了嘴，瞧，有一整个杯子送到我嘴边，满满的杯子里装的好像是水，但它的颜色像是火。[2]

> 我拿过来把它喝了下去；当我在喝的时候，
> 我的心开始源源不断地产生理解，
> 智慧在我的胸中生长壮大，
> 而我的精神仍保留着它的记忆。[3]

1 希波吕托斯认为，三头六臂的革律翁所代表的三个部分，分别是理性、心理和土。

2 这使我回想起炼金术中与水和火相等同的东西。

3 Charles, 351, II, p.623.

552 这只杯子的秘密也就是角的秘密，反过来角又包含如下意思：独角兽的本质是力量、健康和生命的赋予者（图263）。炼金术士们把同样的性质赋予他们的石头，并称之为“红宝石”(carbuncle)。[1]根据传说，这块石头可以在独角兽的角中找到，正如德国诗人沃尔夫拉姆·冯·艾森巴赫（Wolfram von Eschenbach）所说：

图263 用独角兽的角制作的吊坠（前视图）。后视图显示，为了制作药材而把角的一部分刮掉了。收藏于伦敦的维多利亚和阿尔伯特博物馆；引自Evans，377。

我们逮住了那只叫作独角兽的野兽
它对处女最熟知和喜爱
在她的胸脯上酣然入睡；

1 参见Lilius（2，xii，p.329）：“你瞧，最终国王将会头戴王冠出现，就像太阳一样灿烂，并发出像红宝石一样柔和的光亮……在火中永生。”哲人石就是“闪烁着光芒的红宝石”或者“在火光中闪耀的红宝石”（Khunrath，207，pp.227，242；也参见206，p.202）。

我们从它的角下取出

那颗光彩夺目的男性红宝石

在白色头盖骨的反衬下闪闪发光。[1]

553　作为活力与力量的象征，角具有男性的特点，但同时它又是一只杯子，作为一种容器，它是女性的象征。[2]所以我们在这里探讨的是一种“统一的象征”[3]，它表现的是原型的两极性（图264）。

554　列举这些多种多样的独角兽象征只是为了提供一个例证，来说明在自然哲学、诺斯替教传统、炼金术和基督教传统之间的那种错综复杂和纠缠不清的联系，以及基督教传统反过来对中世纪炼金术领域所造成的深刻而持久的影响。我希望这些例子能够使读者明白，炼金术究竟在多大程度上是一种宗教—哲学运动，是一种“神秘主义”运动。它可能已经在歌德的宗教世界观（Weltanschauung）中达到了巅峰，就像后者在《浮士德》中向我们展示的那样。

1　*Parzival*, Book IX, lines 1494—1501（参见320, II；译自Shepard, 503, p.82）。

2　Scheftelowitz, 496.

3　Cf. Jung, 425, Part I, pars.264ff., Part II, Def.51（425a, pp.234f., Def.51）.

图264　独角兽的曼荼罗和生命之树。引自 Verteuil tapestry（15世纪），“The Hunt of the Unicorn”，收藏于大都会艺术博物馆；也参见50，fig.6。

图265　独角兽与其镜像。引自 Boschius, *Ars symbolica*, 127, Symbol.LXXXIX, Class.I, Tab.V。

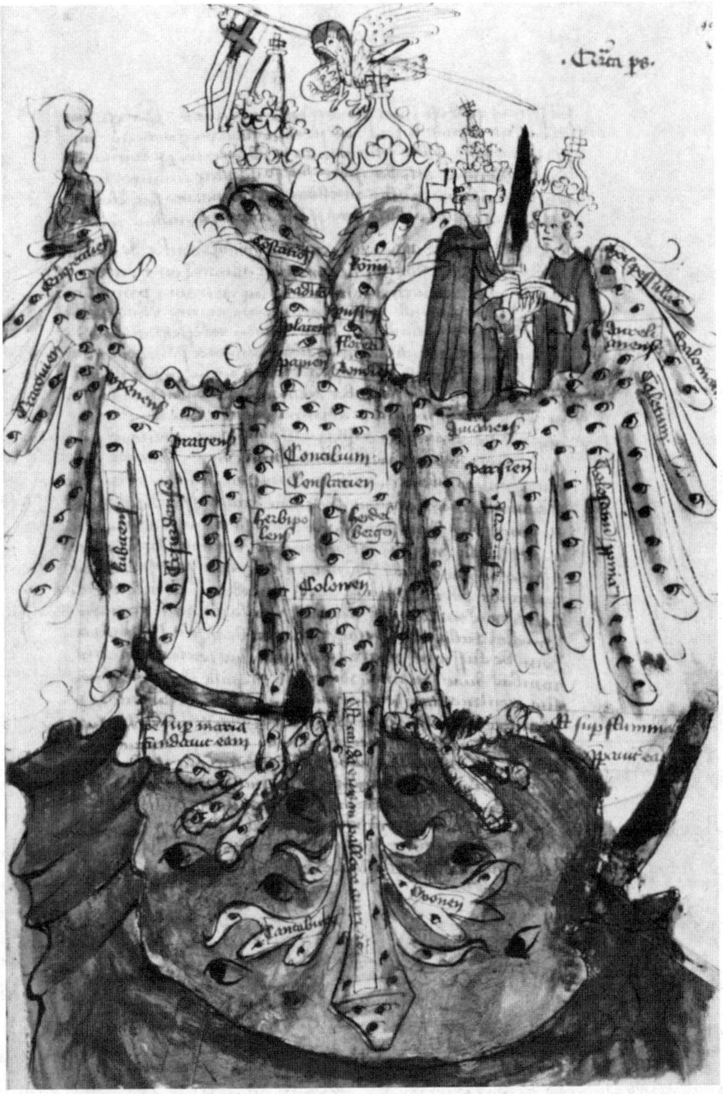

图266　头戴教皇和皇帝之冠的双头鹰，象征着这两个世界的王国。这只鹰身上全是眼睛（启蒙）。引自 Codex Palatinus Latinus 412（15世纪），20，xlvii。

尾　声

555　古代哲学家们所谓哲人石到底是什么，一直是相当不明确的。只有当我们确切地知道了他们投射的无意识内容是什么时，才能对这个问题做出令人满意的回答。无意识心理学就恰好可以揭开这个谜。它教导我们，只要某种内容处在被投射状态，它就是不可接受的，这就是为什么这些作者费尽九牛二虎之力，却几乎没有给我们揭示多少炼金术的秘密。但是，他们提供了非常多的象征材料，而且这种材料与自性化过程有密切关联。

556　在处理炼金术问题时，我们必须时刻考虑这种哲学在中世纪究竟发挥过多么重大的作用，它促成了多么庞大的文献资料，它对当时的精神生活产生了多么深远的影响。炼金术本身在这个方面究竟提出了什么样的要求，可以通过耶稣基督和哲人石的类比而最好地体现出来，这个事实可以解释或者辩解我对那些似乎与炼金术无关的领域所做的探索。现在，当我们开

图267　作为龙的原初物质，正在由圣灵受孕。引自“Hermes Bird”，8，ii，p.213。

始探讨炼金术思想的心理学时，我们就必须要考虑那些表面看来似乎与这种历史材料非常遥远的联系。但是，如果我们想要从内部来理解这种现象，即，从灵性的观点来理解这种现象，我们可以从一个中间立场开始，许多思想路线都汇聚于此，无论它们可能在外部世界相隔多远。我们面对的是人类的潜在心灵，和意识不同，在许多世纪以来的历史长河中它几乎没有发生任何改变。至此，一个已经有两千年历史的真理，时至今日仍然是真理——换言之，它仍然是鲜活的和活跃的。在这里我们还发现，这些基本的心理事实保持不变已达数千年之久，而且从现在起还将继续保持数千年不变。从这种观点来看，过去和现在似乎就像是一出戏剧的几个剧集，从古代的灰色雾霭中开始，经过几个世纪的发展，一直延续到遥远的未来。这出戏就是一整部《曙光乍现》——人类意识的黎明。

557 古典时代（从古代到大约17世纪中叶）的炼金术实质上是在进行化学研究，并借助于投射，把无意识心理材料的混合物掺杂到这种研究之中。因此，这项研究所必需的心理条件经常会在这些文本中得到强调。我们现在正在考虑的这些内容，就是那些自行投射到未知化学物质之中的内容。由于物质的这种非个人的、纯客观的性质，被投射的就是那些非个人的、集体的原型：首先，可以把它比作当时时代的集体的精神生活，是被囚禁在世界的黑暗之中的精神意象。换言之，这是一种相对的无意识状态，人就是在这种状态中发现自我的，这种状态使他感到痛苦，需要得到拯救，这种状态在物质中得到反映，相应地也在物质中得到处理。由于任何无意识内容的心理条件都是一种潜在的现实，表现为"存在"（being）和"非存在"（non-being）这两种完全相反的特点，因此，在炼金过程中对立物的统一必定发挥着某种决定性的作用。结果就是，它成为一种"统一的象征"，而且这种象征通常具有超自然的特征。[1]因此，这种拯救者意象的投射，即耶稣基督与哲人石之间的对应，几乎就是一种心理的必需，就像"拯救工作"或"神圣职责"与炼金术的灵丹妙药之间的相似性一样——其基本差异在于，基督教的拯救工作是一种仪式，是需要得到拯救的人向拯救者上

1 Cf. Jung, 425, Part I, Ch.5.

帝表达敬意的一种活动，而炼金术的炼金工作则是作为拯救者的人的一种劳动，是为了在物质中沉睡和等待拯救的神圣的世界灵魂而付出的劳动。基督教通过这一“工作”赢得了恩典的果实，但炼金术士是在为自己创造一种“使生命长生不老的灵药”，他要么认为这是对教会恩典的一种替代，要么认为这是对神圣的拯救工作的补充或类比。这两种对立的观点在教会关于“工作之于工作”和“工作之于工作者”的方法论中相遇——但归根结底它们是不可调和的。从根本上说，这是一个两极对立的问题：集体与个体的对立，社会性与个性的对立。这是一个现代问题，在我们今天这个时代，人们需要使集体生活过度膨胀，并且使令人难以置信的大量人口聚集在一起，从而使个体认识到，他被窒息在有组织的集群之牢笼中。中世纪教会的集体主义很少或从未对个体施加足够的压力，把个体与社会的关系转变成一个普遍的问题。所以该问题在当时只是维持在投射这个层次上，仍留待我们今天去解决，在极端个人主义尚未成形之前。

558 但是，在此之前，炼金术已经达到了其最高的发展阶段，与此同时，在歌德的《浮士德》中出现了一个历史性转折点。《浮士德》自始至终都沉浸在炼金术的思想形式之中，这一点在帕里斯和海伦的场景中表现得尤为明显。对中世纪的炼金术士来说，这个场景代表的就是太阳和月亮在蒸馏瓶中的“神秘化合”（图268）；但是现代人通过浮士德这个人物的伪装，认

图268 “发酵”，精灵们进行化合的象征表现。图画下方写着：“但是在这里太阳国王被紧紧地抱住/哲学的墨丘利乌斯扑在他身上。”引自*Rosarium*，60(a)。

识到了这种投射，并把自己置于帕里斯或月亮的位置上，从而占有了海伦或露娜，即他自己内部的、女性的部分。于是这种整合的客观过程就变成了炼金术士的主观体验。他没有观看戏剧，而是变成了一个演员。但浮士德的主观干预导致了整个过程的真正目标（不会腐烂的物质的生产）的丢失。被认为是不朽的和不燃的哲学之子的欧福里翁（Euphorion），在火焰中腾空而起并且消失不见了——对炼金术士来说这是一场灾难，对心理学家来说这是批评浮士德的一个机会，尽管这种现象绝非常见。因为每一种原型，当它第一次出现时，只要它处在无意识状态，就会占有整个人的心灵，并迫使他扮演某种相应的角色。因此，浮士德在爱上海伦之后必然要取代帕里斯，并难以抗拒相关的“诞生”和返老还童，例如那个小男孩车夫和那个小侏儒，他们都被同样的贪婪毁灭了。这很可能就是为什么浮士德最后的返老还童只存在于死后的状态中，即只有在被投射到未来之后才会发生的深层次原因。获得完满的浮士德，这个人物拥有一个（我们已经遇到过的）最著名的早期炼金术士的名字：“马里安努斯”（Marianus），或者以其最常见的拼写法，摩利努斯（Morienus），难道这是巧合吗？

559 通过把他自己与帕里斯相等同，浮士德把“化合”从其被投射状态带回到个人心理经验领域，从而使之又回到意识之中。这个关键的步骤意味着炼金术之谜的破解，同时也意味着以前被认为是无意识的人格方面获得了拯救。但是，意识的每一次增长都隐藏着膨胀的危险，就像在浮士德那超人的力量中非常清晰地表现出来的那样。虽然他的死，对于他那个时代来说很有必要，但并不是一个令人满意的解答。化合之后的再生和转换是在阴世（hereafter），即在无意识中发生的——这样一来反而使这个问题处在悬而未决的状态。我们都知道，尼采在

《查拉图斯特拉如是说》中再次提到了这个话题，并把它转换到超人概念之中；但是他危险地认为超人就近似于马路上的行人。通过这样做，他必然会唤起后者心中保留的那种反基督教的仇恨，因为他的超人就是个体意识过于自信的傲慢和狂妄自大，这必然会与基督教的集体力量发生冲突，并导致个体遭受灾难性的破坏。我们仅仅知道这个命运是怎样，以及以什么样的独具特色的形式压倒尼采的：既是哲理也是物理。那么下一世代对于尼采超人的个体主义会给出怎样的回答呢？它用一种集体主义、一种群众组织，把暴民群集在一起，以“既是哲理也是物理”的方式做出了回答，这使以前发生的一切看上去就像是一个糟糕的玩笑。窒息的个体人格和软弱无力的基督教完全可能已经遭受了致命的创伤——这就是我们时代最纯粹的“资产负债”。

560 浮士德的罪行是，他把自己与有待转换和已经被转换的东西相相同。尼采通过把他的自我与超人查拉图斯特拉相等同而超越了他自己，这个超人就是奋力想要进入意识之中的部分个体人格。但是，我们能说查拉图斯特拉是个体人格的一部分吗？难道他不是与此相反的超人之类的东西，即人所不是的某种东西吗，虽然其中也有人的成分？难道上帝真的死了吗，因为尼采宣称他已经很长时间没有听到上帝的声音了？难道上帝不可以身着超人的伪装回来吗？

561 在他盲目追求超人力量的时候，浮士德把斐乐蒙

(Philemon)和鲍希斯(Baucis)害死了。这两位温和的老人到底是什么人？当这个世界变得没有了神灵，也不再对神圣的陌生人朱庇特和墨丘利乌斯提供友善的休养之地的时候，正是斐乐蒙和鲍希斯接待了超人的那些客人。当鲍希斯打算为他们牺牲她自己最后的那只鹅时，转换开始发生：上帝使自己为世人所知，那个温和的小屋变成了一座寺庙，而这对老夫妇变成了不朽的神庙中的仆人。

562 在某种意义上说，古代的炼金术士要比浮士德更接近于“精神”的核心真理，因为当时他们正奋力要把狂暴的精灵从化学成分中拯救出来，认为秘密仿佛就藏在大自然那黑暗而寂静的子宫里。它仍然处于他们之外。但是，进化意识的那种向上的冲动(thrust)迟早会结束这种投射，把从一开始就属于精神的东西恢复到精神之中。不过，自从启蒙时代以来以及在科学理性主义时代的当下，精神究竟是什么呢？它已经变成了意识的同义词。精神就是“我之所知”。在自我之外并没有精神。这样一来，自我不可避免地要与投射消失之后积累的内容相等同。精神在大多数情况下仍然“处在身体之外”并且想象着身体所无法把握的“那些更大的事情”，这样的时代已经一去不复返了。过去那些被投射的内容现在注定要作为个人的所有物，作为自我意识的奇异幻象而出现。火变成了寒气，而气则变成查拉图斯特拉的大风，并且引起意识的膨胀，这似乎只能通过最可怕的灾难才能使之得到平息，这是诸神施加到不友好的人性身上的另一场洪水。

563 膨胀的意识总是以自我为中心，除了它自己的存在之外，任何其他东西都意识不到。它不可能向过去学习，也不可能理解当代的事件，更不可能就未来做出正确的结论。它是被自己催眠的，因此不可能和它进行争论。它不可避免地注定会发生灾难，而这必定会置它于死地。相当自相矛盾的是，膨胀意味着意识退行到无意识之中。当意识把太多的无意识内容带到它自己身上，在失去了分辨能力，即所有意识共有的必要条件（sine qua non）之后，这种情况总是会发生的。当命运，在整整四年的时间里在欧洲的舞台上发动了一场极其恐怖的战争（一场谁也不想要的战争）时，没有人会梦想着确切地询问一下，究竟是谁或者是什么引起了这场战争并使之持续了这么长时间。谁也没有认识到，欧洲人竟然被一个抢夺了其全部自由意志的东西所占有。这种无意识占有状态将继续不受阻拦地持续下去，直到我们欧洲人对“全能的神”感到畏惧为止。这种变化只能以个体作为开端，因为集体是盲目的野兽，这是我们付出代价后才知道的。因此，在我看来具有一定重要意义的是，很少数的个体，或者作为个体的人，会开始理解，有些内容并不属于自我人格，而必须归于精神的非自我。如果我们想要避免会带来危险的膨胀，我们就必须进行这种心理活动。为了自救，我们就必须拥有诗人和哲学家赋予我们的那些有用且有益的模型——我们完全可以把针对人类和时代的治疗方法称为模型或“原型”。当然，我们在那里发现的东西是不可能施加给集体的——只有某些隐藏的东西我们才能独自且安静地赋予我们自己。很少有人关心对这种事情的了解；把普遍的“万灵药”讲给每一个人听，要比自己独自接受容易得多，正如我们大家都知道的，当所有人都在同一条船上的时候，事情就显得没有那么糟糕。在集体中不可能存在任何怀疑；拥挤的人群越大，真理就越好——而且灾难也就越大。

564 我们可能从过去的模型中学到的东西首先就是：精神包含着内容，或受其影响，与其同化就会出现最大的危险。如果古代的炼金术士把他们的秘密归因于物质，如果浮士德和查拉图斯特拉都不是表现这种发生在我们身上的秘密的一个非常鼓舞人心的例子，那么，留给我们的唯一的解释，就是否认意识心灵想要成为精神整体的那种傲慢自大的诉求，并且承认，精神是我们无法用目前的理解手段来把握的一种现实。我并没有把那个承认其无知的人称为反启蒙主义者；我认为完全相反，这个人的意识并没有得到充分的发展，因此他无法觉察到其无知。我坚持这种观点，炼金术士希望把哲学的金子，或万灵药，或美妙的哲人石用魔法召唤出来，这只是一种幻象，一种投射效应，在其他方面它与无意识心理学中具有重大意义的某些心理事实相对应。正如这些文本及其象征所显示的，炼金术士把我称之为“自性化过程”的东西投射到化学变化的过程之中。一个像“自性化”这样的科学术语并非意味着，我们应对的是某种已知的并且最终已被厘清的东西,在此不再赘述。[1]它只表示,这还是一个需要大力探索的非常模糊的研究领域:旨在构筑人格的无意识中的核心过程。我们应对的是生命过程,考虑到其无以计数的特点,这些过程从不知何年代起就提供了形成象征的最强烈诱因。这些过程沉浸在神秘之中;它们制作了人类心灵将长期奋力解决的一些谜题,而且这种努力或许是白费力气。因为,归根结底,人类理性是否就是达到这个目的的最合适工具,仍是格外令人怀疑的。炼金术使自己具有了一种"艺术"风格,从感觉上来说(而且确实如此)它关注的是只有通过经验才能真正把握的创造过程,尽管理智可能会给它起个名字。炼金术士警告我们:"把书借出去,以免你的心被扯得粉碎",尽管他们自己仍坚持不懈地进行研究。经验,而不是书,才是导致理解的东西(图269)。

565 在关于梦之象征的研究中(参见《炼金术之梦》),我已经表明了这种经验在现实中看上去是什么样子的。由此我们可以或多或少地看到,当一项严肃的研究被转向未知的灵魂领域时,会发生什么情况。经验在每一位个体身上所表现出的形式可能会有无数的变体,但是,和炼金术的象征一样,它们都是某些核心类型的变式,而且这些类型的出现是具有普遍性的。它们是原始的意象,每一种宗教都由此得出了它们独自的绝对真理。

1 Cf. Jung, 425, Part II, Def. 29.

图269　炼金术士及其神秘姐妹，在工作结束时做出神秘的手势。引自 *Mutus liber*，52，p.14。

图270　作为复活之象征的凤凰。引自 Boschius，*Ars symbolica*，127，Symbol. DCVI，Class.I，Tab.XXVI。

译名对照表

air　气
Antimimos　安替米莫斯
arbor philosophica　哲学树
archetypi　原型
Arisleus　阿里斯利乌斯
astrology　占星术
atman　阿特曼
"Aurora consurgens"《曙光乍现》

Basilius Valentinus　巴西尔·瓦伦丁
being　存在
Benedictine　本尼迪克特
Bernoulli　贝尔努利
Béroalde de Verville　贝罗尔德·德·韦维尔
Beya　贝雅
Book of Genesis《创世记》

Cabasilas　卡巴希勒斯
chymical marriage　化学婚姻
Chymical Wedding《化学婚礼》
coniunctio　化合
coniunctio oppositorum　对立物化合
Corpus Hermeticum《赫尔墨斯文集》

daemon triunus　三位一体的魔鬼
Demeter　德墨忒尔
Democritus　德谟克利特
Dionysus　狄俄尼索斯
Dorn　多恩

ego　自我
Empedocles　恩培多克勒

Faust《浮士德》
filius philosophorum　哲学之子

Geber　贾比尔
Gnosticism　诺斯替教

Harranite　哈伦尼特
Heimarmene　海玛门尼
Heinrich Khunrath　海因里希·昆哈特
Helios　赫利俄斯
Heraclitus　赫拉克利特
Herbert Silberer　赫伯特·西尔贝雷
Hercules　赫拉克勒斯
hermaphroditus　雌雄同体
Hermes　赫尔墨斯
hieros gamos　神圣婚姻
Hippolytus　希波吕托斯
Hoghelande　霍格兰德

imaginatio　想象
imago　意象
individuation process　自性化过程

Jakob Böhme　雅各布·伯麦

Kallid　卡里德
Komarios　科马里奥斯

lapis　哲人石
Laurentius Ventura　劳伦修斯·文图拉
"Liber de arte chymica"《化学艺术之书》

Mandala　曼荼罗
Marduk　马尔杜克
Margarita pretiosa《高贵的珍珠》
Maria Prophetissa　玛利亚·普罗费提莎
Marsilio Ficino　马尔西利奥·菲奇诺
meditatio　沉思
Mercurius　墨丘利乌斯
Michael Maier　迈克尔·梅耶
Morienus　摩利努斯
Moses　摩西
Mylius　米利乌斯

Naassenes　纳赛内派
Nebuchadnezzar　尼布甲尼撒
Nous　努斯

Og　噩
Orpheus　俄耳甫斯
Orthelius　奥希利乌斯
Osiris　奥西里斯
Ostanes　奥斯坦尼斯

Paracelsus　帕拉赛尔苏斯
Persephone　珀尔塞福涅
Pharisee　法利赛人
Philalethes　菲拉利西斯
Physiologus Graecus《古希腊动物论》
Physis　菲西斯
Picinelli　皮奇内利
pneuma　普纽玛
preconscious　前意识
prima materia　原初物质
Projection　投射
Psalms《诗篇》

Raymond Lully　雷蒙德·卢利
Rosarium　《哲学玫瑰园》
Reitzenstein　莱岑施泰因
Ruland　卢兰德

saviour　救世主
self　自性
Sir George Ripley　乔治·瑞普利爵士
Sol　太阳
St. Ambrose　圣安布罗斯
subconscious　下意识
superconscious　超意识
synchronism　共时性

Tabula smaragdina　《翠玉录》
Tao　道
Tehom　混沌深渊
Tertullian　德尔图良
Thabritius　塔布里提乌斯
the One　“太一”
Tiamat　提亚马特
Tractatus aureus　《论黄金》
Trinity　三位一体
Turba　《哲人集》

unconscious　无意识
Uroboros　咬尾蛇

Virgil　维吉尔
Vishnu　毗湿奴

Zosimos　佐西莫斯

译后记

《心理学与炼金术》是瑞士著名分析心理学家卡尔·古斯塔夫·荣格专论炼金术问题的心理学巨著之一。荣格从炼金术的基本概念谈起，引经据典地阐释了古代炼金术士们艰苦的炼金过程和阶段，用分析心理学的独特话语评述了炼金术的目标概念和象征。然后由浅入深地进入炼金术士们的内在精神世界之中，阐释了炼金工作与投射、心理态度、沉思和想象、灵魂和身体的关系，从意识与无意识的相互联系和心理变化转型之中揭示了炼金术转换的精神奥秘，实际上也暗喻了心理疾病的精神转换过程。荣格把古代炼金术看作古人在物质转化中寻求精神救赎的重要心理活动，是将原初物质打造成尽善尽美的哲人石的心理转换过程。在西方基督教占绝对统治地位的时代，炼金术士们必然是与宗教密切联系在一起的，因此，荣格把物质和心灵的转换与一些著名宗教人士的宗教解释结合起来，把哲人石比作耶稣基督，这实际上意味着炼金术士们追求的自性化和自我实现，是他们生命复活的精神象征。荣格以其渊博的哲学、考古学和宗教学识，悉心考证了古代西方神话传说和宗教史中的独角兽范式，阐发了炼金术在不同宗教中普遍存在的集体无意识象征。荣格的话语虽然有些艰深晦涩，如果读者不太理解西方的宗教文化，可能会感到难以理解。但是，如果我们考虑到荣格是个分析心理学家，是从心理分析的角度来看待炼金术及其转换过程的，我们或许就可以理解在心理咨询中，来访者乃至咨询师本人的心理转换了。

阅读荣格的著作本身就是一个心理转换的过程，其中也必然会经历迷茫、困惑、不解和抗争，只有通过深邃的内在精神世界的苦苦追索，尤其是无意识精神世界的不懈探寻，人类才能更加深刻地理解自己。这个过程艰难而有趣，也不乏失败和挑战。只有勇敢地面对人生的挑战，人才能成为精神生活的强者。

感谢南京译林出版社编辑老师们的辛勤劳动，才使本书作为“荣格精选集”的其中一部得以问世。感谢好友申荷永教授多年来的信任和友谊，我们在荣格心理学思想研究上的很多共识，也是促成本书出版的主要推动力。在翻译过程中遇到了一些难以理解的拉丁文、希腊文以及其他欧洲语言文字，我有幸得到了广东外语外贸大学西语学院郑立华教授、臧宇博士、林璐老师、张海虹老师，还有广外南国商学院西班牙语专业的郁清漪老师等的热情帮助，比较完满地完成了本书的翻译任务。值本书出版之际，谨向他们表示诚挚的感谢。

杨韶刚

广东外语外贸大学南国商学院

2019年5月28日